大秦考

許衛紅 著

破譯中國歷史的秦始皇兵馬俑與咸陽城

從考古現場還原史書上缺失的大秦樣貌

從兵馬俑看兵制布局，從咸陽城看國土規劃，從文物看秦人的技術工藝。

目次

contents

目次

contents

◆推薦序——許宏

衛紅女士在繼《說說秦俑那些事》（三秦出版社，二〇一五年）之後，又有這本面向公衆的新著問世，可喜可賀。她約我這個本家同行寫幾句話，當然恭敬不如從命啦。

其實這位曾主持秦始皇陵兵馬俑坑發掘的考古領隊、微博圈裡著名的「探方裡的資深美人」，已有相當的知名度，不必由我來贅言。但她後來的舉動與收穫，眞的令人敬重有加。

我一直自詡是考古界搞「不動產」的，執掌「最早的中國」、最可能的夏都——二里頭遺址二十年，最得意的成果是發現了中國最早的「紫禁城」、最早的城市主幹道網（井字形大道）、最早的中軸線布局的宮室建築群、最早的多進院落宮室建築、最早的圍垣官營手工業作坊區……這些搬不走的遺產，其珍罕程度和歷史意義，甚至遠超國寶級文物。但這又往往是令考古人望而生畏的。

誰都知道如以此爲志業，有投入大、週期長、見效慢這些在「性價比」上顯見的問題。事倍功半的事兒，沒有點情懷支撐，是很難做下去的，尤其在我們這個偉大而浮躁的時代。

如果說本人的決意，還來自而立之年初任領隊時的那股銳氣，那麼，當聽說俺的本家衛紅女士竟然在不惑之年，從秦始皇陵兵馬俑博物館又轉戰咸陽城，吃驚之餘是歎服，歎服之餘，也爲她捏了一把汗。在本人梳理出的中國上古時代「大都無城」這一文化現象中，秦咸陽城是一個典範，由於沒有大城圈，也是最說不清楚、最不易捋清結構布局的。但後來我們欣喜地看到，衛紅女士接手之後，率其團隊一步一個腳印，踏踏實實地去探尋，秦咸陽城考古有了如此收穫和突破性的進展，令人刮目相看。功夫不負有心人啊。

這本書從秦始皇身後的「兵」說起，而後轉向了秦始皇生前的「城」，向我們展現了一代秦都「不動產」和遺物兩大類文化遺產之美，以及考古人的探索足跡與心路歷程。我們能從中感受到她的執著，她的投入，她的摯愛，她的溫度。

這樣，我跟衛紅女士就有了進一步的緣分。我在論文、講座中多次提及自己的中國古史觀和文明觀。

整個中國古代文明史可分三大期，其間有兩大節點。第一個大的節點是二里頭，那是從「滿天星斗」的多元古國（邦國）時代，演變爲「月明星稀」的廣域王權國家的時代；第二個大的節點，則是秦王朝，它開啟了「皓月淩空」的一體一統化的帝國時代。而我和衛紅女士就是二里頭和秦咸陽城這兩大歷史節點上的「大都」考古人。惺惺相惜。

扯遠了。說到這本新書，你能看到作者這枚考古「女漢子」婉約的一面。她在書中娓娓道來：「我在兵馬俑坑裡，看到皮盾、戰鼓和木車，在咸陽城骨器工廠裡，找到了帶具、圓環。這些考古發現使我看到了別樣的秦人，有不一樣的平和、有序、耐心、細膩，不乏生活的情趣。」是的，機遇屬於有準備者。髹漆繪彩的竹、木、皮器及織物等的清理，在理念和技術層面毫無準備的情況下，是根本無法讓其「復活」，重見天日的。捧讀這本書，你能從考古清理之細、描述之細，感受到學者之細和女性之細，感受到二者相加之後，在書中處處顯現出的細節、細心、細膩之美。

「腦洞」，是衛紅女士書中出現頻率特高的一個詞兒，既用作名詞，更是很時尚地活用爲動詞：「我發現自己對考古發現的細節眞的很喜歡腦洞。」是的，考古需要想像力！這種想像力，的確像作者說的那樣，可以將考古發現「提升到情境研究的高度」。

作者在嚴謹求實的基礎上，又經常帶我們走進輕鬆詼諧、時空穿越的「腦洞」世界。「考古其實就是給現實生活找原宗。」這在細膩之外，又讓作品平添了某種宏闊的、貫通古今的大氣。讀衛紅女士的文字，我想起了著名女學者揚之水老師的名物研究。其作品訊息量大，知識點多，旁徵博引，讓人應接不暇，當然受益匪淺啦。讀這本書的感受也一樣。

要之，這是一本有意思的書，一本有用的書。

是爲序。

中國社會科學院考古研究所研究員
《最早的中國》、《何以中國》、《大都無城》作者
許宏
二〇二〇年初秋

◆推薦序——馬伯庸

我和許老師的緣分，要追溯到二〇一九年的夏季。

當時因爲機緣巧合，我獲准前往秦宮六號宮殿遺址去考察，接待我的，正是許老師和她的學生。許老師極爲健談，先在辦公室打開電腦爲我們深入淺出地講解了一番概況，然後又不辭辛苦冒著烈日帶我們去考古現場，親身體驗一把秦宮六號宮殿的壯觀與博大。

說是考察，其實更像是一個學習的過程。許老師一路侃侃而談，講了許多不爲公衆熟知的考古細節，兼具專業性和趣味性，幾乎每一個知識點都讓我浮想聯翩，湧現出想寫篇小說的衝動。

她的講解有一個特點：細緻。從不潦草地講講套話，也不動輒上升到高屋建瓴的層次，每一處都扎扎實實地深入到極微小的細節，同時又能從這些極微小的細節出發，推演出一個宏大的場景，使之眞切可信。比如我們曾參觀秦宮裡的一處浴池，許老師從鵝卵石的鋪設方向講到陶管下水道的布局，無數細節拼湊在一塊，古代帝王泡澡的日常生活狀態便浮影而出，充滿動感。

事實上，考古和推理破案有點像，兩者都是從細枝末節的線索出發，用邏輯與想像力將其串聯在一塊，還原出事情的眞相。某種意義上來說，她很像是一位福爾摩斯或波洛。

除了過硬的專業見解之外，許老師給我留下的印象還有一種澎湃的激情。我至今還記得她辦公室前貼的那一副對聯：大秦博望證一統，後趙豐貨顯傳承。橫批：留住文明。因爲她們曾經挖到過一件秦代銅飾，上有「博望」二字；又在秦宮遺址的溝渠裡挖出過一枚「豐貨」銅錢，乃是後趙時期的產物。兩件文物不大，但都頗有文化價值。以這兩件文物來寫對聯，足見許老師對於考古事業以及傳統文化那種深切的熱愛，以及博大的情懷。考古對她來說，不只是一項工作，更是一個値得花一生去守護的理想。

參觀結束之後，許老師送了我一本她寫的《說說秦俑那些事》，說是講秦始皇陵兵馬俑一號坑第三次發掘的。我本以爲是考古報告，心想著哪天閒了再看。沒想到就在從西安飛北京的飛機上，我一口氣把它給讀完了。

它確實是一本考古現場挖掘報告，但文字處理得相當輕鬆，深入淺出，既保留了報告的嚴謹，同時還摻雜了一些基本的常識普及，再加上許老師個性十足的議論風格，可讀性非常強，乾貨十足。比如爲控制環境突變所採取的措施，比如層位甄別發生的錯誤，都是很細緻的工作描述。更有趣的是兵馬俑的許多小彩蛋：彩俑怎麼被一刀刀剔出來？秦軍軍服的徽章是如何被發現的？出土兵器柄上的重英繪彩樣式如何？甚至有些陶俑的胳肢窩裡居然還寫著字，這都是什麼字？幹嗎用的？這些有趣的小細節，是別的書裡所看不到的，非親身經歷者寫不出來。

可惜那本書的印數不多，許老師只是偶爾拿出來送朋友。我讀完之後，不免有些遺憾。

明珠璀璨，豈該蒙塵，應該讓更多人領略到它的風采。幸虧中信出版社慧眼識珠，與許老師約稿，請她將三十年的考古經歷娓娓道來，出版了這本《考古有意思：秦始皇的兵與城》（簡體中文版），算是一件大功德了。

按許老師的話說：「希望所有人能讀懂挖掘的精髓，與挖掘人一起分享赴約兩千年前的特權。」

是爲序。

馬伯庸　二〇二〇年九月

◆自序

秦始皇是一位飽受爭議的人物，秦國是一支逆境中崛起的部族，秦代標誌著一個東方大國的巔峰時刻。

作爲一名專注於秦漢時期考古研究的田野工作者，認識秦始皇，了解秦國及秦代，此生以考古這個職業與它們相會是幸事，但絕非易事。

一九八九年，塵土飛揚的公車在驪山腳下的村口撇下我和同班同學申先生。拎著行李，我倆心不甘，情不願。那時，秦始皇兵馬俑博物館並不十分著名，距離臨潼縣城還有近十公里，荒郊僻壤的，很少有大學生能接受這種組織派遣。我們這些自認「炙手可熱勢絕倫」的天之驕子都覺得至少應該留在省城。

那個時候，博物館裡的科學研究氛圍並不濃厚，有些人甚至認爲大學生的存在價值不如水工、電工。在這些人看來，學生娃還沒戒除「驕嬌」二氣，又帶著不諳世事的秉性，早已養成的各種習慣與農村生活格格不入。村中的宿舍、不分男女的廁所、每天轆轤吊水的日子和想要而不可得的獨立辦公桌，每一樣都讓我們想削尖了腦袋往大城市裡鑽。不得不說，最終留下來，憾事變幸事，依靠的是「熬」。

值得熬，因爲這裡是考古工作者的天堂，與「秦」相關的人和事在時間這口鍋裡熬出來的內容太豐富、太精彩、太令人著迷。

歲月如白駒過隙。在參加並領銜過一些考古發掘項目之後，兵馬俑這群秦始皇地下王國的「兵」使我們的人生擁有了充實的滿足感。地下自有黃金屋，以此為平台，以「兵」為媒介，我們嘗試結識秦始皇這個人、秦國這支部族和秦這個朝代。

這個過程有難有易。初始容易，初生牛犢不怕虎，再膚淺的認識也敢洋洋灑灑寫出來。後面則越來越難，隨著對秦帝國的了解逐漸豐富，我明白了所要探究的物件是聚集的多維體，也就不知道該如何繼續把專業研究進行下去。

是時候走了。在秦始皇兵馬俑博物館工作了二十五年後，在擔任兵馬俑一號坑考古發掘領銜人時，我選擇了離開這裡。

離別總是讓人傷感，因為有很多遺憾和不甘。欣慰的是離開之前我寫成兩本書，其一《秦始皇帝陵一號兵馬俑陪葬坑發掘報告（二〇〇九～二〇一一年）》是專業的考古發掘報告，為學術研究提供基礎資料；其二《說說秦俑那些事——秦始皇陵兵馬俑一號坑第三次發掘記事》是科普型的考古讀物，以講述的口吻與公眾分享考古發掘過程。兩本書體裁不同，但說的都是秦始皇的「兵」的那點事，算是「同卵雙生子」，共同的「母體」是二〇〇九年啟動的秦始皇陵一號兵馬俑陪葬坑發掘行動。

二〇一四年，穿過七拐八拐的建築圍擋，我心甘情願地來到了秦都咸陽城。這裡遠不如兵馬俑坑的名氣大，但它才是秦始皇平天下之地。在這裡，秦始皇發出一道又一道的政令；

在這裡，秦帝國的大一統機制高速運轉，成爲東方文明的一顆巨星；在這裡，楚人一炬三月不絕，短祚時代就此結束。

在這裡，我們可以貼近秦始皇、追蹤秦部族、體會秦帝國，如同暢飲一罈老酒，餘味悠長。曾在這裡「漸行漸遠漸無書」的秦帝國，將「西風殘照」留給了「漢家陵闕」，留給了細狗攆兔的「五陵少年」。

我又想寫一本書了，關於秦始皇的城。動意一起，深知其難。

一九五九——一九六一年，渭水考古隊開始對咸陽城進行探查，卻在一九七三——一九八二年發掘三座建築遺址之後漸漸停止了對城的考古工作，轉而爲配合經濟建設發掘了數百座墓葬。一堆資料看起來分量很足，實則很散，缺乏串起來的主線。

但我想，有些故事不寫可能就來不及了。現在新區的開發建設已上升爲國家戰略，再建一座理想城的熱潮正在衝擊兩千多年的歷史遺存，文物保護迫在眉睫。

從秦始皇的「兵」到秦始皇的「城」，這是本書所記錄的第一次逆行，一位普通考古人的工作經歷。第二次逆行，則是分享考古發現，介紹「如何考古」。

考古講究透物見人。真正的秦帝國是什麼樣子？真正的秦始皇是怎樣的一位君王？正是因爲中國人「事死如事生」的文化傳統，正是因爲作爲偶人的俑「有似於生人」，在考古人眼中，秦始皇的這支「兵」是破譯秦帝國、秦始皇的摩斯密碼。兵馬俑陪葬坑屬於秦始皇陵；陵若都邑，秦始皇陵屬於秦都咸陽城，而秦都咸陽城也只是代表了秦國的巔峰瞬間。

層層隸屬關係展開，兵馬俑顯然屬於末端。因而，以兵馬俑爲起點破譯「摩斯密碼」猶如逆行。

以我個人的學識，沒法以準確的文字寫出破譯結果。到最後，字裡行間只記錄了當時的某些片段，嘗試著梳扒了一些歷史的前因後果。那就只能再透過個人的考古經歷的回顧，看看歷史如何有趣、考古如何燒腦吧。

第一章

世界奇蹟兵馬俑

都說秦軍驍勇善戰，橫掃六合，但在一九七四年之前，沒人知道秦始皇的兵到底是什麼樣，直到兵馬俑陪葬坑被發現。一九七九年十月一日，秦始皇兵馬俑博物館對外開放，每年的遊客量也在爆發式增長。但是以博物館為景點的旅遊，很難愉快地玩耍。自由行吧，歷史知識薄弱，走一圈下來雲裡霧裡，基本看不懂門道；請導遊吧，講解詞千篇一律，有時還被忽悠購物。最終走馬觀花、蜻蜓點水，發發朋友圈，顯擺一下「曾來過」。

關於兵馬俑，我們到底又知道多少？

◀光影・秦始皇兵馬俑（攝影・趙震）

01 千古一帝的儀式感

秦始皇是中國歷史上無論如何也抹不掉的人物。兩千年來，雖然歷史學家和政治學家一直從各種角度評價他，但在普通百姓心中，他不過就是一位很厲害的皇帝。

歷史的時鐘滴答滴答走到了一九七四年，在陝西臨潼驪山腳下，距秦始皇陵園一．五公里處，數千件泥塑兵馬俑橫空出世了。

這是秦始皇的地下軍隊，是橫掃六合、被稱爲虎狼之師的秦軍象徵。因其數量多、形體大、雕塑寫實及歷史意義，兵馬俑被列入世界遺產名錄、世界十大古墓稀世珍寶之一，法國前總統希拉克參觀後稱其爲「世界第八大奇蹟」。震驚世界的考古發現就像一味催化劑，喚醒了人們塵封的記憶，也使秦帝國、秦始皇、秦文化成爲顯學。於是，秦始皇在中國古代皇帝圈中脫穎而出，並持續榮登熱搜排行榜，秦帝國在世界文明史上留下的奇蹟，跟隨各種以兵馬俑爲主題的展覽走向了五大洲。

漸漸地，「秦俑」成爲秦始皇陵陪葬陶俑的專用詞，而考古發現的其他秦國的俑不論時代早晚統統匿其身後；「兵馬俑坑」也成爲秦始皇陵園陪葬坑的統稱，儘管在同一座陵園內屢有發現其他類型的陪葬坑，遊客依然大汗淋漓地擠在兵馬俑展廳。

毋庸置疑，秦始皇陵兵馬俑擁有諸多美譽，可以說是有點「子憑母貴」——它們是中國第一位皇帝秦始皇的御用品。可俑不過就是偶人，兵馬俑即是兵、馬形狀的陪葬偶人，黃土為泥，經火燒製，不是真人。西漢學者鄭玄對俑的描述更為精準：「有面目肌髮，有似於生人。」

事死如事生，這是中國人傳統的喪葬觀念。生者為了表達對逝者的情感，幻想生命的消失不過是存在方式發生了變化，只是從地上轉移到了地下而已。於是竭盡所能，給逝者提供生前所需的一切，俑則因為像人而被用於喪葬。給逝者安排上冥間使用的物件，這種理念，時至今日仍大量存在。

既然是竭盡所能，秦始皇陵內也就理所當然有了各種各樣的陪葬坑。從用途上看，兵馬俑當然與紙糊的童男童女別無二致，不過是哄鬼罷了。

中國人重視禮義廉恥，尤其宣導百善孝為先。什麼是孝，如何去孝？這與千古一帝的殯葬「儀式感」又有什麼關係？《論語》說：「生，事之以禮。死，葬之以禮，祭之以禮。」（《論語．為政》）對於死亡，「孝」分為喪、葬、祭三大部分。「喪」規定活人在喪期內的行為規範，活人穿喪服，披麻戴孝；「葬」規定死者的應享待遇，給逝者準備符合身分的服飾、明器、棺槨及儀式，確定封土高度、墓穴形制及墓區設施；「祭」規定活人與死人之間的聯繫怎樣依靠「報喪、出殯、下葬」繼續下去，並延續數年。

喪葬儀式也要講「禮」，其重要地位可見一斑。在《周禮》中，禮儀制度被劃分為吉禮、凶禮、賓禮、軍禮、嘉禮，其中與喪葬有關的「吉禮」位列「五禮」之首。天地為大，吉禮是對天神、地祇、人鬼的祭祀典禮；天有不測風雲，人有旦夕禍福，賑災、捨粥、安撫是為凶禮；泱泱大國，禮儀之邦，對天子的朝覲及邦國間的外交依照賓禮；國家徵集、調動、檢閱軍隊或役使民眾也得有儀式，是為軍禮；結婚、過壽、朋友聚會、大眾樂樂則按嘉禮。人死不能復生，該行的禮，該置辦的物件卻一個都不能少。生活眞是處處需要儀式感。

嬴政是始皇帝，更是「千古一帝」，生活儀式感必定與眾不同。秦始皇作為一個新時代的創始人，不僅將生前吃喝用度悉數照搬，遵從了事死如事生的舊制禮俗，更是別出心裁地在死後以三軍集結的陶俑、陶馬雕塑群作為陪葬，儀式感的細節出現了一個重要的變化。這也告訴了我們另一件事：兵馬俑代表了秦始皇的兵，實際並不能與秦始皇的兵劃等號。

▲兵馬俑建築結構示意圖*（繪圖：狄明）

▲一號坑實景（攝影：趙震）

* 據《秦始皇陵兵馬俑坑一號坑發掘報告（一九七四～一九八四）》圖一九改繪。

02 兩千多年的三座「營房」

現出土的兵馬俑坑共有三座，分別是一號坑、二號坑和三號坑，按照發現順序依次編號，並無特殊意義。儘管被稱爲「坑」，實際上它們是三座由不同房間組成的地下室建築。

建築通向地面有斜坡式通道。一號坑門道共有二十處，其中東西側的爲主門道，南北側的爲側門道。二號坑門道共有十一處，東西側的仍爲主門道。三號坑面積小，只有東側居中的一處門道。門道，顧名思義，就是門對著的、通往坑內的過道，在陶俑、陶馬和兵器等所有物品擺放結束後，以土或木柱封堵，除了可供通行，其數量和位置與內部陶俑編組、古代軍隊排兵布陣的形式息息相關。建築結構和內

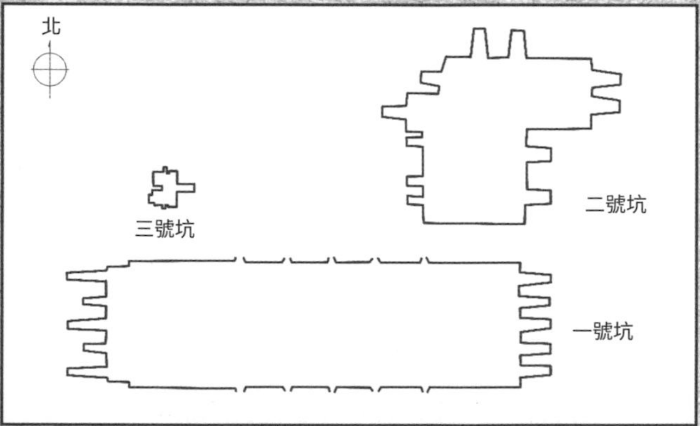

三座兵馬俑坑平面布局圖（繪圖：吳紅豔）

容，在營建之前即有明確規劃。

俑坑內有面積不等的房室若干。按照建築結構，間斷性挖出深溝，形成巷道般的「室」和「走廊」，巷道之間相互貫通，再以秦磚鋪地，這裡就是陶俑待了兩千多年的「營房」了。不挖的地方自然形成了一道又一道的牆，穿插在巷道中，使得陶俑無法翻牆越界。

牆只起到分隔作用，真正起承重作用的部件是木框架。整個建造過程與蓋房子相似，沿牆根鋪設如鐵軌下枕木一般的地栿，再架立柱、橫枋及棚木，形成「工」字形框，框上鋪席，整體覆土掩蓋。代表軍事內容的物品按照陶俑編組陳列於三座俑坑的不同房間[1]。

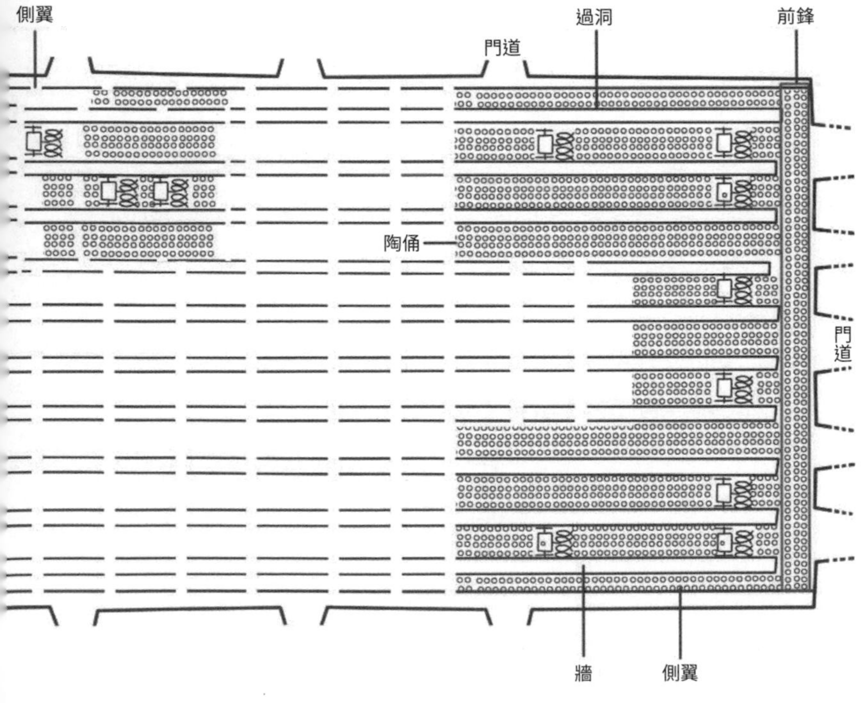

一號坑平面圖[2]（繪圖：狄明）

一號坑大約有步兵俑六千餘件。最東端有三橫排武士，穿戰袍，輕裝上場，是前鋒；南、北、西三側各有一排披甲武士面外而立，是側翼和後衛；中心有指揮車和披甲武士縱隊。前鋒、後衛、左右翼及縱隊形成長方形陣形。方陣是軍隊集結囤聚的常見形式，特點是前鋒尖銳，內心穩固，四面八方「密不透風」。

二號坑預計有各類武士俑九百餘件、陶馬四百七十餘匹、戰車八十餘輛，涵蓋步、騎、車三兵種。東北部是弓弩步兵，或跪坐或站立，或披甲或輕裝，橫兩縱六，列隊分布在前後。廊道和通道內，是「步兵機槍手」；弩兵後接騎兵

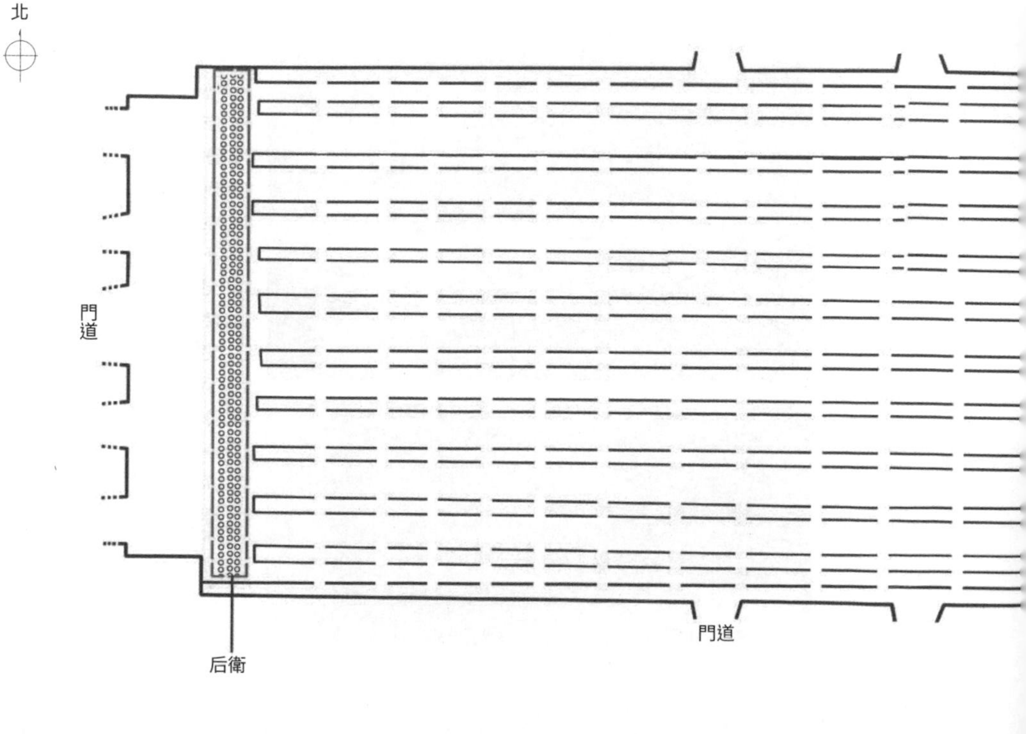

一號坑 輕裝武士俑（攝影：趙震）

一號坑 鎧甲武士俑（攝影：趙震）

出土的一號坑指揮車的殘存車輪

頭髮絲也細膩可見

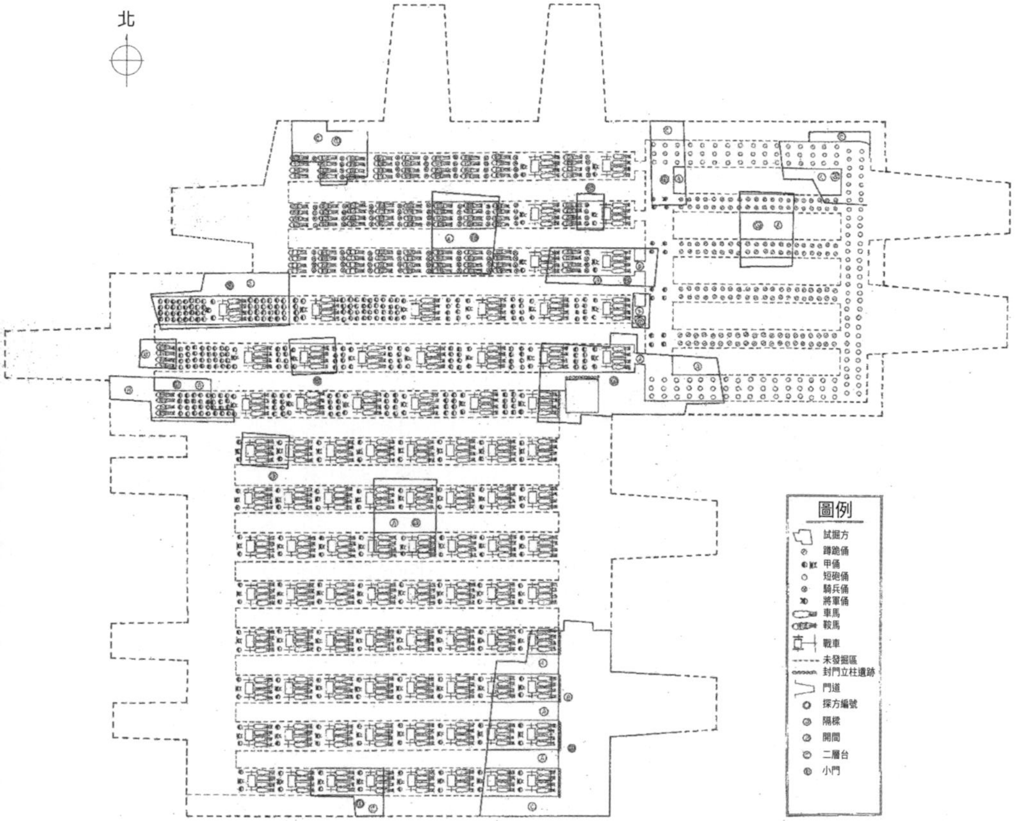

二號坑平面圖[3]（繪圖：吳紅豔）

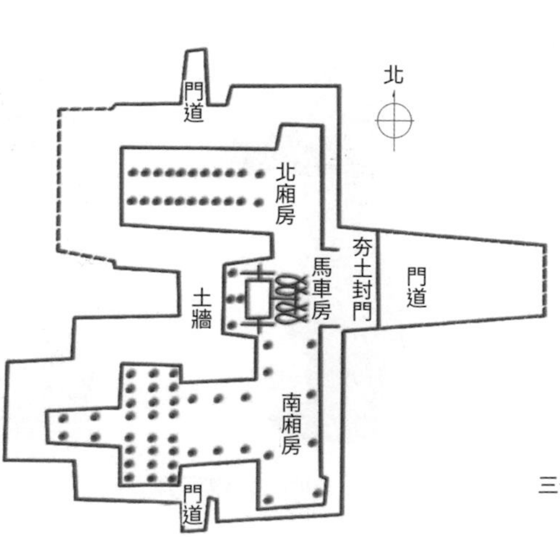

三號坑平面圖[4]（繪圖：趙震）

一百零八騎，一馬配一騎士，四騎並列爲一組，騎士手挽馬轡繩，站在馬的左前方，是「火箭軍」。中部是由十九乘車兵、二百六十四件步兵、八騎騎兵組成的混編，是「集團軍」。南半部有六十四乘木質戰車及跟隨的陶俑三件首尾相接，排布於八條過洞內，是「裝甲兵」。三軍獨立爲營，聯合爲軍，類似「海、陸、空」多軍種作戰陣形。

三號坑有披甲武士六十八件、木車一輛。中部前凸，木車正對門道，似有出行寓意。車後隨軍吏四人，比一、二號俑坑搭車人數多了一位，附近還有難辨形狀的腐朽物，估計是華蓋。這樣看來，此車應該是爲大人物所備；南部有武士俑四十二件，分布在形似漢字「且」的室內（將房屋修建爲「且」字形，緣於古代的男性生殖崇拜）；北部有武士俑二十二件，兩縱隊排列，有腐朽的織物帷帳、鹿骨，被認爲是舉行占卜、禱

二號坑鞍馬俑（攝影：趙震）

二號坑 車兵御手俑（攝影：趙震）

戰儀式的場所。

南、北兩部分共有武士俑六十四件，均披甲，面對面列隊，似是軍中的儀仗隊兼衛隊。

決勝千里需運籌帷幄，三號坑雖面積小、陶俑少，地位卻非常重要。除三號坑以外，一、二號坑並未被完全發掘，只能按照已知的分布密度和布局大致推算，總結下來，幾個關鍵字足矣：一號坑是步兵，二號坑是多兵種混編，三號坑是指揮部。顯然從體量來看一號坑最大，埋藏物最多，當是參觀打卡的第一個站點，但一號坑並不是老大。

除了總數約八千件的兵馬俑之外，三座坑中還有披掛齊備的指揮車兼軍社和衝鋒車、寒光畢現的兵器，以及偃旗息鼓和鳴金收兵的指揮器具[5]。總之，秦始皇生前的軍隊裡有什麼，三座坑裡就有什麼。

1 陝西省考古研究所：《秦始皇陵兵馬俑坑一號坑發掘報告（一九七四～一九八四）》，文物出版社，一九八八年；袁仲一：《秦始皇兵馬俑研究》，文物出版社，一九〇〇年；秦俑坑考古隊：《秦始皇陵東側第三號兵馬俑坑清理簡報》，《文物》一九七九年第十二期等。

2 據《秦始皇帝陵一號兵馬俑陪葬坑發掘報告（二〇〇九～二〇一一年）》圖九改繪。

3 引自《秦始皇帝陵一號兵馬俑陪葬坑發掘報告（二〇〇九～二〇一一年）》圖六。

4 據《秦始皇陵東側第三號兵馬俑坑清理簡報》圖五改繪。

5 王學理：《指揮系統與指揮權——秦俑陣營裡透漏的資訊》，《文博》一九八八年〇三期。

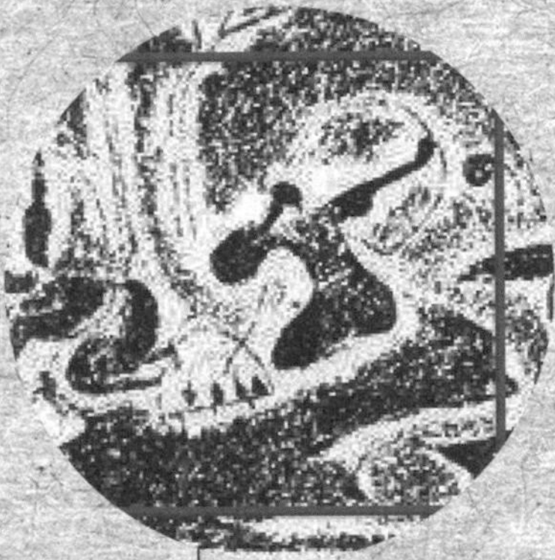

▼東漢收穫弋射畫像磚*

* 引自俞偉超、信立祥：《中國畫像磚全集》第八四頁，四川美術出版社，二〇〇六年。

03 揭祕地下軍陣

兵馬俑的軍陣是只待戰鼓捶響，立即衝鋒陷陣、直搗敵營的實戰陣容嗎？

拆開篆書「陣」字來看，其實是由左豎旗、中有車、右立持戈的武士組成。兵馬俑的三座坑裡不難發現旗、車、武士的不同排列組合，因此將兵馬俑定性爲「地下軍陣」有一定的道理。

▲「陣」字拆解圖

對於陣的了解，我是從《射鵰英雄傳》開始的。黃老邪按照奇門遁甲的方法，布置了五行桃花陣，建成一座玄幻的桃花島。外人一旦踏入桃花島，催命連環陣，一陣接一陣。作家金庸先生是布陣的高手，他的小說主要情節就是如何布陣和破陣。《射鵰英雄傳》終歸是文學作品，認識古人排兵布陣還得依靠兵書。兵書說「凡車以密固，徒以坐固」（《司馬法・嚴位》），重裝部隊的車兵布置得密集才好，輕裝部隊的步兵擺成坐陣才最堅固。

事實上，古代軍隊打仗的布陣有立陣和坐陣兩種常態，分別對應進攻和防守[1]。立姿爲行，即在運動中進攻；坐姿為原地防守，蹲、跪、趴皆可做到。將士們銜鋒前低頭貓在掩體裡是打仗，號聲響起後躍出戰壕撲向敵營也是打仗。

從坐陣到立陣，步兵打仗不外乎五個動作：立、坐、跪、曲踴、距躍。

「立」可以有腿、臂的不同變化，左勾拳，右踢腿，擺出各種立的姿勢。曲踴、距躍是「立」和「坐」的中間環節，都是跳起來。「躍踴者，皆絕地而起，所謂跳也。」敏捷、麻利在這個動作中體現出來了，也逐漸演變出了另一個漢語詞：踴躍。

而對於「坐」和「跪」的具

二號坑 坐姿弩兵俑（攝影：趙震）

二號坑 立姿弩兵俑（攝影：趙震）

體形態，現代人似乎有點難理解。上身挨腳跟的叫「坐」，上身離開腳跟直立的叫「跪」、「踞」，區別就在於臀部是否挨腳。無論「跪」還是「坐」，向上、下、左、右四面開弓時，做到腰身扭起來隨射擊方向轉動，雙手、武器、眼神達到點線一致才是標準姿勢。四川博物院藏有東漢畫像磚，畫面上部弋射大雁的兩人都是坐姿。

具體到兵馬俑坑，二號坑南部是「裝甲部隊」車兵，戰車首尾相連，軍陣堅固密實。戰鬥進入防禦階段，最需要的是陣形不亂，步兵當用坐姿，因此坐姿俑被擺在了二號坑東北部的突出位置上。雖然是跪坐的狀態，其實是在嚴陣以待，沒比立姿俑輕鬆多少。戰鬥進入衝鋒階段，需要四面出擊搏殺敵軍，當用立姿，因此陷陣之軍的立姿俑被擺在了一號坑最外圍。

打仗還能坐著？這可和我們想像的不一樣。影視劇中但凡有守城門、戍衛王宮的場景，都是武士持械筆挺站立。戰士嚴陣以待時頂天立地、昂首挺胸，我們覺得這樣才對。

這讓我想到了我曾經努力腦補的一齣大戲。秦始皇兵馬俑博物館東北方向約二．五公里處的鴻門堡村有鴻門宴遺址景區，我和申先生一同拿著《史記》去訪古。對照書中描述的情節，我腦補項羽、劉邦、樊噲、張良、項莊等人的站位。讀到宴席上項羽無心處置劉邦，范增只能「出召項莊」時，我想項莊一定是站在門道上待命。又讀到項莊舞劍意在沛公的危急之時，張良至軍門見樊噲，我想樊噲也一定站立在軍門口待命。但事實也許並非如此。

在秦末的鴻門宴之前，春秋時期的吳國也有一場類似的宴會。西元前五一四年，吳王僚趁楚平王駕崩之際，趁火打劫興兵伐楚。戰事失利，楚國反而出兵斷了吳軍的退路。吳國內部空虛，吳王僚的堂兄弟公子光一看翻身的機會來了，設宴款待他。接到請帖，吳王僚心裡明白是怎麼一回事，做了必要的防備，「使甲坐於道」，必經之處設滿守衛。二人一見面，公子光說腳痛，引吳王僚入旁室招呼上菜。侍衛端上一盤魚，美味飄香。吳王僚哪能料到魚腹裡竟然藏著一把短劍，也就命喪劍下，公子光一躍成爲吳王闔閭。出於職業習慣，我對「使甲坐於道」始終印象深刻。

警戒行爲有軍事性質，這種「坐」也見於守城門[2]。四位士兵分掌左右兩扇城門的啟合工作，百名士兵帶甲坐守防禦。接待外賓時，內、外門之間設立坐守士兵，宴會廳內則有帶武器站立的士兵。

因此，守的狀態下，坐下來才符合歷史情境。鴻門宴上項莊可以坐在門道上待命，樊噲也可以坐在軍門口待命。山西省侯馬出土的佩劍坐姿俑陶範[3]屬於春秋時期晉國的遺物，就是坐道衛士的形象。

坐陣、坐守，並不是乾坐著無所事事，直到現在語意未變。可「坐班」一詞卻帶了點嘲諷的意味，暗指喝茶看報混時間。博物館實行朝九晚五坐班制度，在兵馬俑坑裡進行考古挖掘，只要下班時間一到就得回家，謎底即將揭曉卻不得不停，回到家裡百爪撓心，我實在不喜歡。

1 《尉繚子》：立陣，所以行也；坐陣，所以止也。立坐之陣，相參進止。《管子》：一曰鼓，鼓所以任也，所以起也，所以進也；二曰金，金所以坐也，所以退也，所以免也。《吳子》：坐而起之，行而止之。

2 《墨子·迎敵祠》：二人掌右閹，二人掌左閹，四人掌閉，百甲坐之。《墨子·號令》：四人夾令門內坐，二人夾散門外坐，客見，持兵立前。

3 亦稱「印模」，模、範是製作器物的模具，有陶、石和金屬等多種質地，多用於金屬器物的鑄造。

04 秦始皇「模型」的諸多祕密

考古學研究只能無限接近眞相，永遠不可能百分之百還原眞相。結論一般都要加上「疑似」或「可能」，以體現嚴謹性和嚴肅性。但無論眞相還原到何種程度，合理思辨才稱得上是探索；腦洞亂開，以訛傳訛，則是搗亂。

對兵馬俑之謎的破解，切忌把俑和人完全劃等號，不能太較眞。所有關於兵馬俑用途的說法，比如喪葬禮儀、練兵場景、實戰三軍的模擬，沒有對與錯。一九七四年以來，考古探索一直保持進行時的狀態，確定了很多已知，也尙存許多未知，就連已知中也包含著一些細節上的未知。

我們已知的是，兵馬俑曾遭受嚴重的損壞。一號坑遭烈火焚燒，後代人在這裡埋過墓，挖過洞，建築堪稱千瘡百孔，現在看到的大量黑炭，正是木材缺氧不完全燃燒的結果；二號坑不僅有局部燃燒點，也有後代人挖的洞，北部的一處門道被兩次開挖；三號坑頂部自然塌陷，雖未被燒但人爲擾動嚴重，武士俑的頭大量遺失。三座俑坑被破壞的時間很早，那時木材、車上掛的麻布織物和弓弩弦都尙未腐朽，地下室還未完全坍塌。

三座俑坑完工後的高度超過秦代地面兩公尺左右，這個發現很重要。現在我們看到建築低於視野，一是由於牆體下陷；二是兩千多年後的今天，我們的站位高於秦代地面。這說明在一段時期內，明眼人只要路過，三座坑的準確位置一目了然，破壞者根本不需要費勁尋找坑界。無論是誰，要想進入室內，可能破屋門，也可能揭房頂，具體方式有很多種。從秦末至今，兩千多年來都有誰直接或間接、蓄意或無意對俑坑造成了破壞，也有多種可能。

在這個「已知」中，我們「不知」的是焚燒前頗多的擾洞[1]是否爲同一群人在同一時間所爲；秦始皇入葬四年後，地下室建築是不是都已經封閉並保持密封；坑內不管是修建時還是完工後，是否陰暗潮濕，多少根火把能引發熊熊烈火；戰亂時多少人奉命蓄意實施破壞，還有多少人趁火打劫脅從了破壞。

戰亂時摧毀秦帝國大廈的推手，項羽爲首。可認定項羽是破壞俑坑的元凶，並不是說這些事就是他一個人所爲——我們常說，雪崩的時候沒有一片雪花是無辜的。這點事統帥不必親躬，也不可能親躬。俑坑被毀之因基本清楚，不存在疑竇連連，霸王項羽倒是沒背黑鍋[2]。

造型逼眞、體型高大的陶製兵馬俑站立在過洞之中，彷彿是建築的主人，實際上不過是秦始皇的「模型」。俑坑的位置距離秦始皇陵園最近，出土兵器戟上刻有文字「十九年丞相呂不韋」（呂不韋是秦王嬴政的義父，「十九年」是嬴政的年號），所有資訊都指明其主是秦始皇。

隨著電視劇《羋月傳》熱播，兵馬俑的主人是宣太后的老調重彈，一個刻在陶俑身上的「脾」字被釋讀爲「芈月」。爲尊者諱，宣太后如此高高在上，名字怎麼可能被刻在一件俑上？此字左邊是「月」，讀音應爲「肉」（大月氏是漢代北方民族，很多人經常弄錯讀音）；右邊上部殘缺，但筆劃可辨。宣太后陵所在地距兵馬俑坑近八公里，二者之間有秦始皇陵相隔。僅此，兵馬俑的主人是宣太后這個判斷就不成立。

從二〇〇九年起兵馬俑坑進行了新一輪發掘，成績斐然。其中一號坑第三次發掘的面積僅有四百平方公尺，卻耗時十年，堪稱精工細作。對過去的許多認知，比如俑坑建築方式、被毀時間和元凶、兵馬俑的主人、陶俑製作水準等很多問題，都有了不同程度的修正和補充。

研究認定，俑坑眞不是坑。這些「地下室」的建造是按照建築原定布局，挖出放置

脾字陶文

脾字陶文[3]

物品的空間，其餘部分自動隔離成牆。不幸的是，自然土樑容易垮塌，所以不得不局部夯打或用磚進行修補。如此一來，建築營造更加省工、省錢。

研究發現，陶俑有瑕。首先是「先天不足」。有些俑頭面部左邊大、右邊小，鼻梁、嘴唇歪斜得像得了中風；同一件陶俑，兩腿粗細不一；有的陶俑上肢比例嚴重失調，甚至少了小臂，大臂下直接安插手腕。其次是在搬運過程中發生過「交通事故」。陶俑、陶馬形體巨大，燒成之後要出窯、施彩、入坑擺放，大量陶俑的手臂、腳踝處斷裂

腳踝「骨折」

陶俑殘斷處可見的黏接物

雕塑瑕疵：臂長不合比例

雕塑瑕疵：褲腿長短不一

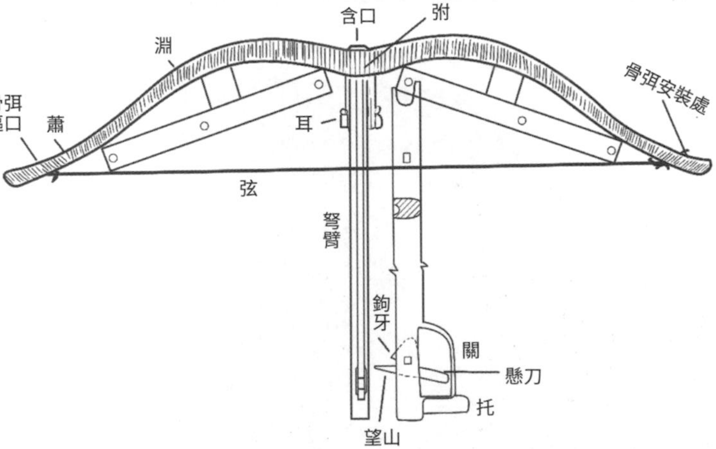

弓弩及檠[4]（繪圖：狄明）

「骨折」，馬腿斷裂比例甚至接近百分之百。有意思的是，對這些問題，秦代的工匠們也努力作了巧妙的糾正：纏上麻布固定後又糊上了厚厚的膏狀物，再塗抹彩繪遮蓋起來。也許秦始皇根本想不到，他的這些外表看起來非常健壯的武士，竟然早已是傷痕累累。

研究認定弓弩中有檠。檠是矯正弓弩的器具，位於弦與弓幹之間，是兩個長方體木條，每個木條上均勻分布三個小圓孔。繩子通過小孔將檠與弓綁在一起，檠與弓之間再撐木條將弓固定。一直是張弓狀態，弓弦和弓幹太累了。而在平時不用弓時，如果保護不好，弓弩容易變形，會影響弓的威力。檠起到保護弓弩的作用。綁上檠木稍事休息，方能實現「張弛有度」[5]。反過來說，綁有檠的弓弩處於休戰狀態。

未知的祕密還有很多，而探索未知永遠是考古學的魅力所在。

1 干擾考古工作者準確判斷原始遺跡現象的挖掘現象。可為人為，也可為其他生物所造成。
2 劉占成：《「項羽焚燒秦俑坑」說質疑》，《秦文化論叢》第十二輯，三秦出版社，二〇〇五年。
3 袁仲一、劉鈺：《秦陶文新編》圖一八四，文物出版社，二〇〇九年。
4 據朱思紅：《秦始皇陵一號銅車出土銅弩研究》圖六改繪，《秦文化論叢》第七輯，西北大學出版社，一九九九年。
5 《儀禮．既夕禮》鄭注：柲，弓檠，弛則縛之於弓裡，備損傷，以竹為之。

05 真相再遇挑戰

八千兵俑，千人千面，之前普遍認為這印證了義務兵役制。秦代實行普遍徵兵制，男子從十六歲到六十歲，都需要為國家義務服兵役，兵源來自全國各地，因此陶俑造型少有雷同。

然而新的考古發現，卻使這一結論遭遇反轉。

秦國有非義務的招募兵，「募人丞印」封泥是一個例證。封泥，即鈐有印文的泥塊，用來封緘信件、公文和物件，以防私拆。募人丞隸屬募人府，辦公廳設在秦都咸陽，職責是招募有償服役軍士。湖南里耶出土的秦簡[1]記載，遷陵縣「冗募群戍族百卌[2]三人」，即一次招募戍邊人員一百四十三人。湖北雲夢秦律竹簡[3]上刻有專門針對徭役問題的《司空律》。律文說，如果你母親是隸妾，政府又沒有徵你去謫戍，那麼申請自願從軍「冗邊」，能幫助母親恢復自由。竹簡中募兵被稱為「冗募」，服役時間較長，至少為五年。

後代同樣如此。漢代有「陷陣募人」印章[4]，漢景帝陽陵俑坑出土有「募當百印」，漢代文獻有「遣樓船將軍楊僕、左將軍荀彘將應募罪人擊朝鮮」的記載[5]。

▲石甲冑（攝影：張天柱）

東漢末年曹操手下的一員大將典韋，曾大戰呂布。興平元年（西元一九四年），呂布與曹操戰於濮陽，典韋挺身而出，率募人陷陣。前線告急，箭如雨下，典韋很淡定，甚至閉目養神，只告訴募人們說：靠近再打。敵人衝上來了，只有五步的距離了，典韋手持長戟大呼「起，衝鋒！」一直打得呂布一夥抱頭鼠竄。典韋也因爲濮陽之戰表現英勇而被拜爲校尉，宿衛曹操。（《三國志．魏書》）募人兵廣泛充當尖刀部隊，有點像美國大片《加里森敢死隊》。

其實，所有事情的發展都有一個循序漸進的過程。吳王闔閭和越王勾踐開戰，勾踐發動「死士」反攻，所謂「死士」已經有點募人的意思了。

更有意思的是，在遙遠的歐洲，拜

占庭帝國（又稱東羅馬帝國）也有雇傭軍。這個帝國始建時間比秦帝國晚，存國時間很長。和秦國一樣，拜占庭帝國一路走來也是打打殺殺，勝敗交加。從輔助力量到支柱力量，由「蠻族人」組成的雇傭軍在拜占庭帝國的征戰中扮演了重要的角色，也伴隨著帝國從強盛走向衰亡。由於依靠雇傭軍作戰，巨額軍費負擔加劇了國家的財政危機，雇傭軍易於嘩變的不穩定性則加速了帝國的衰亡。雇傭軍的諸種弊端在中國同樣不可避免，陣前倒戈的事件屢有發生。

到了這個時候，我不敢再提陶俑「千人千面」對應義務兵役制。那一號坑前三排不穿鎧甲輕裝上陣的前鋒，他們會不會是雇傭軍？

看兵馬俑有的輕裝上陣，不著鎧甲，我們堅定地認爲秦軍打仗太勇猛了，不需要採用防護裝備，至少不用戴頭盔。秦軍採用軍功制，只要一個士兵斬殺一個敵軍，就能升爵、得賞。殺敵越多爵位越高，政府獎勵的動產和不動產就會多不可數，雞犬升天。在這種獎勵機制的刺激下，於戰場拼殺當然著裝越輕便越好。有人說，秦軍沒有頭盔，敢死隊索性連鎧甲也省了，簡直就是赤膊上陣。

這一推測再遇反轉。

一九九八——一九九九年秦始皇陵外城東南部發現了石鎧甲陪葬坑[6]，坑內出土的主要是鎧甲和頭盔。甲冑均由青灰色石片組成，用扁銅條連綴在一起。其中石冑由圓形頂片和各種形狀的側片組成，設置有開合的銅環和銅鉤，頂片中央有一個圓形孔，中間穿銅環，可能原來有頂纓。

一兩件鎧甲的現身也許是偶然，說不定是秦始皇腦子一熱，臨時起意。可這裡出土的甲約有九十領，冑約有三十六頂，只能說秦軍打仗確實是戴盔披甲的。當然，石甲冑也是陪葬品，模擬了實戰鎧甲——一頂頭盔的重量超過五公斤，打仗的時候真戴上確實有點沉。

1 里耶秦簡，共計三萬七千枚，出土於湖南湘西龍山縣的里耶鎮秦代水井。約有二十餘萬字。

2 卌，讀音為ㄒㄧˋ，四十的意思。

3 雲夢竹簡，出土於湖北雲夢睡虎地的墓葬中。共一千一百五十五枚，殘片八十枚，分類整理為十部分內容，包括《秦律十八種》、《效律》、《秦律雜抄》、《法律答問》、《封診式》、《編年記》、《語書》、《為吏之道》、甲種與乙種《日書》。

4 陳直：《漢書新證》，中華書局，二〇〇八年。

5 周曉陸、路東之、劉瑞、陳曉捷：《秦封泥再讀》，《考古與文物》二〇〇二年第五期。

6 陝西省考古研究所、秦始皇兵馬俑博物館：《秦始皇帝陵園考古報告（一九九九）》，科學出版社，二〇〇〇年。

▲穿上旗袍去領獎

06 考古四十載終獲國際大獎

一九七四年七月，為了趕在國慶日兵馬俑博物館如期開館，陝西省文管會組建了兵馬俑坑考古隊，緣起頗似「救火」。四十多年過去了，盡管隊名和行政隸屬屢有變化，幾代人秉承的考古人情懷，一直不改。在回顧兵馬俑工作的歷程時，袁仲一先生曾有詩《長相思》緬懷和他並肩工作的隊友。

一九八九年，我成為兵馬俑坑考古隊的一員，從三號坑開始「蹲坑」。二〇〇九年挑起大樑，任一號坑第三次發掘領隊。領導囑咐我，整體工作分兩部分走，秦始皇陵內的考古需要面對很多週邊事務，女同志不便，你先從一號坑開始做起來。做起來才發現變化頗多，困難重重。咬牙堅持中逐漸發現，經過近二十年的耳濡目染，一種情懷早已浸入心底。我們把清理出來的土全部過篩、水洗，洗土尋寶，不是為了淘金，而是尋找秦國的植物顆粒和動物遺骸；為了保護兵馬俑，挖掘現場無法用電，桑拿天我們堅守在濕熱的坑下，汗水濕透衣背；我們開啟發掘、展出、保護的三同步模式，取得了科學研究和普及的雙贏。

二〇一〇年五月，秦始皇兵馬俑考古專案入圍西班牙「阿斯圖里亞斯王子獎・社會科學獎」[1]評選名單，最終從二十七個專案中脫穎而出。我作爲團隊代表接過費利佩王儲手中的獎盃，站在奧維耶多大廳，自豪感爆棚。

兵馬俑從發現至成名，成爲世界文化遺產，幾代考古人無限的耐心、認眞與精益求精，和爲人類福祉所奉獻的數十年努力應該得到認可。就我個人而言，我一直認爲考古工作者以發現爲快樂，古語說「書中自有顏如玉」，我更覺得「地下更有黃金屋」。考古發現的快樂，以及跨越千年和古人面對面約會的特權，遠比金錢、榮譽難得。

朋友們詫異我平日灰頭土臉竟然能穿旗袍，還有人私下打聽獎金如何分配。支票在我手上只停留了幾分鐘，金額都沒來得及看清。同行的領導覺得我大大咧咧，說先由他保管比較好，回國後獎金就上繳給了財政部門。在第三次發掘的考古隊伍中，我第一個做了逃兵。一年後愛榮姐離世，其他人有的退休，有的離職，有的調崗。如此狀況下，六十餘萬字的發掘報告仍然於二〇一八年正式發行[2]。四十年，我們不再是我們；十年，我們依然是我們。

1 阿斯圖里亞斯王子獎於一九八〇年設立，在歐洲和美洲具有較高知名度，被歐美科學文化界視為極其重要的國際獎，有「小諾貝爾獎」之稱。其中，社會科學獎旨在表彰在經濟、地理、歷史、心理、社會和其他社科領域，為人類福祉創造性工作並做出特殊貢獻的個人或團體，兵馬俑考古專案是中國首次獲得該獎項。

2 秦始皇帝陵博物院：《秦始皇帝陵一號兵馬俑陪葬坑發掘報告（二〇〇九～二〇一一年）》，文物出版社，二〇一八年。

第二章

彩繪兵馬俑的本來面目

站在兵馬俑一號坑高處俯視，整齊的軍陣撲面而來，氣勢碾壓一切。

現在我們看到的灰頭土臉的陶俑、陶馬在當初都繪有彩色。陶俑個體因「人」施「彩」，膚色或粉白或粉紅，服飾用色各有不同，衣袖亦有多重色彩鑲邊。遺憾的是，這個五彩斑斕的場面至多只維持了十幾分鐘，有的甚至只有十幾秒。須臾之間，彩繪便紛紛起翹、捲曲並脫落，精彩永失。

有人說，兵馬俑竟然原來都是彩繪的！據說兵馬俑出土後十分鐘內顏色都脫落了！於是乎，公眾一致指責：別再挖了。但是，皮之不存，毛將焉附，希望能別再把板子打到考古人身上。

有人說，兵馬俑竟然有人工合成的顏料，秦代真是一個創造奇蹟的時代！這又錯了。不能割裂歷史發展變化的過程而誇大中國藍和中國紫的出現和使用，了解有關施彩工藝、顏料產地以及其中所包含的文化意義，才能體會陶俑有「彩」的深遠價值。

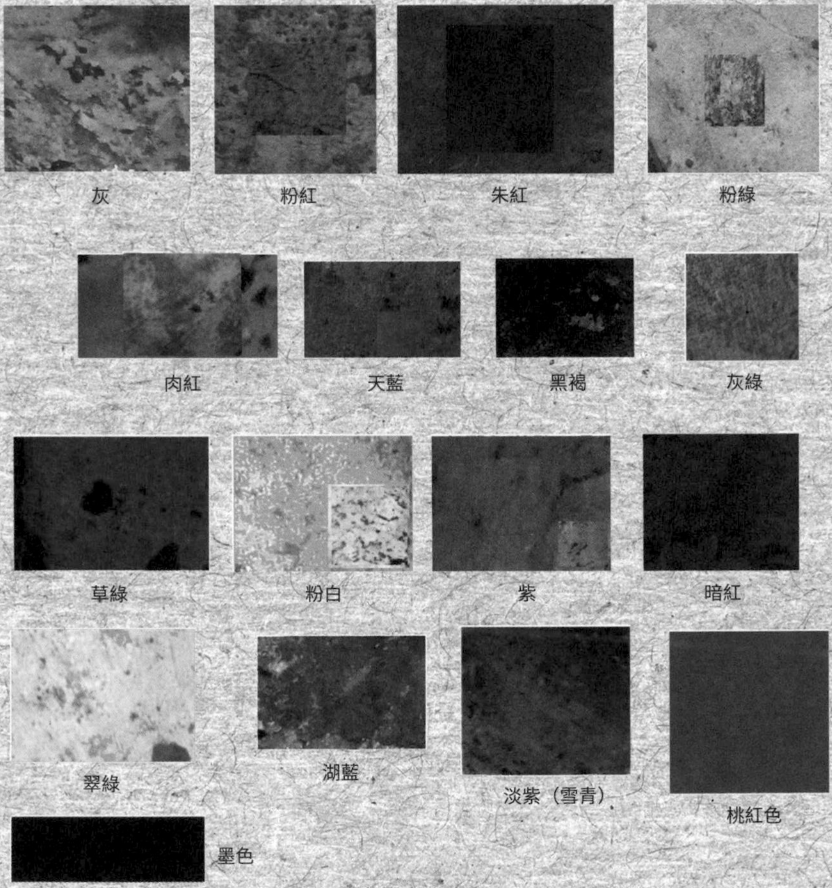

▲自訂色卡

01 別問彩繪俑有多少件

「你親手發掘過多少件彩繪兵馬俑？」這個提問讓我有點生氣。三座俑坑八千多件陶俑、陶馬原本都是通體繪彩，殘留下來的部分即使再少、再零星也不能不算作彩繪俑。

涉及秦始皇陵兵馬俑的彩繪問題有三個關鍵字：大漆、調和劑、顏料。

大漆塗抹在陶俑彩繪的最底層。大漆，又稱天然漆、生漆、土漆、國漆，屬於中國特產，由割開漆樹樹皮，從韌皮內流出的白色黏性乳液經加工製成。大漆一般由漆酚、漆酶、樹膠質和水分組成，各種成分的含量因產地而有異。

秦國有漆樹。《詩經》說「阪有漆，隰有栗」[1]，阪是秦國的一個地名，漆樹是當地一種常見樹種。秦咸陽爲都城期間從四川地區引進漆樹十株，種植在渭河以南的皇家園林上林苑裡。作爲國有林場，漆園管理辦法列入法律。管理不善，考核被評爲下等，相關責任人逐級處罰。罰負責人嗇夫一甲，罰縣令、丞、佐各一盾，一般群衆少罰點，就罰編繩一類的絡組各二十根；如果連續三年被評爲下等，罰負責人嗇夫二甲並撤職永不敘用，罰縣令、丞各一甲[2]。

和泥、揉麵需要加水，粉末狀的顏料調製成液態也需要加水，水即調和劑。爲了擁有更大的黏性，調和劑不能用純水，而需要摻入膠，以動物的皮、骨或筋爲原料，將其中所含的膠原經過水解、萃取和乾燥，形成蛋白質固形物。有外國學者在彩繪樣品中檢測出兩類十多種氨基酸成分，他們推斷調和劑中含有蛋清成分[3]。

如果這個推斷無誤，蛋清應該採自雞蛋。秦代有沒有可能提供如此大量的雞蛋？關於國家養雞這點小事，秦律裡能找到相關規定。養雞首先應離開糧倉；還需要「警犬」，具體數量夠用就行；繁衍的豬崽、小雞，不需要的應賣掉，賣掉的錢要單獨記帳（《秦律・倉律》）。這樣看來，國有養雞、養豬營生在秦代確有其事。此條律文的重要性還在於，強調了雞毛蒜皮的收入要入帳。我們在指責秦法嚴苛的同時，更要佩服其國家管理辦法的嚴謹。

大漆上，陶俑顏料的顏色主要有紅、綠、藍、黃、紫、褐、白、黑八種。再加上複色，如朱紅、粉紅、棗紅、中黃、粉紫、粉綠……數量夠編寫一本色表。紅色由朱砂、鉛丹、赭石合成，綠色來自孔雀石，藍色來自藍銅礦，紫色由鉛丹與藍銅礦合成，褐色來自褐鐵礦，白色由鉛白、骨白和高嶺土合成，黑色來自無定形碳。這些都是中國繪畫常見的顏料，像骨白，在秦都咸陽城宮殿壁畫中就出現過。這些顏料既有天然礦物如孔雀石，也有動植物成分如骨白、木炭，紫色和一部分藍色顏料則屬於人造合成物。

三種物質備齊了，工匠們開始給陶俑「化彩妝」。陶俑面部繪彩的具體步驟和現在美女化妝一樣。先上「底妝」——給眼、鼻孔、唇以生漆作隔離，改善陶俑「肌膚」狀態，提高亮度和柔軟感，再打一層白色「粉底」遮瑕，而後刷上各種色度的紅彩，宛如定妝；再上「眼妝」——用棕色或紅色顏料圈出眼珠，筆尖稍頓，畫一個小黑點，表示瞳孔；最後上「唇妝」——先打底，再塗朱色。

我問學生，化妝是先畫眼睛還是先塗嘴唇？她們說，先上後下。描眼線、刷睫毛膏，之後塗唇彩，不然手會蹭著嘴唇。秦代陶工和丫頭們的思路如出一轍。把彩繪相關的三種物質羅列出來，明眼人就能看出它們包含有機物成分。燒後施彩這個過程如同美女上妝，一旦脫粉就成了素顏。調和劑和生漆中有機物成分隨著時間推移自然退化，顏料層喪失了黏合力，無論採取怎樣的人工干預，使用怎樣的「定妝噴霧」都無法做到「永不脫妝」。皮之不存，毛將焉附？灰突突的陶俑不再光彩照人，顏料脫落成為千古憾事。

1 《詩經．秦風．車鄰》：阪有漆，隰有栗。

2 睡虎地秦簡《秦律雜抄》：髹園殿，貲嗇夫一甲，令、丞及佐各一盾，徒絡組各廿給。髹園三歲比殿，貲嗇夫二甲而法（廢），令、丞各一甲。

3 轉引自周鐵：《秦俑彩繪保護研究綜述》，《文博》二〇〇九年第六期。

$SiO^{4}_{4} \rightarrow Si_2O^{6}_{7}$（$BaCu_2Si_2O_7$）$\rightarrow Si_4O^{8}_{12}$（$BaCuSi_2O_6$）$\rightarrow Si_8O^{8}_{20}$（$BaCuSi_4O_{10}$）

深藍	漢紫	漢藍
⇩	⇩	⇩
經常與白色混用	視覺最神祕	性能最穩定

▲從深藍、漢紫到漢藍的合成過程

▲秦墓出土料珠*

＊　引自陝西省考古研究所：《西安北郊秦墓》彩版一二，一，三秦出版社，二〇〇六年。

02 合成顏料的專利屬於誰

陶俑顏料的人造合成物中，紫色定名爲漢紫，亦稱中國紫，其分子結構是$BaCuSi_2O_6$。它的「孿生色」還有兩種，一是漢藍，亦稱中國藍，成分是$BaCuSi_4O_{10}$；第二種未定名，色爲深藍，成分是$BaCu_2Si_2O_7$。此三色屬於矽酸銅鋇類物質，在自然界中並不普遍存在，需要人工合成，屬於中國特產。兩千多年前竟然有人工合成顏料！這一發現旋即成爲重點科學研究對象。

研究結果顯示，三種顏料有共同的生產過程，從深藍到漢紫，再到漢藍，依次合成[1]。科學研究人員發現，在不同時期的彩繪文物中，藍和紫經常如影隨形，同時出現。化學結構的微小差異使得藍色分子結構最穩定，漢紫視覺效果最炫酷，深藍色經常與鉛白混搭，呈現淡藍色基調。

我喜歡紫色，紫氣東來，不乏神祕感。以前我以爲紫色顏料到秦始皇時期才有，他迷戀求仙長生，也許有一批「太上老君」幫他煉製仙丹時無意合成了這種新物質。參加過更多野外考古發掘之後，再聽到有人和我從前一樣認識膚淺，我總止不住多嘴糾正：「這種物質不是秦始皇的首創。」弄得對方一臉尷尬。

漢藍和漢紫的使用，從甘肅禮縣到陝西咸陽，在秦國曾經的勢力範圍內的發現比例最爲突出，但並不意味著秦國人就是兩種顏料的創造者，以嬴政的名義申請專利更有侵權之嫌。

春秋戰國時期，藍和紫的合成物質更常被用於製作裝飾串珠或博戲器具。串珠出土量很大，被稱爲「料珠」，其表面凸凹不平，樣貌詭異，像蜻蜓的眼睛，故又稱「蜻蜓眼」。古埃及的費昂斯具有與之相似的外形，據說古代西亞或印度人相信佩戴它可以避邪。

往來於漫漫中西亞沙漠地帶的遊牧民族將它們由西亞帶入中國，後來中原地區開始利用本地原料對其進行仿製，以氧化鉛和氧化鋇替代西亞、地中海東岸地區的製作配方中常見的蘇打，製造出不同的鉛鋇產品。

博戲是爭勝負、賭輸贏的遊戲，玩法是兩人輪流擲煢行棋，以獲得算籌多者爲勝，具體玩法今已失傳，主要用具包括棋盤、棋子、算籌、煢。棋子分別爲圓形和長方形，個數不等，長方形很像今天的麻將牌；算籌是長條片，用以計數；煢即骰子，多面體。二〇一七年，我在咸陽城發掘戰國晚期貴族墓，發現的十餘枚棋子，顏色有紫有藍，燒成溫度很低，質地一碰即碎。

秦始皇陵偏殿曾經出土過一枚石煢，十四面體，一面刻有「驕」，一面刻有「𡚸」，另外十二面則依次刻有數字一到十二。

有人猜想這是給秦始皇提供的博戲之物。其實，先秦至兩漢時期，博戲遍布街頭巷尾，如同今天人們在街頭打麻將一般，守陵人業餘時間也玩得不亦樂乎。

漢藍和漢紫的製作與使用被漢代繼承。漢代神仙思想甚囂塵上，長生不死、羽化而登仙的說法風靡於整個社會。大量陶器表面使用漢藍和漢紫進行彩繪，還增加了雲氣紋飾，顯得縹緲神祕，仙味十足。在西元前一世紀到西元二世紀，漢藍和漢紫甚至輸出到了日本。

1 夏寅等：《遺彩尋微・中國古代顏料偏光顯微分析研究》，科學出版社，二〇一七年。

03 刀下留「俑」

兵馬俑彩繪保護團隊的水準非常了不起。相比於他們所研究的彩繪成分，作為考古發掘的負責人，我更關心彩繪怎樣清理才能不被「沾」下去。只有彩繪在清理中被留住，後期保護才有可能保住。

兵馬俑坑的考古發掘耗材大多是醫用品。棉籤、藥棉、紗布、石膏及各種型號、規格的手術刀消耗量都很大。僅手術刀，刀片就分為圓形、彎形及三角形，先是請後勤部採買了十二號刀片和七號刀柄，適合在土層較厚的區域開展深部割切，後來又換成了二十號手術刀片和四號刀柄，適合在土層薄的區域開展淺部割切。

手術刀的拿握方式馬虎不得。為了讓徒弟們儘快掌握彩繪清理技巧，我從網上下載了一張專業醫生的持刀姿勢圖，又觀察了資深老技工的操作，挑選了執筆式、握持式、反挑式三種姿勢的圖片，列印出來發給他們，大家都覺得挺好玩。尤其是反挑式，操作時先刺入，刀刃向上挑開，動點在手指，可以避免損傷到陶片的深部。

「像不像雞叨米？不能使蠻勁，那樣米就叨碎了。」

「手術刀得保持一定的傾斜度，越接近彩繪層，用力的角度就得越小。這塊兒黏得結實，刀尖挑不下來，得用刀刃輕輕刮。」

老師傅一邊示範，一邊解說，口授相傳。

觀衆很難看到清理彩繪的全部細節。二〇一〇年四月二日，我們正在清理第十過洞二十四號陶俑。它有著白色足面，繫著橘紅色的鞋帶，腿匝紅色花結，小腿褐色底漆上再塗黑漆，褲管下部和表面均爲淡紫色，下半身的顏色很全乎。

當天是星期五，博物館上班時間是朝九晚五，週末雙休。所有清理、照相和彩繪保護工作必須趕在下班前告一段落。時間緊，任務重，我們一行四人從進入工作面起就雙膝跪地，顧不上歇口氣、喝口水。發掘區內充斥著緊張和疲倦，欄杆外卻傳來一陣喧囂。一位導遊嘮叨叨反覆給遊客解釋：「他們幹活很慢，幾天也挖不出來一件。」眞讓人惱火。

讓人惱火的不只是公衆的不理解，還有發掘區惡劣的環境條件。兵馬俑坑的發掘沒有野外的風吹日曬，看似挺舒適，但室內空氣流通不暢，夏季悶熱，冬季陰冷。考慮到彩繪保護問題，又不能隨意使用電扇、取暖器，痱子、濕疹、關節炎，這些大大小小的毛病經常鬧得人心焦。因此，我們的工具包裡必備的物品除了各種醫用器具，還有人丹、風濕藥膏、正氣丸。學生們還貼心地撿回一塊泡沫板給我做墊子，說這是還珠格格小燕子的「跪得容易」。

清理彩繪遺痕，必須要有繡花一樣的耐心。初次下刀前，首先要保持發掘面的濕度合適，唯一的辦法是噴水，即在距彩繪遺跡表層十到十五公分處，對大土的土層表面進行多次

◀ 一號坑第三次發掘現場
（攝影：張天柱）
▼ 用手術刀清理彩繪
（攝影：夏居憲）

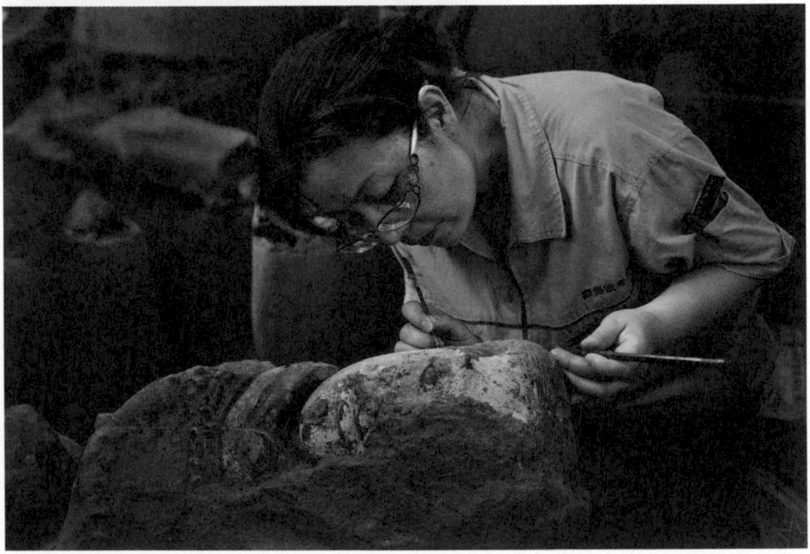

▲「跪得容易」（攝影：趙震）
▼呵護（攝影：張天柱）

間斷性噴水，直至濕度達到RH83.5左右，含水量達到十八．七%。再使用十二號鐮刀形手術刀，每次下割三公分左右，再噴水，如此一層一層掘進。

在這裡，我的用詞「彩繪遺痕」是考古學中，相對於「遺物」而言的。陶俑、陶馬和各種兵器能拿走，就是遺物；而很多原本是具體的物體，但如今卻再也無法移動拿走，就是遺痕。顯然，我們所面臨的「彩」不僅僅只有彩繪陶俑一類。

大土清理過後，就迎來更爲精細的清理工作。噴水依然大有技巧，即在距彩繪表面一到兩公分處噴霧化水，使清理面濕度達到RH80到RH85，土壤含水量必須達十八到十九%。如果噴水量過大，間隔時間太短，彩繪層就會被泡膨起翹；噴水量過小，間隔時間太長，土層得不到浸潤，一來手術刀割不動，二來下刀處兩邊的土被刀刃擠壓分離，彩繪會黏附在土層上「跑」了，造成彩繪與遺痕主體脫離。

作爲多年來兵馬俑彩繪清理的必需程式，噴水保濕也曾遭受輿論攻擊。二〇一九年十二月二十二日，鍵盤俠發聲指責：爲什麼給兵馬俑坑澆水？不會破壞兵馬俑嗎？話題越傳越玄乎，評論中有一半是謾罵。儘管那時我已經不屬於兵馬俑發掘團隊，但還是心疼曾經的隊友，他們委實不易。自媒體時代，鍵盤俠們發帖、跟帖，一通操作後上床睡覺；考古人員卻要不停地接媒體和上級「了解一下情況」的電話，還得寫「情況說明」。

雖然要求是「簡單點」，但怎麼簡單？沒法簡單。噴水的原因好解釋，可噴多少量合適？噴多長時間合適？有無必要噴蒸餾水？一兩句話根本說不清。老師傅說，水噴了之後，

「悶」的時間不能太長，不能叫水全部滲透，得讓表面土像稀泥，下邊還得有點乾，這樣下邊的土是「硬硬兒的」。手術刀不能一下子深到彩繪的「底底兒」，要留點。抽刀要快，上邊的稀泥黏在刀刃上一帶就出來了，下邊土硬帶不上來，就得用棉籤蘸水，一點一點搌，不能再用刀。這些話轉述成公文，若非親身體驗，誰能看明白呢？

　　陶俑彩繪結構複雜，表面是生漆層，生漆層之上爲彩繪顏料層。大部分顏料層爲單層，有少部分爲雙層，

彩繪陶片的現場保護（「給爺蓋被兒」）

顏料分布的厚度不一樣，清理的具體方式也不一樣。

鎧甲部分會有溝溝渠渠的紋路，裡面的土必須用「蘸」和「點」的辦法去除，棉籤蘸水一下一下地點。衣袖、襦擺部分陶體比較平整，顏料層稀薄，只能用二十號尖刃刀片斜槊，刀刃出土的瞬間要有「滑過」的小動作，再換圓弧形刃刀片輕刮。

彩繪遺痕、遺物初步清理後，文保人員開始噴塗保護藥水。藥水的主要成分是聚乙二醇（PEG），文保方面的專家解釋說這種物質可以保濕，有效改善大漆的脫水，女士們的美妝護膚品大多含有這種物質。保濕處理後用白色藥棉和保鮮膜包裹的陶俑，像才下戰場的傷患。

裹藥棉這件事，在我稱呼爲姐的考古隊員口中是「給爺蓋被兒」。爺，即瓦神爺，在眞正意識到其價值之前，村裡的人都這樣稱呼打井時意外發現的陶俑。

04 這個陶俑有睫毛

陶俑千人千面，更是千人千色。髮色有的漆黑，有的棕褐；膚色則是粉紅、肉紅或牙白；就連眼珠部分的顏色，不同個體也有暗紅、漆黑、淡棕等諸多變化，有一例竟是紅色，我調侃他是熬夜太多。

人眼睛的顏色由虹膜決定，基色只有褐色、藍色和綠色三種。褐色最常見，而百分之百的黑色根本就沒有，誰要是誇你「有一雙烏黑發亮的大眼睛」千萬別信，充其量是虹膜含黑色素多一點，因為黑色素很少的時候，眼睛看起來像棕色或更淺的琥珀色。

彩繪猶如畫龍點睛，為陶俑增添了神韻。手術刀剔出彩繪後，我們要給陶俑相面──對其面部特徵做文字記錄。也許有點身在福中不知福，彩繪陶俑看多了竟有些乏倦，下意識地有點敷衍。

比如這尊俑頭，擁有「田」字形臉龐，額寬，面闊豐腴；右眉斜挑，顴骨豐滿，短鼻，薄唇；唇上有一字髭，鬢角下折，下頜有一縷長鬍。再端詳，施彩也妙，豐腴的臉蛋上塗飾粉白，隱隱地透著點紅，給人一種粉嫩的感覺；眼睛外圈塗染白色，眼球黑白分

千人千色（攝影：張天柱）

明，目光炯炯有神。我以爲觀察到此應該差不多了，就轉入了小白同學負責的拍攝程序。「你來看，這傢伙有眼毛！」小白驚呼，滿臉驚喜和驚奇。透過照相機微距鏡頭，他捕捉到陶俑下眼瞼有睫毛，墨蹟如絲，用細筆根根描繪。

那一刻，我想到了一個充滿柔情的故事——張敞畫眉。

《漢書》記載，西漢時期京兆尹張敞頗有政績，但他每天都仔細幫妻子畫眉，不免早朝遲到，政敵因而上書宣帝告張敞「風流、輕浮」。張敞非常坦然地說：「臣聞閨房之內，夫婦之私，有過於畫眉者。」閨房內夫妻之間的隱私太多了，畫眉只是小事一樁。皇帝想想也對，一笑了之。

君臣，父子，兄弟，夫婦，長幼之序，此五者天下之通道也。（《史記．平津侯主父列傳》）

中國社會強調禮制和等次，夫妻關係中也存在尊卑有序。張敞竟然不守規矩，於是被政敵抓住了把柄。一段小事載入史冊，對於惜墨如金的史學家來說，也許這是一處伏筆。張敞畫眉初看是說夫妻和睦，而宣帝問清原委之後能表示諒解，和當時的社會背景有很大的關係。漢代社會整體和平穩定，國泰民安。國家無大戰，小家也不能動不動就鬧矛

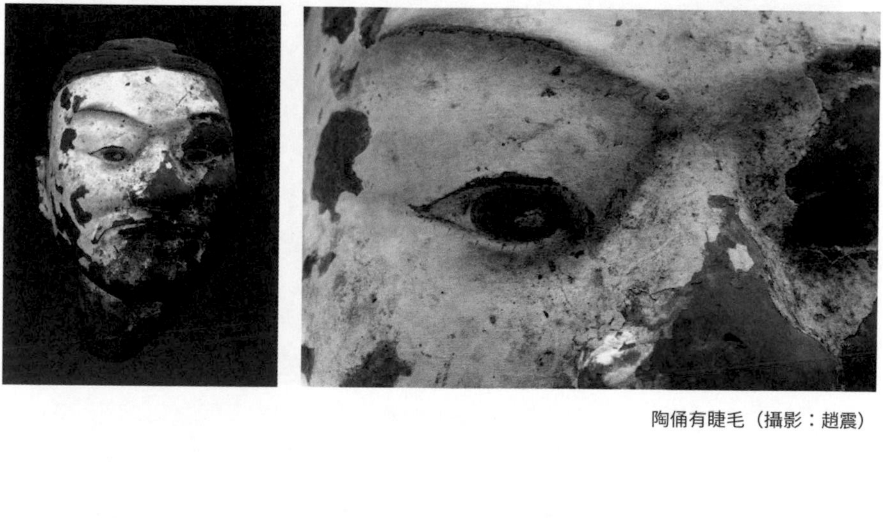

陶俑有睫毛（攝影：趙震）

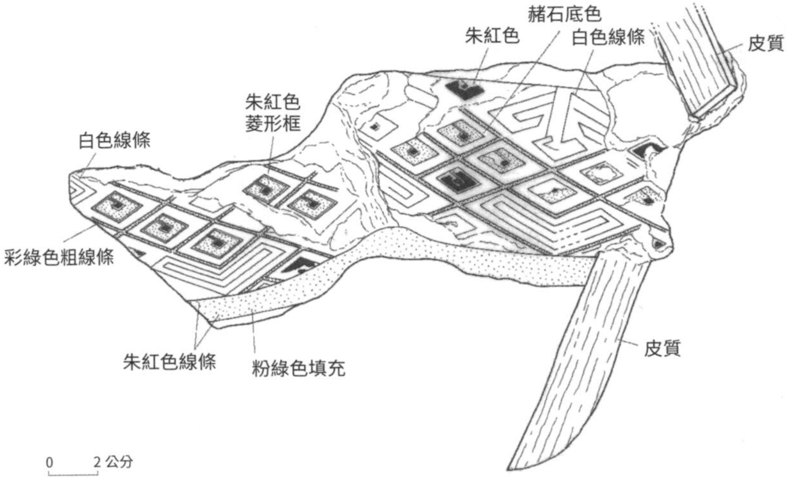

陶馬肚子下皮帶的彩繪圖案（繪圖：吳紅豔）

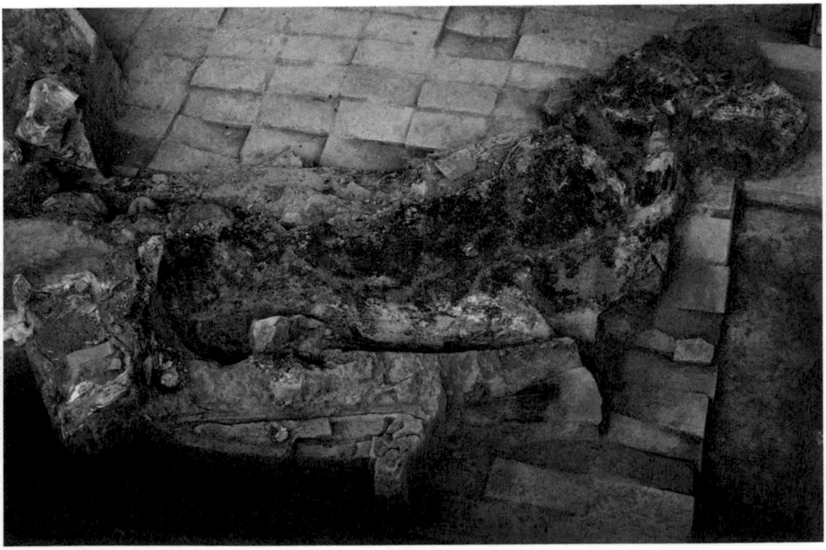

陶馬彩繪

盾。小心經營婚姻，夫妻琴瑟和鳴，陰陽平衡，才是萬物的正統。（《史記．外戚世家》）

陶馬的塗色與陶俑類似，只是其彩繪層很薄，脫落一點就所剩無幾。陶馬彩繪層上殘留了大量類似今日油漆工使用板刷的痕跡，說明陶工們施繪時不再是「描」，而是「刷」，可謂是暢快淋漓。對比陶俑和陶馬的彩繪效果，感覺陶俑有工筆畫的細緻，陶馬則如潑墨山水畫。整個發掘面出土色彩數量之多讓人心生「繞行驚地赤，移坐覺衣紅」的幻覺，其中「驚」字最能體現受到的視覺刺激。

除此之外，我們是不是還需要像分析張敞逸事一樣深入探究點什麼？這些彩繪背後的故事對於考古學研究另有意義，比如明確施彩技法，探索工具淵源。

中國古代書畫同源，繪畫與寫字的工具、材料基本一樣。遙遠時代有半坡史前遺址的彩陶，商代甲骨文有「筆」這樣一個字，西周有「貽我彤管」的愛情詩歌。

現代書畫家強調一支好毛筆要「尖圓齊健」。尖，即筆尖尖銳才能寫畫出精細的線條；圓，即筆頭圓錐需爲正圓，用毛筆的任何一個面都能做到寫畫效果一致；齊，即筆尖前端的毫穎需整齊，反之寫畫出來的線條就粗細不一；健，即筆頭要有彈性。

顯然，潑墨般的陶馬彩繪使用的是排刷，而能畫出纖細睫毛的應該是一支細筆。眼珠輪廓整齊，無暈染，說明筆鋒尖圓齊健，是一支好毛筆。女士們購買眼線筆可以此爲據。

▲服色及刷痕

05 因為顏色引發的爭吵

事實上，清理出的彩繪以服色爲大宗。服裝殘留的顏色雖然多數已經脫落反貼於土上，但紅、綠、藍、紫、雪青……繽紛的印痕，常常讓工作人員雙腳無處可踏，雙手無處可摸。

陶俑服飾均有施色，以紅、綠、藍、紫爲基本色，如綠色衣袖基本對應綠色裳擺，說明衣料主材是綠色[1]。綠色最受歡迎，白、黑很少，黃色幾乎沒有，袖口則以多種顏色包鑲。

事實上，給陶俑服色定名非常困難，記錄顏色是一件令人撓頭的事。「我看是白色。」「明明是淡藍色。」隊員之間經常爭論不休，互相指責對方有色盲症。每位觀察者對色彩的視覺感受不一樣，如果沒有一個量化的標準，綠到什麼程度是粉綠？何種藍是天藍？誰也說服不了誰。加上顏料的塗抹薄厚、脫落程度、觀察角度、光線、時間等因素的不同，都會引起色差變化。

粉白一般是紅加白，顏料塗抹厚的地方看起來就比較接近肉紅色，塗抹得薄些，就比較接近肉粉色。如果保存條件不好，脫落部分變多，顏料層變薄，粉嫩的感覺就出來了；脫落得少，紅色則會占了上風。

況且還有多種顏料混合使用的情況。比如陶俑衣擺部位，有的灰白中摻雜黑，有的淡藍中摻雜綠，還有的藍中帶紫，整體呈斑駁、混沌狀，眞不知道該怎樣描述。對於這件事，我製作過色彩與稱謂的對應圖供大家參照以期達成比較統一的標準，還仔細思考過形成雜色的原因。

是無意而爲？施彩陶俑畢竟是美術作品，雖整體有較強的寫實風格，但不能和眞實生活完全劃等號。有可能調好的顏料用完了，工匠來不及再調製，利用其他塗料左塗一下，右補一下，只要保證最後表面都有顏色就行了。

是特意而爲？爲了表現色中套色、似是而非的效果，工匠們或許是

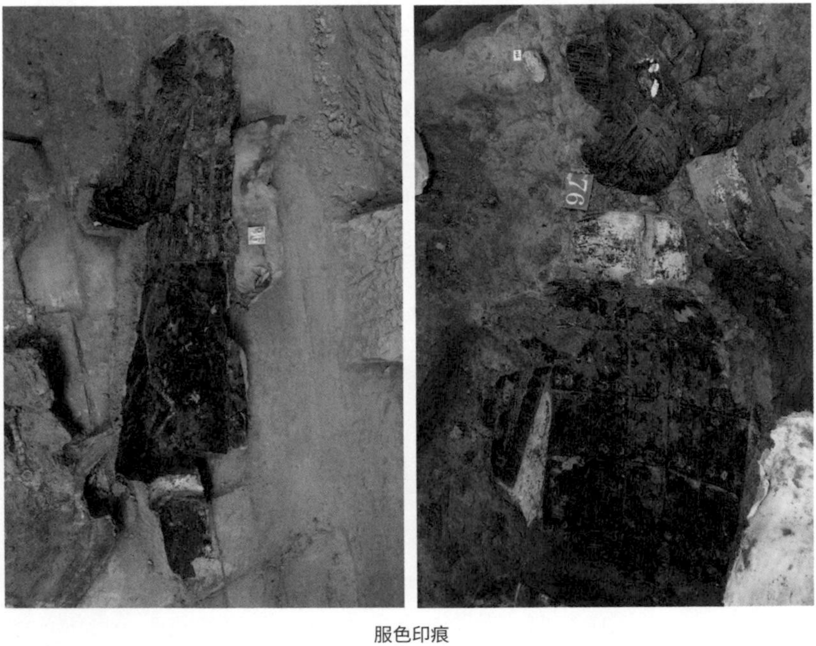
服色印痕

故意把幾種顏色混合塗抹。這種施色方法有可能受到衣料織物染色工藝的啟發。眞實生活中，古代用於織物的著色材料可分爲礦物顏料和植物染料，以後者爲主，常常是多種物質按照不同比例混合起來使用。

染料品種和工藝方法的多樣性，使得古代印染行業的色譜十分豐富，古籍中記載的就有幾百種。同一種色調有幾十種近似色，舉例來說，就像是現在流行的霧霾藍與淡藍。還有色中色，如黑中揚赤即爲「玄」，赤與黃合即是「纁」。有時還專門在一塊衣料上透過蠟染、夾結等方法染出圖案。秦代工匠們用幾種基調比較一致的顏料塗抹，或許就是爲了表現「近似色」或「色中色」的印染工藝。

其實，我還想過，是不是有民俗方面的原因。在陝西農村，小孩滿月時姑姑、姨姨要給娃娃送一些用碎布頭和各色絨線拼縫、刺繡而成的衣服，人們相信孩子穿上這樣的衣服能消滅疾病，逢凶化吉。這是不是與陶俑服色龐雜的現象有同理之處呢？畢竟，俑埋入地下也承擔守護主人的職責。

此外，秦軍服裝並不都是統一配發的。一九七五年，湖北省雲夢縣睡虎地四號秦墓出土了兩件家信，寫信人黑夫和驚兩兄弟當兵在外，寫信管家裡人要衣服和錢。黑夫說，如果家鄉安陸布價低廉，可以做成衣服捎來；如果價高，就把錢捎來由我自購。驚說，老媽，給我幾百塊錢，給我寄兩丈五尺布，不然我活不成了。這兩封信清楚地表明了衣服由士兵自備。而自己沒錢買只得求助家人這一點，說明他們是義務兵，不發軍餉，和招募兵待遇不一樣。

自備服裝不僅導致服色不統一，服裝長短也不一致。身高基本一樣的陶俑外衣長長短短，有的近膝，有的剛遮臀。再看看二號坑出土的騎兵俑，款式、長度基本一致。讓人不禁聯想到現在國旗班的旗手，個頭一百八十，統一配發軍服，穿出來絕對都是一樣靚、一樣整齊。這樣看來，兵馬俑中有一部分可能只是「基層民兵」。

陶俑服色五彩繽紛，雜色多，於是有人發出了一種聲音：看，這不符合秦制啊，秦國的衣服、旗子、符節這些都是黑色的。所以兵馬俑的主人

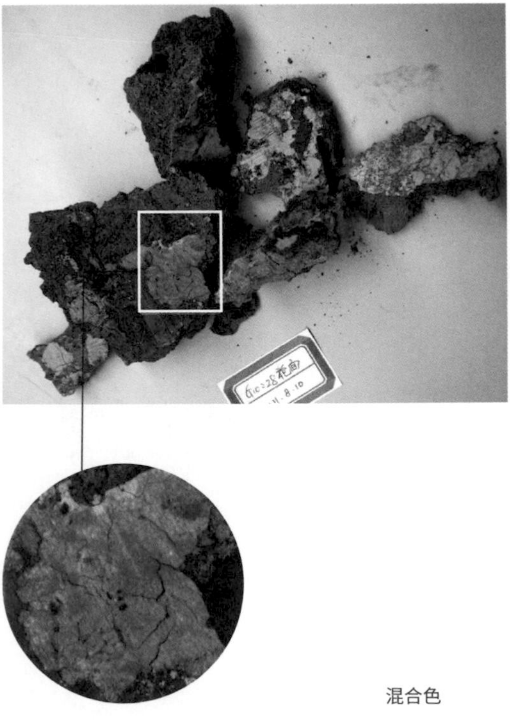

混合色

根本就不是秦始皇。這幫「磚」家，竟然連這都不知道。

陰陽五行學說認爲德行與顏色有搭配關係：土德尙黃，火德尙赤，金德尙白，水德尙黑，木德尙青。秦始皇規定秦德爲水，崇尙黑色，以黑色爲貴[2]。影視劇中，秦軍鐵騎、滿朝文武，鋪天蓋地的黑壓壓一大片，質疑聲聽起來似乎蠻有道理。

「水德」和「尙黑」只是秦始皇規定的前半句。後半句還有「數字以六爲單位」「天子才能駕六馬」等一系列內容。而這條「尙黑」的規定，限定的對象是正式場合的高層人群，所謂「刑不上大夫，禮不下庶人」，秦始皇肯定不能穿花褲衩臨朝，大臣們也不能隨便找一片竹簡寫奏章。

秦君西祀少昊時牲尙白。（《史記·封禪書》）

秦人不僅尙黑，更尙白。祭祀西方少昊帝，專門選擇白色爲毛色的動物做祭祀品。秦人源於東夷，與殷商一樣繼承了東夷的尙白傳統。後來楚人反秦滅秦，劉邦的「赤帝子斬白帝子」之夢兆，就是暗合「秦俗尙白、楚俗尙赤」，象徵他將取而代之。尙色的「尙」到底是「崇尙、尊尙」還是「風尙」？若爲尊尙，那就不是誰都可用，是天子王侯的尊貴特權；若爲風尙，才會有漫天席地的氣勢。我想，「尙」在此處應當是尊尙的意思，不然非黑即白，天下蒼生難道都成了圍棋弈子不成？

兵馬俑彩繪層很薄，最薄的不足一根髮絲，最厚的也不過一頁A4紙。即使沒有年代久遠的影響，顆粒間的結合力也很弱。脫落在土上的彩繪就像一件外衣，隨時等著主人來穿。

記不清有多少次，看著這些脫離戰士軀體的戰袍、鎧甲，我感慨「徒使忠臣蓋士魂魄，遺憾千古耳」。我思考能不能放下手中的醫用手術刀，放緩甚至停下發掘的腳步，再找找其他辦法進行提前干預，讓他們在地下先穿好衣服，收拾齊整，再出門見客。

1 據袁仲一先生統計，二百七十七件陶俑上衣中，有綠色一百一十八件（四十二・六%）、紅色八十八件（三十一・八%）、粉紫色五十二件（十八・八%）、天藍色十六件（六%）、白色二件（〇・七%）、褐黑色一件（〇・四%）。四百二十五件下衣中，有綠色二百二十三件（五十二・五%）、紅色七十八件（十八・四%）、天藍色六十一件（十四・四%）、粉紫色五十件（十一・八%）、白色十三件（三・一%）。一百七十七件脛衣中，有粉綠色一〇二件（五十七・六%）、粉紫色二十九件、紅色二十件、天藍色十九件、白色七件。一百八十二件壅頸中，有綠色六十八件（三十七・四%）、粉紫色六十件、朱紅色二十六件、白色十八件、天藍色十件。二百三十九件袖口中，有綠色九十九件（四十一・四%）、粉紫色八十件、朱紅色四十七件、天藍色八件、白色五件。（袁仲一：《秦兵馬俑的考古發現與研究》，第二九六～二九七頁，文物出版社，二〇一四年）

2 《史記・秦始皇本紀》：改年始，朝賀皆自十月朔。衣服旄旌節旗皆上黑。數以六為紀，符、法冠皆六寸，而輿六尺，六尺為步，乘六馬。

第三章

無彩之中更精彩

大家都關注陶俑出彩，事實上，這只是俑坑發掘過程中最簡單層面的「出彩」。大量竹、木、皮質遺物，原本廣施彩繪，奈何已經全部腐朽。其紋樣的統一性體現了時代的審美，也延續了中國的傳統。

灰突突的遺跡、遺物也訴說著精彩的秦代歷史。這裡不僅有武士的英勇廝殺，也有女人的機杼聲聲。線絲縷縷，刀光劍影，不過是為帝王賣命的草根生活而已，但這就是活著的秦帝國，陪葬坑中有俑，有塑俑之人，有秦朝的徭役賦稅，有暗藏的生活，有「無彩之彩」。

01 脆弱的彩繪文物

兵馬俑是秦代軍隊的象徵，當初埋入地下時個個都有彩繪。除了陶俑之外，俑坑內大量的指揮器、防禦器和木車，也少有不繪彩的。這些器具質地爲竹、木、皮，比陶質的兵馬更容易腐朽，被稱爲「脆弱文物」。

脆弱文物像嬌滴滴的千金小姐，弱不禁風。兩千多年時光的侵蝕，「小姐」的內臟、肌膚香消玉殞，只剩外皮。刷漆形成的外殼只有薄薄的一層，嚇得人不敢操持手術刀，不敢喘粗氣，猝不及防打個噴嚏都能立馬換來隊友們譴責和鄙視的目光。清理難度大，保護難度更大，公開展示幾乎不可能，一般人無法目睹眞容。

由於工作側重點不同，早期發掘時對此類痕跡往往簡單略過。縱然它們脆弱不堪，也彌足珍貴，我們再次碰到它們竟然有撿漏般的竊喜與慶幸。它們一改兵馬俑坑刀槍劍戟的肅殺之氣，一改人們對秦人粗狂、野蠻的認識，像春風吹出的縷縷暖意，於點滴間帶來了秦風、秦俗的柔美，使得三座俑坑成爲秦代軍隊的眞景。

擊鼓其鏜，踴躍用兵……死生契闊，與子成說。執子之手，與子偕老。（《詩經・邶

風·擊鼓》）

無情未必眞豪傑，憐子如何不丈夫？鏗鏘的鼓點，點燃了虎賁[1]熱血，也勾起了他們對愛人的思念。讀一遍詩歌，好像是在體會怎樣才能做一個有情有義的人。

秦軍征戰六國的沙場上，當然需要「踴躍用兵」的戰鼓。可俑坑出土戰鼓的木質胎體幾乎不存，內腔亦淤滿泥土。我們用手術刀甚至大頭針一點點地將其剝開，能看到扁圓的外形、桶壁上交錯分布的骨質釘子和等距離安插的銅環，戰鼓的結構、製法就這樣得到確認。

一邊用手術刀尖壓住腐朽的漆殼，一邊手持毛刷，幾乎完全零距離地俯身用嘴輕輕吹去泥土，發現鼓面和桶壁上裝飾的彩繪依然鮮豔、濃烈；胎壁內層和環柄

沾在土塊上的鼓面紋飾

縫隙裡，填塞織物的經緯線依然清晰可見——爲了確保銅鼓環能牢固地插入鼓壁，銅孔內纏繞了麻線，縫隙揳了木條，還加塞了麻布。老楊告訴我們，不光古時，現在安鋤頭也得在鐵鋤頭和木把之間的縫隙間塞上布條，「布條還得弄濕呢」。

戰鼓的彩繪基調以紅、綠爲重，圖案以枝蔓、卷雲等曲線爲主。手法是紅漆鐵線描，如同用鐵絲劃過。線絲分隔出變化的幾何條帶，規矩卻不拘謹；條框內天藍色、白色、綠色多重套合，平塗渲染的手法好似小姐姐們化妝時打腮紅，伸展出了蔓延的枝條和飄逸的雲朵；黑色圓點填充空隙，增添了穩重和神聖。尤其是鐵線描的紅漆線條，細如髮絲，流暢無停頓，一筆而就，可見畫工性格沉靜，技藝精湛。

試想畫工若秉性似猛張飛，絕對畫不出來這樣的效果。

既然是秦始皇的兵，必須配備實戰兵器。戈、矛、戟這幾種兵器尾部的長柄，古稱柲，有三種材

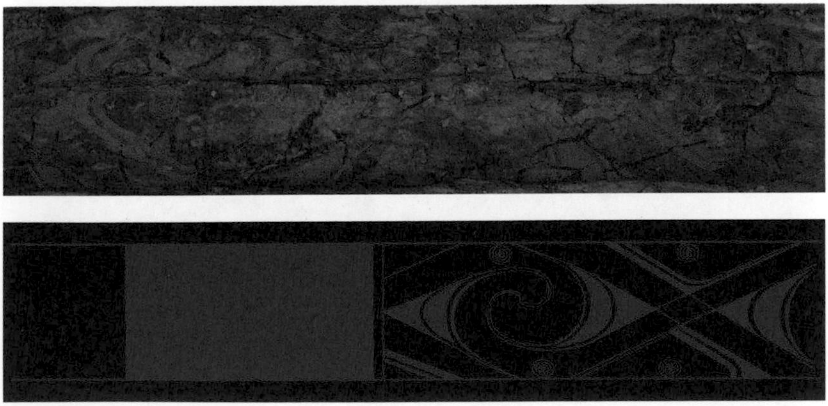

柲及其紋樣復原圖（攝影及繪圖：趙震）

質。銅矛的柄是單獨一根木棍，直刺時剛勁有力；銅戈的柄由多根細竹子捆在一起製成，鉤殺時有彈性；銅戟本來就是矛、戈合體，柄是內有木芯外裹竹片，柔中帶剛。不過這都不是重點。重點是柲的上下兩端，有雙重畫飾。

清理兵器柲（攝影：趙震）

清人在彭，駟介旁旁。二矛重英，河上乎翱翔。（《詩・鄭風・清人》）

軍隊戰間休整，河邊豎立的戈與矛，竟然構成一道歡暢祥和的風景線。設想一下，陶俑一列列排隊站好，手中緊握的兵器是不是也有詩歌描述的情景？

這些畫飾分上、下兩段。木或竹柲的表面塗黑色或褐色漆，成爲彩繪的底色，再用鮮豔的紅漆描繪出連續圖案。圖案元素以大雲朵爲中心，兩側配以小小的水渦。顏色鮮紅，用色時而鋪張，時而收斂，穿插在底色中，打破了深色的禁錮與沉悶。形成的效果是雲朵翻卷、勾連延續，上下左右又有呼應。

我親手清理了十四處兵器柲，其中十處有

繪彩。紋飾大體相同，卻在電鏡下發現它們的刷漆次數不一樣，有的漆層只有一層，很薄。多年來，無論是學者還是遊客都只重視兵器的青光凜凜，暴戾的氣味過於濃烈，這不太好。

在木車上的輿板和桄木條上都能看到彩繪。長條狀的彩繪帶，滿布枝葉、雲朵和連續迴旋的折線。紋樣構圖較兵器柲更加散漫、隨意。其主體部分的線條細、硬、直，是鐵線描的技法，形成流暢、細膩、鮮紅濃烈的效果；主體的週邊又用藍色平塗渲染，枝蔓、雲朵

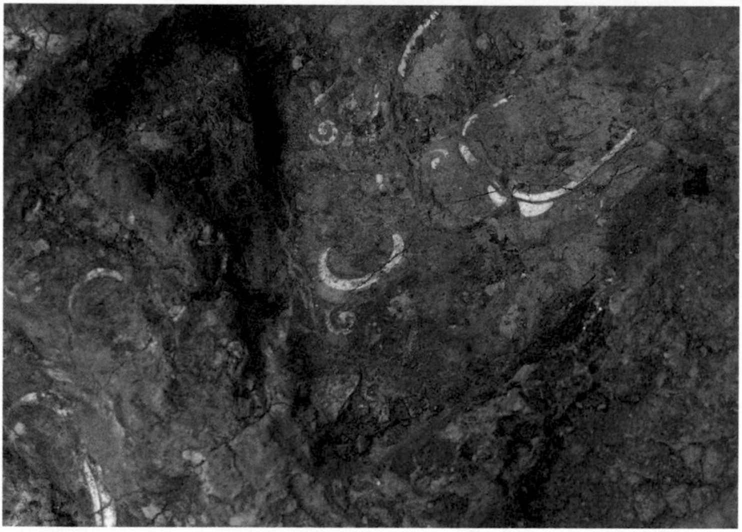

木車的彩繪紋飾（繪圖：趙震）

更有了一分浪漫變幻，恬靜雅致；白色的折線，盈盈不過黃豆大，卻無處不在，像跳動的音符。三者隨意搭配，充滿雲卷雲舒的素淨。

想像一下，經過一天廝殺，秦軍將士們在凱旋途中倚欄遠眺，餘霞散綺與車體上跳動的紋樣交相輝映，天地間似乎也有了輕歌曼舞的愜意。從屈原的《離騷》到俗語「江南的才子，北方的將」，人們認爲浪漫主義氣韻似乎只屬於長江邊的楚人，生、冷、硬的關中冷娃哪能懂得這些情調。由此看來，這想法實則謬矣。

秦國實行軍功授爵制度。傳說中的關中冷娃打仗猛、不怕死，幾乎所有人都認爲秦人在戰爭中不重視個人防禦，不戴頭盔也不拿盾[2]，嫌這些防護性的裝備拼殺起來累贅。然而古話說得好，以子之矛，攻子之盾（《韓非子．難一》）。矛、盾是一對兒親兄弟，不能因爲打仗勇敢就不準備防護用品。退一步講，即使認爲步兵帶盾搏殺起來不靈便，車兵站在車上可沒有這種擔憂，犯不著以身涉險。

二〇一〇年九月一日，兵馬俑坑第一件皮盾出土。盾已經腐朽，根據出土位置判斷此物應是車上配備的皮質防護器具，髹漆[3]繪彩，稱孑盾。每當寫到「孑」，都令人想到餵魚吃的小蟲。

孑盾外緣一圈畫了流雲狀的彩繪。先用寬約一．二公分的淡綠色勾勒彩繪邊框，框內用朱紅色的細線延展出連續不間斷的菱形或捲曲形骨架，再用天藍色或白色圍繞骨架向外平塗。大幅鋪開的平塗形狀，有的剛硬直折，有的輕軟似垂蔓。弧圓齒狀的垂蔓邊緣起起伏

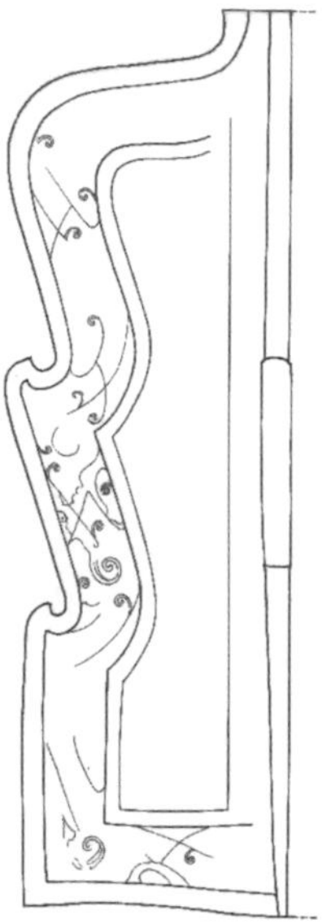

盾跡平面圖（繪圖：吳紅豔）

皮盾的彩繪紋飾（攝影:張天柱）

伏，每齒的寬度不足四公釐，顏料拘於紅線界外無一丁點漫溢。平塗之外，空隙間隨意添加了大小不一的卷雲狀漩渦。

截至目前，三座兵馬俑坑中的防護性裝備僅此一件。細數整個陝西地區，考古出土的秦盾實物確實不多。究其原因，秦人打仗勇敢，防護裝備少是其一，其二則考慮是埋藏環境的問題。竹、木、皮易於腐爛，在西北地方可以通過自然風乾迅速脫水，在南方地區可因水浸泡而隔絕空氣，唯獨陝西地區沒有這兩種保存環境。

清理這些彩繪比清理陶俑更難，文字記錄更需要絞盡腦汁去篩選適當的措辭。我想，觀賞這些紋樣可能更需要凝神靜氣。

1 指軍中勇士。

2 朱學文：《從秦俑看秦軍防護裝備的某些問題》，《咸陽師範學報》二〇〇九年第一期。

3 髹（ㄒㄧㄡ）漆：把漆塗在器物上。

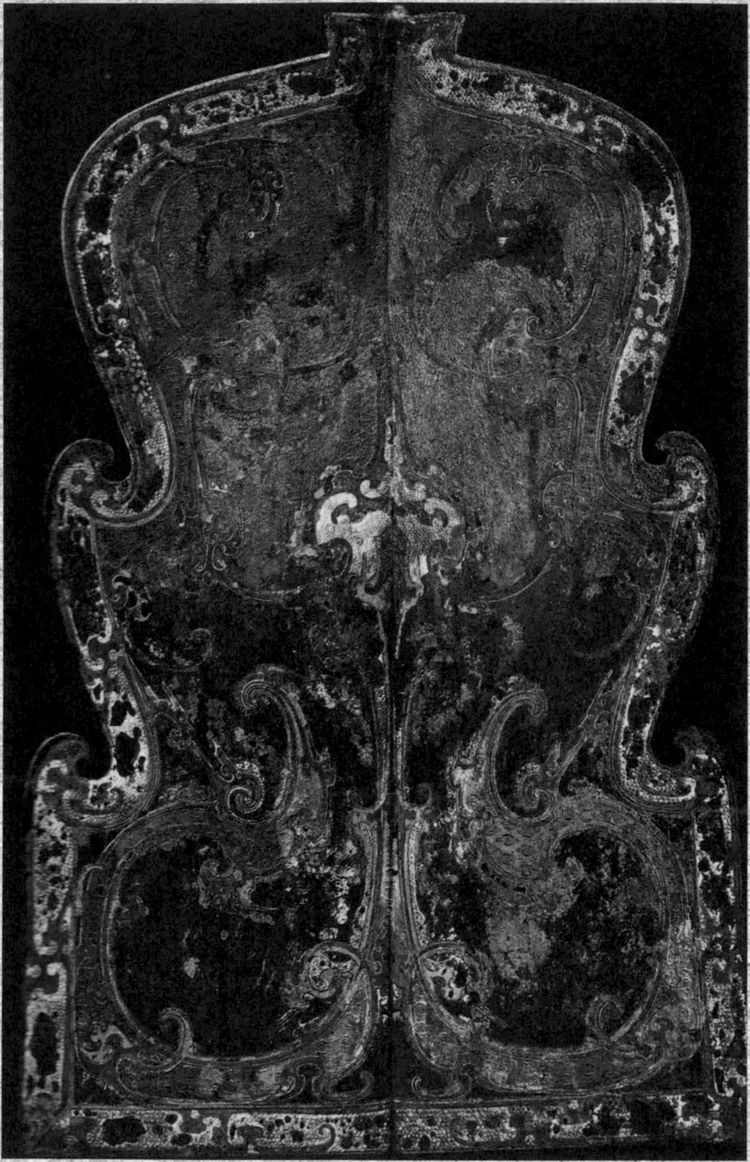

◀秦陵出土銅盾＊（攝影：張天柱）

＊引自《秦始皇陵銅車馬發掘報告》圖七九，文物出版社，一九九八年。

02 萬事都有原宗

兵馬俑出土的第一件皮盾屬於孑盾，專用於車上。給出這樣一個定位，首先是依據其出現的位置，其次是大小、外形。狹而長者曰步盾，步兵所持，與刀相配者也；狹而短者曰孑盾，車上所持者也。孑，小稱也。（《釋名．釋兵》）

步盾，即步兵的盾，外形狹長，坐陣打仗能遮蓋全身。長可蔽身的大盾，在《周禮》中名櫓，在《釋名．釋兵》中名彭排[1]。可車上不能配大盾，沒地方擱，而且車兵腰以下的部分有車幫擋著，也用不著大盾。所以這件孑盾不能等同於一般意義上的盾牌。還有比孑盾更小的盾，小到只能護臂。

秦始皇陵出土的銅車上有一件銅盾，外形像坎肩，被認爲是在模擬真實的皮盾[2]。俑坑出土的實物皮盾外形和銅盾相同，驗證了「銅盾模擬皮盾」這一說法。兩盾的各項數值對比

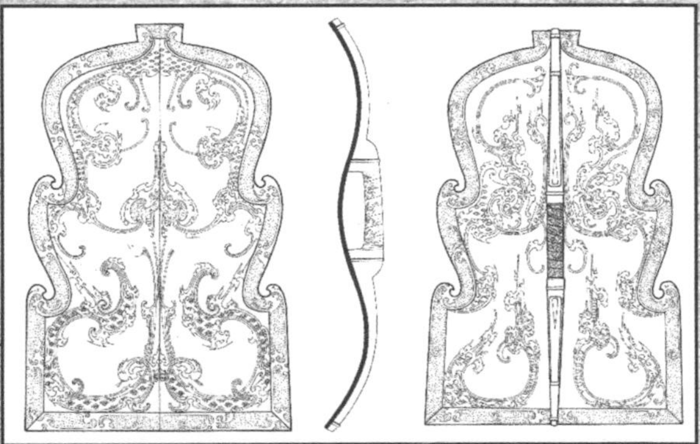

秦陵出土銅盾

大約相差一倍，又驗證了銅車馬的製作比例基本是原物一半的說法。

雖然外形相符，但銅盾和俑坑出土的皮盾的彩繪紋樣卻有明顯區別。銅車馬是皇帝鑾駕的副車。銅盾通體上下、正反雙面都有彩繪，紋樣除了雲紋之外，主體是至高無上的龍，可以稱爲龍盾。俑坑出土的皮盾只在正面局部繪圖，紋樣只有雲紋，沒有也不能有龍的影子。

二者使用者尊卑等級亦有別。儘管副車是「備胎」，盾也只是備不時之需，但使用者級別高。而俑坑盾只供車兵使用，與銅盾相比自然難以望其項背。實際上，即使是銅車上的盾，單從精緻度上看，比起南方楚人使用的皮盾還是差點意思。

湖北省荊門市包山楚墓出土的皮盾，其彩繪遠比秦始皇陵所見的要精美得多。這件皮盾墓主的身分是比國君差一點點的「上大夫」。盾面居中位置有一首雙身的卷龍，四角則分布舞鳳。執盾的手握柄，兩端安置銅鼻鉤住盾面，加強了與盾面結合的牢實程度[3]。如此一比，再不能說秦始皇陪葬的物品個頂個都是極品了。

兵馬俑坑裡的脆弱文物的繪彩紋樣、顏色運用、構圖方式都表現出了鮮明的一致性。構圖都有邊框；顏色以鮮豔的綠色、紅色、藍色、白色爲主；紋飾元素集中於兩類，一類是雲紋，一類是幾何紋；技法有平塗渲染、鐵線細描。這些特點與陶俑服色、軍吏鎧甲四周包邊的構圖也是一致的。這種一致性與當時的社會環境緊密相連。從七國爭霸到秦始皇一統天下，各種整齊劃一的政令下，社會趨於穩定，各自爲政的局面消失，此前百花齊放的裝飾圖案或被融化糅合，或遭遺棄而消失。所謂大一統局面，滲透在各種細節中。

大方面的「一統」並不妨礙小方面的個性。繪畫師的思想不可能完全一致，審美觀念也不盡相同。陶俑千人千色，車、盾、鼓的繪彩也是如此。無論是幾何紋還是雲紋，每種紋飾都衍生出了各種各樣的變異。折線有菱形、矩形、三角形；雲朵或對卷，或外翻。總之是想辦法進行變通，形成大同小異的各種繪彩。

兵器柲、車、盾、鼓中，最常見的圖案就是千變萬化的雲朵。有的起自紅邊線，雲朵小，線條纖細，但因從邊線分枝，好似生根；有的首段是白色平塗的直線，漸漸延展出曲卷的尾，原本規矩的折角由剛硬變得柔軟；有的順著雲頭回轉，又驟然間不經意地添加了一些湖藍色作爲點襯，成爲藍天白雲的縮版。放眼欣賞畫面，整體色彩鮮亮，圖案繁複卻不雜亂。眞可謂是多變卻不離主題，隨意卻萬變不離其宗。

考古其實就是給現實生活找原宗。從新石

包山及長沙五里牌楚墓出土皮盾、銅鼻鉤[4]（繪圖：狄明）

器時代的漩渦紋，到明清時代的蝙蝠捧壽，再到二〇〇八年北京奧運會的火炬，雲朵無處不在，直指民族文化傳統的本源。

纖細的彩繪雲朵，是我們用手術刀和棉籤一點點地從土裡清理出來的。那一刻，雲朵中透出的秦人的浪漫、精緻，只有親歷發掘的人才能知道；雲朵中蘊含的歷史沿革、文化傳承，只有親歷發掘的人能第一時間捕捉；同樣，該怎樣定義它們，也是親歷發掘的人責無旁貸需要思考的事。

原來秦人不是生、冷、蹭、倔，只會打仗。

原來秦俗也講禮。

原來秦代只是中華文明長河中的一朵浪花。

1 「排」即「牌」，是通假字。通假即通用、借代，用讀音相同或者相近的字代替本字。

2 秦始皇兵馬俑博物館等：《秦始皇陵銅車馬發掘報告》，文物出版社，一九九八年。

3 孫機：《中國古代物質文化》第三八〇頁，中華書局，二〇一五年。

4 引自《中國古代物質文化》圖九—二五。

03 腐朽織物裡的大發現

俑坑出土的麻織物多已腐朽，但數量很多。車上遮擋塵土的幕簾、弓韜、鼓環縫隙塡塞和陶俑「骨折」斷裂處的修補纏匝，都使用了織物。弓韜是裝弓弩的袋子，由織物縫合而成，外形似一個狹長的河蚌。復原後全長一百五十公分，大小超過一張辦公桌。中段寬二十六．五公分，兩端爲圓弧角。織物以平紋織成，外表髹漆，有白色縫合針腳，針腳長二公厘。歷時半月，一件完整的弓韜朽跡終於清理完畢，我如釋重負，長出一口氣。

清理完畢不是研究完畢。和劍已入鞘一樣，弓弩有韜說明軍陣是非戰狀態。非戰狀態這四個字關係到俑坑屬性的定位：葬俗而已，不能完全和實戰的秦軍劃等號。根據腐朽痕跡統計織物的經線和緯線數量是一件苦差事，搭檔春華默默承擔了這些工作。她一絲一絲清點、記錄，有耐心有韌勁，換成男同志眞不一定能勝任。之後需要進一步的科技檢測，小卓子就像照看初生嬰兒一般，把樣品裡外包裹嚴實，親自送到杭州的中國絲綢博物館。

周暘女士的團隊完成檢測後告知：鼓環柄內的織物樣品，成分與現代苧麻纖維接近，弓韜是平紋苧麻織物。韜的經緯線密度不一，四個樣本分別是每平方公分八到十六根、六到

弓韜

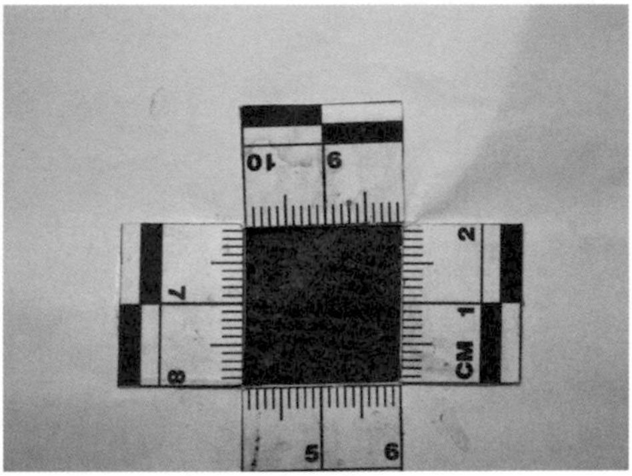

織物密度統計

十三根、十一根和六根。

苧麻也是中國的特產，中國人說紡線織布，大多是織麻布。長沙馬王堆有西漢初期長沙國丞相利蒼的家族墓園，一號墓主人是夫人辛追。墓葬密閉性非常好，保存了大量的絲、麻織衣物，僅僅辛追夫人身上就裹了二十層衣物，有絲綢、麻織品，秋衣夏裝一應俱全。隨葬的衣物則以素紗襌衣最爲知名。重量僅爲四十九克的素紗襌衣，除去衣領、衣袖、衣襟緣的絹，重量只有二十多克，眞可謂是「輕紗薄如空」，現代專家經過十三年才織出一件同樣重量的複製品。其實墓葬中出土的麻織物也不遜色，經線、緯線密度分別是每平方公分三十七根和四十四根，質感可與絲帛媲美。

馬王堆漢墓出土的苧麻織物，質地柔軟，線絲細密。這也實屬情理之中，畢竟墓主是貴夫人，粗疏的麻布太紮皮膚。而兵馬俑坑出土的弓韜、懸掛在車上遮擋風塵的幕簾，均爲粗布縫製，線絲粗疏，考慮的是經濟實惠，厚實堅固。

除了麻織物之外，讓人驚掉下巴的大發現是兵馬俑坑中竟然有絲綢。相比於較爲常見的麻織物，絲綢織物僅發現於漆器夾層，是十足的小衆產品。蠶絲製品也是中國特產，起源於史前時期，直至今日仍是高端、大氣、上檔次的服裝面料。

二〇〇九年十月二十五日，袁仲一先生來單位巡查發掘情況，他問：「最近情況怎樣？」「好著呢，您放心。」實際上，發掘停工已有半月。因爲有些工作上的訴求得不到解決，我率衆停工以「逼宮」。「車上清理的那片遺痕屬性定了嗎？去現場看看。」袁先生掛牽的車上遺痕，位於兩輛木車的車廂附近，一輛有一件，另外一輛有兩件，平面長方形，大小如二十四寸行李箱，器壁很薄。

我只能佯裝平靜，陪袁先生同去，下到坑底用手術刀尖挑起器壁殘片，碎片裡層有織物，示意袁先生自己看。我氣不順，沒有太多話。袁先生取下眼鏡，對著燈光，左右觀看。沉默片刻，說：「可能是車茵吧。」車茵就是車上鋪設的墊子，供人坐臥舒適。

「咋可能！這麼薄的器壁，一坐肯定壓塌了。」發掘中大家互相討論本來很正常，可我反駁袁先生的語氣非常不恭，話一出口就很後悔。十一月五日再次見到袁先生，他蹣跚地爬下梯子，趴在地上，手微微顫抖，拿起手術刀開

電鏡下的絲織組織（攝影：王樹芝）

始剝離腐朽痕跡，我舉著燈跟在他身旁，滿心歉意。我仍記得，一九八九年七月我入坑參加發掘的第一天，袁先生就是以同樣的姿勢在清理三號坑的木車。

二十年過去，這個身影卻一如當年，虔誠熾熱，只有考古，再無其他。

遺跡底層出土的東西對器物定性非常重要。上層遺物有可能是後期擾入，而底層遺物很有可能就是原來容器內盛放的物品。二〇一一年十一月二十四日，「一個箱子」的底層清理出擺放整齊的箭鏃多件，我馬上打電話向袁先生彙報。他很快回電話告知結論：此爲籠箙，木車上配備的容器，盛儲武器之用。後來我家買車，我對客服人員說，「送我一個整理箱」，客服不解，我和申先生莞爾。

籠箙胎質取樣送檢後，中國社會科學院考古研究所王樹芝女士在發來的檢測報告中寫道：這是一個大驚喜！將表面漆皮輕輕剝離後，看到在炭塊上貼著一層規則的縱橫交叉織痕，織痕線絲有蠶絲的特點。通過金相顯微鏡觀察其結構，發現紡織物由清晰交織的經線和緯線織成，每公分約有三十根經線和三十根緯線。絲線平均直徑約〇．三八公釐，幾十根蠶絲合成一股絲線。炭跡夾層裡的絲織物，推測爲縐紗，是夾紵胎質的組成部分，器物的內壁還有絲織物作爲裡襯。蠶絲幾十根合成一股線、縐紗夾層、絲織物裡襯……這是兵馬俑甚至整個秦始皇陵發掘三十多年來，第一次得到有關蠶絲的資訊。有這麼大的發現，受了天大的委屈也破涕爲笑了。

夾層謎底揭曉的意義不只在於織物材質是奢侈的眞絲。秦漢時期爲了漆器的輕薄，廣泛使用夾經胎體和夾紵胎體。夾經胎體可以是織物，也可以只是一根根的線，夾紵胎體則只是漆層、織物和起黏接作用的「漿糊」組成的漆灰。不管是夾經胎還是夾紵胎，有了一層層的織物，相當於胎壁有了筋骨，強度加大，漆器變得堅固結實。以往考古發掘所見的夾紵漆器都是盤、壺、杯之類，如此大型的夾紵漆器，既要保證結實又要做到輕薄，製作難度委實不小。直至今日，以縐紗爲夾層的漆器在考古發現還沒有第二例，這種少見應該與科技考古手段的運用有關。還要洩個密。在清理籠箙的過程中，我還剝離到幾根細長的竹質腐朽物，寬度一到一．五公分，很薄，最長的一根七十多公分，最短的也有二十多公分，竹皮光滑，可見白色竹節，高度疑似竹簡或地圖。

漢代書寫律令的竹簡長三尺，相當於如今的七十公分[1]，甘肅居延漢簡綴合後的尺寸爲六十七．五公分，內容正是詔令的目錄。由此看來，籠箙內最長的竹條長度並不出格。確實，眞絲內襯的整理箱僅僅放置箭鏃有點大材小用。但由於竹條腐朽太嚴重，車又整體被火燒過，到處是黑炭灰，趴在地上使勁看也看不出墨蹟，所以除了在正式發掘報告中如實記錄，我沒把這個細節公開給更多人。由此可見，做考古研究，一定要看記錄第一手資料的發掘報告或簡報，文字再枯澀也得讀。祕密往往隱匿在大衆熱點背後了。

1 《漢書．朱博傳》：如太守漢吏，奉三尺律令以從事耳，亡奈生所言聖人道何也！

04 女人的故事

考古行業以前經常有性別歧視，單位都樂意招錄男生。有男士曾自豪地舉例說：把兵馬俑轉過來，兩、三個男生就能做到，女生則不行。女生在考古系統的不少，也就幹點輕體力活，拍拍照，測測數據，有點太皮毛。

這話說得有點直男癌。一號坑第三次發掘的主力一直是娘子軍，年近六旬的楊老漢被我們戲稱爲「黨代表」。爲了不影響參觀的正常秩序，回填土只能在晚上遊人散盡才能清運出坑，但展廳裡機械進不去，每晚拉土四百多袋，來回五趟，全靠人背車推。無論是發掘現場的清理還是後期的實驗室檢測，女性考古工作者的貢獻何止是皮毛？當然，女性在職場上自己也得爭氣，同一級別工資待遇一致，確實不能要求每天過三八婦女節。

織布、縫紉都屬女紅。以陝西的自然條件，古代織物根本不可能保存下來，沒關係，痕跡、朽跡也同樣可以解決問題。也許正是性別的原因，每天面對雄赳赳、氣昂昂的秦軍，我總想另闢蹊徑做點被大家忽略的事情，挖掘一些秦國女人們的故事，麻布、弓韜、「整理箱」的絲質裡襯正好提供了契機。

僇力本業，耕織致粟帛多者復其身。事末利及怠而貧者，舉以爲收孥。（《史記・商君列傳》）

一夫不耕，或受之饑，一女不織，或受之寒。男耕女織不僅是中國古代小家庭內部最基本的性別分工，也是國家本業。戰國晚期，秦國政治家商鞅爲復甦國家經濟做了一個謀劃：種地織布發展本業。勤於耕織、吃穿富足的人免除徭役或賦稅，棄農經商或生性懶惰的貧困戶舉家收爲官奴。

狼煙四起之時，勤於耕織的局面很難實現。商鞅制定了戰爭中守城的基本原則：假如有敵人來犯，就要馬上整理戶口登記的簿冊，發出徵兵文告，召集男女老少，組成壯男、壯女和老弱混編的三支分隊，用於守城護城，保衛家園[1]。身體強壯的女子軍，負責給前線和友軍提供給養、運送傷患、修築工事、挖陷阱、設路障及鎮守待命，任務艱巨。

在慣常思維中，女子應該是與針線聯繫在一起的，一旦扯上戰爭，就生出些不同尋常的意味來[2]。

商鞅說軍中有女氣難揚，軍營中最忌諱男女相處日久生情。兒女情長會影響男人們爲國家獻身的勇氣，關乎國家存亡[3]。原來，張敞畫眉只是和平年代才能被允許的事。西元前二一五年，秦始皇曾「東臨碣石以觀滄海」，並留下長篇刻文，以「大秦夢」作爲結尾：地勢既定，黎庶無繇……男樂其疇，女修其業，事各有序。（《史記・秦始皇本紀》）

他說，現在天下局勢已定，百姓安家樂業，沒有徭役。男子一心一意耕地，女子專心致志織布，各行各業井然有序。在我們笑話皇帝愚蠢至極，竟然相信有長生不死的仙藥時，這句話，你仔細品品。

刻石與存世數量極多的《始皇廿六年詔書》內容一脈相承，突出強調天下大定，黔首大安。是啊，商鞅時代天下動盪，如果大敵當前家將不保，促耕、促織是妄談也是理想，更是圖強的基礎。秦帝國時期四海歸一，至少表面上迎來了和平，種地、織布是理想，更是秦始皇自認的社會秩序。

秦始皇時期嘗試建立這種秩序，有據可循。一九七九——一九八〇年，考古發掘的秦始皇陵修陵人墓地中有一百具屍骨，除了年齡在二十五到三十歲的三位女性、六到十二歲的兩個兒童外，其餘均是二十到三十歲的男性[4]。儘管秦律規定女人也要承擔徭役，但修陵人墓地體現出，土木工程所用人力仍以男人爲主。

對於兵馬俑坑，不僅僅要清理出彩繪陶俑，也要關注彩繪木車、彩繪皮盾這些器物，還要關注無彩的糟朽不堪的織物。這些腐朽的痕跡本身並沒有繪彩，但考古發掘是爲了復原過去，是要尋找歷史生活的片段，尋找歷史華麗轉身之前的血肉與故事。這些無彩可不可以被認爲是另一種精彩呢？

二〇一四年九月，秦始皇陵兵馬俑博物院舉辦了「眞彩秦俑」展覽。展覽集合了四十年來考古發現的彩繪研究成果，首次向公衆展出了三十七件（組）「眞彩秦俑」，包括了彩繪陶俑、俑頭、陶片、遺跡等文物。

看到這條新聞通稿，我注意到了最後的「遺跡」二字。無論占比多少，畢竟人們對陶俑之外的內容已經開始有了關注，這是一個好的開始。

1 《商君書·兵守》：壯男為一軍，壯女為一軍，男女之老弱者為一軍，此之謂三軍也……壯女之軍，使盛食、負壘，陳而待令；客至而作土以為險阻及耕格阱；發梁撤屋，給從從之，不洽而熯之，使客無得以助攻備。

2 《商君書·墾令》：令軍市無有女子。

3 《商君書·兵守》：壯男過壯女之軍，則男貴女，而奸民有從謀，而國亡；喜與，其恐有蚤聞，勇民不戰。

4 秦始皇陵秦俑坑考古發掘隊：《秦始皇陵西側趙背戶村秦刑徒墓》，《文物》一九八二年〇三期。

第四章

尋找秦將軍

數千件陶俑雕塑，太像真人了。秦國工匠採用繪塑結合的方式，人物面部和服飾均施彩繪。按照軍種和身分級別的分類，每個陶俑的裝束、神態都不一樣，髮式有多種，手勢各不同，面部的表情更是各有差異，注重傳神。真正要認識它們，確實需要根據塑造特點慢慢品味。

其中高級軍吏俑年紀稍大，表情嚴肅，額頭上竟然還都塑有抬頭紋，一副飽經風霜、身經百戰的樣子。它們的身分到底有多高級，是不是秦朝的大將軍呢？

▲將軍俑／高級軍吏俑（攝影：趙震）

01 我發掘的將軍俑

截至目前，兵馬俑發掘了共計千餘件陶俑。有九件高級軍吏俑被俗稱為將軍俑，分別出土於一號坑和二號坑。

將軍俑頭戴像兩個犄角一樣的冠帽，前額刻有縷縷抬頭紋。體型略胖，腹部微挺，有「將軍肚」。甲衣腹背之處的甲片很小巧，像魚鱗一樣，排列得密密麻麻，四周有一圈彩繪，前胸、肩膀、後背還有七到八個花結。

我參與發掘出土的百餘件陶俑中，有一件是將軍俑。很巧合，這件將軍俑正好是所在區域發掘的第九件，編號是G9:9。（首碼G9是指出土區域，第九過洞。）

「老九」成為我們對這件俑的暱稱。擒賊先擒王，老九身分高，挨「刀」多，身首異處，「死」得悲壯。尤其是頭部，嚴重殘碎，碎塊幾乎不超過巴掌大，殘片散布範圍涉及六平方公尺。

G9:9 殘片分布圖
（繪圖：吳紅豔）

老九的軀體部分原本應該面向正東、雙足立正，即使後仰倒下，腳丫子也不可能乾坤大挪移。而實際我所看到的情況是，它腳下的踏板主要碎成兩塊，東西錯位三．一公尺，一隻腳足尖朝向東北，塞進前乘車的車廂下，另一隻腳伸進第二乘車的陶馬肚子下，足尖朝向西北。這種移位若非人爲就絕對是鬼使神差了。相對於一般士兵俑，它的損毀重點集中在頭部，恐怕難以用激情犯罪來解釋。誰和它有不共戴天之仇？項羽的軍隊恐怕難辭其咎。

老九的頭殘碎，足移位，中間這一大部分卻比較完整，尤其是甲衣四周的彩繪。在狹窄空間內既要保證彩繪不脫落，又要保證三五人的力氣足夠一次將其抬起，我想不出周全的挪移辦法。他留守原位時間最久，相鄰兵俑紛紛進入修復階段，離開了他們的長官，光桿將軍「坐陣」一俑坑，形單影隻。「通體彩繪保存極好，移位難度極大」，我向領導請求支援。

挪動陶俑殘片是體力與腦力結合的勞動，一般選擇在早晨進行。「早飯咥（陝西方言，吃的意思）了倆饃，幹

1 提取

2 拼對

活有勁。」師傅們經常這樣打趣。

一截俑腿，一個人托舉遞上來，靜止狀態下堅持不了幾分鐘。「你麻利點！把人舉得猙（陝西方言，累的意思）滴！」有的陶俑軀幹部分從胸到腹下渾然一體，從過洞到隔牆，再轉移到修復區，全體總動員，托舉哥，傳接姐，依次布好陣型，扶梯上鋪好軟墊，緩慢地插在陶俑與地面之間的空隙中，慢慢將陶俑挪至扶梯躺好，抬起形似救護隊的擔架。稍小的殘片由一人雙手托舉，「拿好，拿好，我鬆手了啊！」另一人雙手托接，不能用單手拎，以防突然殘斷。整個環節中每個人都得拿出吃奶的力氣，若是惜力偷奸耍滑，出了紕漏將釀成大禍。

屬於同一件陶俑的陶片儘量同一天提取，認陶片是首要的功夫。理想主義者說：「把陶俑殘片一件一件取出來就行了唄。」實際上，陶俑四分五裂，殘片廣布，不同個體的殘片互相摻雜，這個拼圖的活不好幹。

在這一方面，老工人們的技術過硬，端起左臂殘片，腦子裡馬上反應右臂在哪個位置見過。「這是××

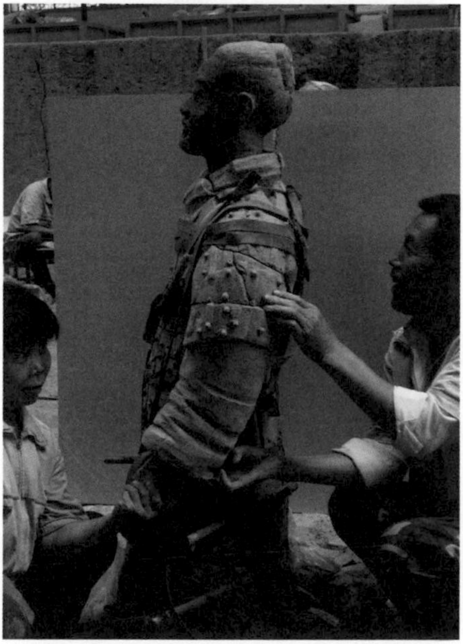

3 「能站起來了」

號的手指」「這是××號的脖子」，殘片斷茬一碰，八九不離十。拼圖也需眞功夫，沒有三五年的實踐，難練就。在我的印象中，愛榮姐拼圖的技能最突出。她性格外向，愛說，牢騷話多，如果突然不吭氣，目光呆滯，一定是開啟了殘片檢索模式。相隔幾公尺遠的兩塊殘塊合體成功後，愛榮姐爽朗大笑，甚是得意。從一九七四年兵馬俑發掘開始，直到二〇一四年因病去世，她以臨時工的身分在考古隊幹了四十年。

將軍俑修復後

二〇一七年夏季，我和老九重逢了。他已經得到了很好的照料，殘片的拼、黏、接工作已經完成，脫落的彩繪局部被貼回原位，頭復位，雙手交握於腹前，端正站立。洩憤式的砸擊給他的面部留下一道深深的裂縫，有點破相，倒也無傷大雅。從發掘到最終修復成爲供大家觀賞的展品，整個過程歷時五年。辦理好參觀手續之後，我徑直走到他所在的展櫃前。四目相對的瞬間，我對老九說：「你若安好，便是晴天。」

02 巧製衣裝伴將軍

儘管老九被毀壞得非常嚴重，但除了彩繪處理起來有點困難，確定身分並不費勁。這類身分的陶俑衣著打扮特點明顯，冠、鎧甲、長袍都是同款。

一般士兵俑或者扣一頂軟塌塌的單帽，或者乾脆啥也不戴。而將軍俑頭戴冠，冠頂有兩個像羊犄角一樣的沖天圓筒，文獻稱其爲「鶡冠」。鶡，一種勇猛的禽類，善鬥。古裝戲如穆桂英掛帥，武將戴雉尾冠，插兩根長翎子，就是這個意思。藝術來源於生活而高於生活，戲劇中的羽毛很長，又五彩繽紛，增添了武將們的勇猛氣勢。

所有陶俑都穿有內衣，或爲短褐或爲長襦。一般士兵俑只有一層，長度到膝蓋或者更短；將軍俑不僅層數多，也更長，到了小腿部分。衣服長短標識身分，短衣服向來是勞動者的裝扮，長袍大褂幹不了活。

大部分陶俑都披甲，由於軍種、職責、地位不同，樣式繁雜。駕車的御手俑重點防護手臂，騎兵俑重點防護上身。將軍俑的鎧甲，中間是細小的甲片，像魚鱗，因此被稱爲「魚鱗甲」。魚鱗甲中心位置的甲片材質是金屬，其他款式的甲衣應該是獸皮。當然這些都屬於推斷，畢竟兵馬俑只是雕塑品，並不是秦代鎧甲的實物。

做出這種推斷，既考慮了外形，又參考了彩繪的顏色。甲片外表刷褐色或偏黑色的大漆，黑色即玄，古代有「玄甲」之說。秦始皇陵園出土的大量石質甲冑，其中有兩領甲衣也被認爲是「魚鱗甲」，比一般的甲衣多用了近兩百塊石片，可見秦軍鎧甲確實有分類[1]。

小甲片的靈活性好，如果以金屬材質來做，防護性能顯然要優於獸皮，但是金屬片動起來難免會割傷皮膚。因此，魚鱗甲的甲片只用在腹、腰兩處，其餘部位仍然用獸皮，整體甲衣的外緣還有精緻的包邊。

一點一點把包邊清理出來，滿目充斥豔麗的彩繪紋樣。有的紋樣和湖北江

花結及包邊繪彩

陵楚墓、西漢馬王堆漢墓出土的織物相同，是規矩的幾何紋，二方連續或四方連續構圖。有的紋樣很零散，用色也隨意，織機織不出來，應該模擬了繡品。

鎧甲綴合需要縫合線，這點在陶俑塑造上也有體現。我清理的時候仔細研究「縫合線」，發現彩繪的雪青色中夾雜有很纖細的紅絲。在實際生活中，雜色絲線叫緡線，是合股的絲繩。有學者推測秦代鎧甲的縫合線原料是動物筋，這不對。

魚鱗甲衣防護性能好，刺繡包邊美觀又舒適，這樣的鎧甲絕非一般人能披掛。最精彩的是，將軍俑鎧甲的前胸、後背、肩膀上還都有花結，隨風飄拂散開，是一種很寫實的刻畫。

如果不是親歷了發掘，還有一個細

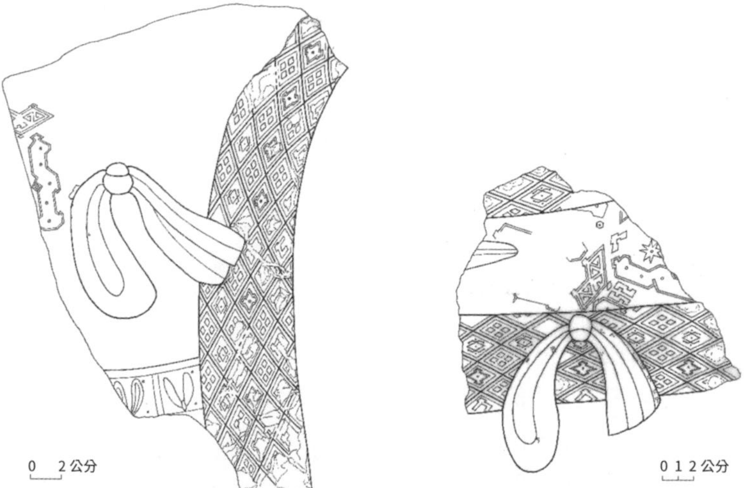

G9:9 背部及肩部鎧甲圖案（繪圖：吳紅豔）

節我絕對想不到，那就是雪青色的縫合線和純紅色的縫合線呈交錯狀分布。一點一點剔除泥土時，我好像看到了秦軍甲衣的縫合線是怎樣地出針、入針，隨後腦洞大開。是服勞役的女人縫製了這件甲衣吧？她是以何種心態在穿針引線？她有家嗎？想過逃跑嗎？她無處可逃。秦國有嚴格的戶籍管理制度，每個人都必須在戶籍科上戶口，不需要呱呱墜地後馬上去辦理，基本是十五到十六歲正式入籍（睡虎地秦簡《傅律》），黑戶當論罪受罰[2]。凡登記在國家戶籍系統裡的人口統稱爲「編戶民」，編戶民不得隨意遷徙，國家對逃脫名籍的流竄犯進行嚴懲。

若遊士滯留而無憑證，所在的縣罰一甲；居留滿一年者應加誅責。符，即通行證，形式爲竹片或木牌，用以登記姓名、職務、籍貫、年齡、身高、胎記、面部有沒有痦子，膚色是白是黑……總之要有識別性。若有敢走後門幫助他人出境或除去名籍的，要付出罰爲鬼薪或城旦的代價[3]。

成語「作法自斃」，說的就是戶籍制度的始作俑者商鞅。在最後受到誣陷和猜忌的關鍵時刻，他準備東逃魏國，途中欲宿客舍，辦理住宿登記拿不出有效的戶籍證件，被客棧老闆拒之門外。到了漢代，戶籍制度繼續實行，經常打擊那些「脫亡名數」的王侯、官吏與豪強。漢景帝四年（西元前一五三年）規定「復置諸關，用傳出入」，「傳」即今天的身分證或者介紹信。（《漢書·淮南厲王傳》）

如今老九威風凜凜地站在展廳裡，而我卻在悲憐著巧手爲他「縫製鎧甲」的人。

1 經過稱量，一件普通石鎧甲重二十餘千克，一頂頭盔（胄）重五千克左右。這樣的重量，加上陵園陪葬多明器，石鎧甲可能仍屬於模擬品。

2 《商君書·境內》：四境之內，丈夫女子皆有名於上，生者著，死者削。

3 睡虎地秦簡《遊士律》：游士在，亡符，居縣貲一甲；卒歲，責之。有為故秦人出、削籍，上造以上為鬼薪，公士以下刑為城旦。

03 秦代雕塑大師

修復完成的老九，氣宇軒昂，五官端正，身材勻稱。沒有塑造失當的「先天不足」，也沒有搬運過程中因交通事故帶來的「骨折」。除了因「蓄意謀殺」造成的臉部「破相」，以雕塑作品的角度審視，身體比例非常符合眞人的生理結構。

從藝術品製作技藝上講，完整的人體雕塑比單獨的頭像、胸像要難做得多，高於一．二公尺的人體很難把握比例。秦俑士兵身高一般在一．七到二公尺，又是數千件的批量創作，難度可想而知。

每一位參加製作陶俑的工匠都能掌握人體比例結構嗎？答案顯然是否定的。「世界第八大奇蹟」，兵馬俑名氣太大了，讚譽中已經摻雜了泡沫。說陶俑有瑕，我的內心糾結不安，可考古研究是一項嚴謹的科學工作，必須跟著材料走，有一說一。發現陶俑有瑕的表面現象，接著要分析成因，這又是一個令人糾結的過程。我這樣認爲：

一、陶俑本來就是象徵，俑即偶人，像就行了。

二、秦始皇陵的修建歷時三十餘年，徵調人次有七十餘萬，參與陶俑製作的人員應該有三個梯隊。

梯隊一：工師。即專門從事製陶生產的技術人員，水準高。

梯隊二：學徒。秦朝各種行業都有對學徒的培養規定，「新工」由「工師」負責教授，學業成績有高有低，學期一般為兩年。而且是邊學邊幹不脫產[1]。

梯隊三：臨時工。這些人的身分比較複雜，大致包括隸臣、下吏、城旦、隸妾、更隸妾、小隸臣妾[2]。這之中有輕微犯罪的刑徒如城旦，有官奴如更隸妾。一個「更」字的存在，隸妾的身分便出現了變數，職業非常不確定。她們是由官府提供的勞務派遣人員，本質上屬於官府所有，無人身自由，在官府不需要的時候由官府出面租借給私人做勞務輸出[3]。就像是一塊磚，沒有固定崗位和專業技能，哪裡需要就往哪裡搬。由於經常變換工種，專業技能差，政府規定這種人的勞動定額只需達到長期工的四分之一即可。不同梯隊，技術水準自然有差距。

三、即便是秦代的工師，也沒有學習人體結構的機會。中國古代不曾以美術培訓為目的對人體進行解剖，有機會偶爾參與解剖人體的人，主要是醫生。時至今日，中國人還是不太能接受死後再被開膛破肚。甚至是裸體素描，也是直到一九一二年劉海粟創辦上海圖畫美術院後才開始的。秦代陶工對人體的比例結構不熟悉也不奇怪，有些陶俑存在比例失當的問題，正是時代的局限。

不過，將軍俑的身體比例不存在失當的問題。測量得出的資料基本符合民間流傳的一些繪畫口訣，比如「三庭五眼」、「一肩擔三頭」、「三拳一肘」。三庭就是把臉的長度分爲三等份，從前額髮際線到眉骨、從眉骨到鼻底、從鼻底到下頜各占長度的三分之一。看來將軍俑的製作人是陶工中的大師級人物。

中國的歷史文獻都是王侯將相的傳記，整個兵馬俑陪葬坑在秦史的記載

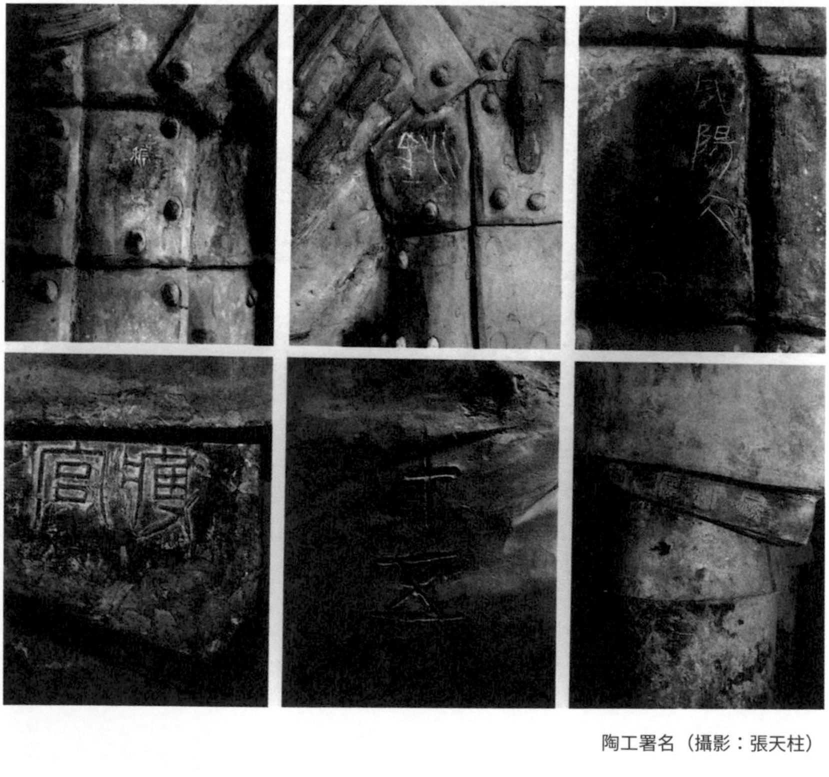

陶工署名（攝影：張天柱）

中都名不見經傳，更何況是陶工。袁仲一先生從事秦始皇陵考古一輩子，他找到了考古根據，爲這些人立萬揚名。

> 物勒工名，以考其誠，功有不當，必行其罪，以窮其情。（《禮記・月令》）
> 公甲兵各以其官名刻久之，其不可刻久者，以丹若髹書之。（睡虎地秦簡）

陶俑上一些隱蔽的地方刻畫或戳印有文字、數字和人名，對應了秦代「物勒工名」的手工業管理制度。產品需要標明製作者，尤其是國家公器，從部長、廠長到工人，三級責任人逐層注明，如果沒法刻，就蘸紅漆寫。袁先生說，前面的字表示陶工的來源地，後面的字是人名，代表了當時製作陶俑的師傅級工長。比如「咸陽衣」即來自咸陽地區的陶工，名字是「衣」；前面第一個字是「宮」的，來自中央官署，是主管燒造磚瓦的「宮司空」，如「宮朝」、「宮得」、「宮臧」；還有少部分出身於右司空和將作大匠。

「衛」字陶文

「宮」字類陶工來自「央企」，好像能獨立承擔將軍俑的製作，不像有瑕疵的陶俑，製作者來源地比較複雜，甚至有一件陶俑刻有三處地名，令人不解其意。

陸續發現的一百零三位工長中，我有點偏愛「衛」。發現它是在一個酷夏的中午，當時俑坑裡非常悶熱，我陪西北大學視覺化研究所的師生加班做掃描，昏昏欲睡間不知怎麼就突然在陶俑腋下看見了字的筆劃。哈，緣分吧，我的名字中也有「衛」字。

---

1 睡虎地秦簡《均工律》：工師善教之，故工一歲而成，新工二歲而成。能先期成學者謁上，上且有以賞之。盈期不成學者，籍書而上內史。

2 睡虎地秦簡《工人程》：隸臣、下吏、城旦與工從事者冬作，為矢程，賦之三日而當夏二日；冗隸妾二人當工一人，更隸妾四人當工一人，小隸臣妾可使者五人當工一人。

3 楊廣成、李軍：《睡虎地秦簡「更隸妾」臆測（首發）》，復旦大學出土文獻與古文字研究中心。

04 誰在秦國能當將軍

老九一類的高級軍吏俑，儘管我們稱其爲將軍俑，但他們真的是秦朝的大將軍嗎？

在秦國當將軍必須有相應的爵位——軍階，相當於現代的軍銜。將軍俑甲衣上的花結數量有的是七個，有的是八個，可能就屬於軍階標識。

秦國軍階爵位有二十級，最高的是關內侯和徹侯。爲了激發武士們在戰場上的積極性，商鞅變法的內容之一就是廢除爵位世襲，改爲獎勵軍功。有兩條基本原則：一、凡立有軍功的人，不問出身門第、階級階層，都可以享受爵祿。二、取消宗室貴族享有的世襲特權，不再像以前那樣僅憑血緣關係的「屬籍」，就獲得高官厚祿和爵位封邑。總之，斬殺敵人首級的數量越多，得到的好處自然也就越多，所以經常發生搶功的爭鬥。睡虎地秦簡記錄有一次內訌，在攻打邢丘（今河南焦作）的時候，兩個士兵爲了爭搶首級竟然互相殘殺。

多砍敵人首級的前提是能保護住自己的首級，頻發的戰爭之後能熬出頭，該有多麼不容易。像趙國的趙括那樣只會紙上談兵的畢竟是少數，一次長平戰役之後小命就沒了。將軍俑前額上的抬頭紋，凝聚的是身經百戰、飽經滄桑的經歷。不過秦代實行義務兵役制，男子從十六到六十歲都是徵兵對象。年齡大，倒不一定能位居高官。

考古發掘尤其要重視共生關係，三座俑坑是一個整體，其中埋藏的東西相互關聯。在將軍俑的身邊往往能發現指揮用具，比如戰鼓和青銅鐸。擊鼓衝鋒，敲鐸鳴金收兵。指揮戰鬥的人當然是指揮官。指揮官卻不一定等於將軍。九件「將軍」俑的身分到底是不是將軍？需要結合文獻再考證一番。

將軍是職業軍官，出現的時間是春秋戰國時期。在這之前不存在常備軍，沒有職業軍人，也就不會有職業軍官。像商王武丁的妻子婦好，生前身兼數職，主持重大祭祀活動遊刃有餘，負責占卜解讀天機，帶兵打仗所向披靡，能不能稱「婦好將軍」？二〇一六年，首都博物館曾有關於婦好的展覽，題目是「王后・母親・女將」，女將這個用詞很準確。

將軍有動、名詞之分。現在街邊經常有象棋攤，博弈一方舉子「啪」的一撂，高呼「將軍！」這是動詞；在「上將」、「中將」、「少將」中，「將」是名詞。動詞轉名詞，一般認爲始於春秋時期的晉國。（《通典・武官上》）

晉國軍隊分爲兩軍，獻公自己將上軍，太子申生將下軍。昭公二十八年，兩軍改編爲三軍，國卿魏獻子將中軍。魏獻子家世好，是晉國望族，自己也很能幹，文武雙全，不僅能把控朝政，還擅長軍事征戰。有一次他做東，與同僚閻沒、汝寬飲酒，酒酣之時同僚對魏獻子說：「豈將軍食之而有不足？」以將軍一詞代替了魏獻子的名諱。從此之後「將軍」才被廣泛用於名詞。

「全能的魏獻子，您不能所有工作都自己幹，得大家分擔啊。」分擔工作就是分享飯碗，同僚說的話是在含沙射影。平時魏獻子大權獨攬，其他人不敢置喙，酒壯慫人膽，閻沒、汝寬酒後吐眞言：你把活都幹了，我們該挨餓了。一句酒話載入史冊，更是後來晉國一分爲三的鋪墊。魏獻子的後人參與了分裂晉國，建魏國，是戰國七雄之一。

晉國設將軍的時候，秦國剛搬遷到陝西寶雞地區的雍城，正忙著對付西邊的戎狄，實行世襲軍功的制度，基本沒時間考慮軍隊的改革問題，設將軍一職是三百年之後的事了。戰國晚期，秦國遷都咸陽，秦昭襄王嬴稷上位成爲國君。嬴稷逆襲事出偶然，同父異母哥哥武王嬴蕩舉鼎而亡，沒有子嗣。嬴蕩、嬴壯、嬴稷是同父異母的三兄弟，嬴壯又比嬴稷年長，在官場上已有歷練，正在庶長的位置上。嬴稷上位，嬴壯肯定會不服，於是有了長達三年的「季君之亂」。作爲宣太后的兒子、魏冉的外甥，嬴稷在動亂時期任命自己的舅舅魏冉爲第一任將軍，保衛首都咸陽。這個職位的設置實屬特殊時期的特殊舉措。

魏冉之後，秦國還設過大將軍、上將軍、裨將軍和前、後、左、右將軍等。比如大將軍王翦、白起、蒙恬，裨將軍蒙武，將軍張唐。也有很多武將，比如楊端和、王齕，他們率兵打仗，但並不是將軍。眞正秦國的將軍堪稱鳳毛麟角，翻翻史書也找不到幾位有委任狀的。兵馬俑坑中一下子冒出九位「將軍」，以後隨著發掘的推進，也許還會有更多，這顯然有悖歷史實情。

▲杜虎符（陝西歷史博物館藏）

05 將軍俑名不符實

漢景帝劉啟的陽陵是局部發掘的一座西漢帝陵，位置在秦咸陽城東部，如今通往咸陽機場的高速公路從旁而過。陽陵陪葬坑也出土了兵馬俑，屬性和秦始皇陵兵馬俑相同。不過，陽陵兵馬俑隊伍中有車騎將軍金印，說明其中有將軍。那麼，秦代誰能使用金印呢？秦法規定，將軍、丞相和國尉配置金印紫綬，即黃金印章和紫色綬帶。秦始皇時期，國家政體是三公九卿，丞相、國尉、御史大夫是皇帝之下的三巨頭，其中御史大夫只是銀印青綬，將軍的配置比他還要高。然而，至今秦兵馬俑坑只出土有圓形金泡釘——馬籠頭的一種配件，卻沒有金印，甚至一枚銅印都沒有。

現在的影視劇常設置這樣的情節，要打仗了，皇帝在大殿上宣布「命誰誰為什麼什麼大將軍，誰誰為隨行，帶兵多少，糧草多少」。被任命的將軍回應一聲「諾」或「遵旨」，帶著一干人等離殿。將軍，不常置，「命誰誰為大將軍」的說法源於歷史記載。（《後漢書·百官志》）

緊接著鏡頭一轉，殺聲震天。這個鏡頭一轉，剪輯掉了中間的一個情景，那就是將軍得先從國君或皇帝手中接過一件東西——調兵的憑證，虎符。沒有虎符，空口無憑，想調動軍隊就是叛亂。

京劇「四大鬚生」之一的高慶奎，有一折拿手劇碼《信陵君竊符救趙》。劇碼內容源自戰國時期的故事。西元前二五七年秦伐趙，趙國向魏國求救，魏王不肯出兵，他的異母弟弟信陵君等人一起行動偷出虎符，帶領八萬大軍救趙。因爲虎符是私下偷出來的，即使最後取得了勝利，信陵君還是不敢返回魏國。

中級軍吏俑（攝影：趙震）

秦國調兵的虎符實物，有一件現存於陝西歷史博物館，是秦代杜縣使用的杜虎符。符上有錯金銘文九行四十字：甲之符。右才（在）君，左在杜。凡興土被甲，用兵五十人以上，必會君符，乃敢行之。燔燧之事，雖母（毋）會符，行殹（也）。

用法說得一清二楚，君和杜縣軍事長官一人一半，凡要調動軍隊五十人以上，左右會符，合在一起才能行軍令。文稱「君」，說明器屬於戰國晚期的秦國。象棋、京劇是國粹，杜虎符是國寶。中華民族數千年的歷史，就這樣在一景一劇一物中傳承了下來。虎符是信陵君有義的前提，五十人以上調兵許可權歸君王所有，如此一來，整裝待發的數千秦軍豈不是更得有虎符？

沒有金印，沒有對應的虎符，缺少標配，我們推測秦兵馬俑中並沒有將軍，「將軍俑」得加個引號。事實上，沒有將軍才符合歷史實情。將軍不常置，掌征伐背叛，事訖皆罷，出軍才命將。將軍俑只是俑坑中身分比較高的軍官，真實身分不高過尉官，比如校尉、都尉、郡尉、司馬。校尉隸屬於中央軍，都尉和郡尉隸屬於各省。尉官級別相當，司馬稍微低一些[1]。

兵馬俑坑中沒有將軍，有人會問：「秦始皇死後沒帶將軍嗎？」「秦始皇唯我獨尊，將軍就是他自己吧？」重讀一下《史記》對地宮描述的十二個字「宮觀百官奇器珍怪徙臧滿之」就知道了。除了後面的「奇器珍怪」之外，前面顯然還有「宮觀」「百官」。關於尉，我還在咸陽城發掘時遇到一位眞人，這是後話了。

1 陳孟東、盧桂蘭：《秦陵兵俑爵級考》，《文博》一九八五年第一期。

06 聊點八卦

自媒體時代，有些寫手很沒底線，八卦滿天飛。有的說兵馬俑是眞人，甚至還有一篇文章，聊的是士夫子、盜墓賊，附圖卻用了我的工作照。這不僅侵犯了個人肖像權，把考古研究和盜墓相提並論更是極大地傷害了考古人的尊嚴。

陶俑太像眞人了。寫實風格數陶俑頭部表現得最爲精準，彩繪猶如畫龍點睛，提升了塑造的寫實水準。爲了編寫發掘報告，必須花費時間與陶俑「相面」，對視時間一長，恍惚間忘了這是泥土偶人。越來越多的考古學研究提倡使用各種量化資料，以增加研究的眞實可靠性。我也曾經認爲，以富有文學色彩的詞語陳述考古發掘成果，很大程度上是根據個人感覺走，未必能客觀、一致，應該儘量資料化。但是在實際工作中，尤其是面對如活人的陶俑，怎麼能不跟著感覺走？

在現代考古學研究方法中，我傾向於後現代主義學派。後現代主義強調考古物件涉及的情境，考古發掘的物是當時的人，人有情感，衍生的物必然有喜怒哀樂。面對如眞人的陶俑，我想努力讀活它們，並以此觸及秦代陶工的內心，擬人化的語言不可或缺。

下面三件兵馬俑都是青少年，這個眉清目秀，文文靜靜；這個雙目圓睜，陽光燦爛；這

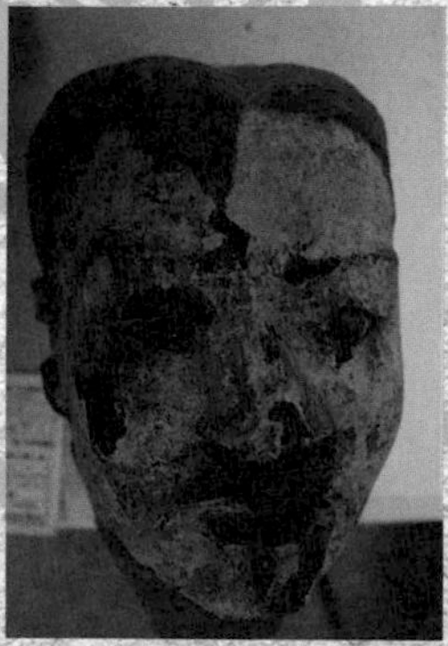

個嚴肅老成，微啟雙唇，似乎有話要說。所有年輕士兵俑，塑造的突出特點是眼神純淨，涉世不深，懵懂簡單；臉龐平整，無法令紋，卻都有鬍鬚。年齡應該已到青春期，不可能比高中生還小。

有學者考證秦軍中有小子軍[1]，舉例「長平之役，國中男子年十五者盡行，號爲『小子軍』」。不否認秦軍甚至是後世各代娃娃兵不少，但長平之戰處於非常時期，大規模調動兵源，出現娃娃兵不是義務兵役制的常態。兵馬俑坑中不存在小子軍，也不存在娘子軍。

不僅是兵馬俑，秦始皇陵出土的其他陶俑都是「寫實主義」的作品。端詳陶俑，四目相對的剎那就像現實生活中兩個人在聊天。

清理出老九之後，我倆聊八卦。穿著精緻甲衣，皺紋爬上額頭，作爲這把年紀的高層，你薪餉多少？

秦朝的工資是年薪制，也叫歲俸，以實物形式發放，主要給的是粟米。按西漢時期的情況看，校尉和郡尉是同一級，年薪約二千石，司馬則年薪千石。

秦代糧食的價格一直不穩定，秦始皇三十一年是「米石千六百」，漢初是「凡米石五千」，湖南嶽麓書院珍藏秦簡記錄分別是一石五十錢和一石六十四錢，湖北雲夢睡虎地秦簡記錄的是一石

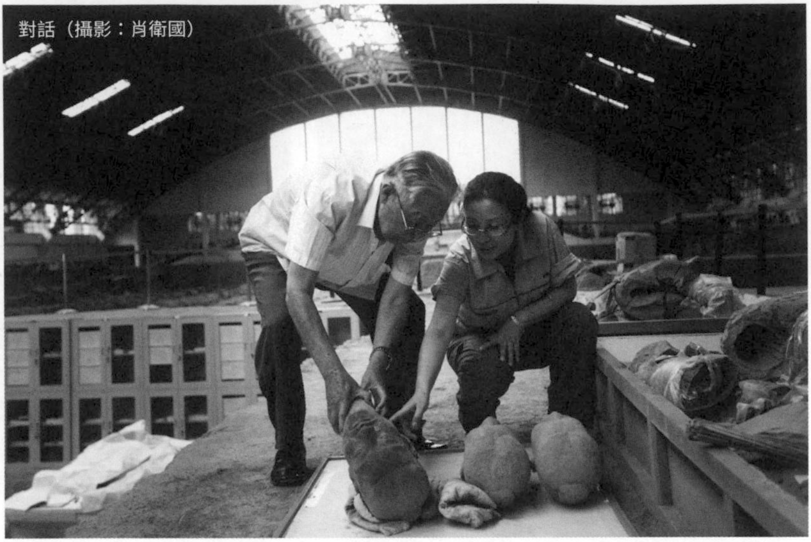

對話（攝影：肖衛國）

三十錢。折中一算，鎧甲上有八個花結的校尉或都尉正常情況下年薪約為六萬到十萬錢。這只是崗位工資。除此之外，二十級軍階也有相應的待遇，類似技術工資。最高的徹侯是一千石；第七級是公大夫，基本和縣官平級，見縣丞可以不作揖，是三百五十石；最低級的公士有五十石。秦代的一石基本相當於今天的三十公斤。

哼，粗算了一下，他的年收入比我高！心塞，友誼的小船就這樣翻了。

一番探尋，結果卻有點令人失望。但是，探尋之旅卻讓我們直接看到了秦軍的良甲和森嚴的等級，軍功制下軍隊管理的學問。這是大秦帝國崛起的第一步。

借助它，我們更加體會到了兵馬俑製作的精細、秦人做事的認真、秦國政府管理體制的健全。這是大秦帝國能崛起的關鍵。

1　王子今：《行走的秦漢少年——教育史視角的考察》，《中山大學學報》（社會科學版）二〇二〇年第一期。

第五章

秦軍的精銳部隊

環繞二號坑的是光潔的水磨石地面，清幽燈光下，遺址起起伏伏。在這裡該看點什麼好呢？

答案或許是騎兵俑。騎兵俑由一馬一兵組成一套，兵俑站在馬的左前方，一手牽拉馬韁，一手提弓；馬俑背上塑造低鞍，披掛實用的絡頭、馬銜、韁繩。推測騎兵俑數量大約有一百一十六套，在數千件的陶俑中，所占比例並不大。別看數量不多，這個兵種屬於國防力量的新寵和精銳，說是「特種兵」也不為過。

01 小跟班開腦洞

「如果必須做出選擇，您覺得哪些陶俑是鎮館之寶？」我曾經這樣問袁仲一先生。作為兵馬俑考古隊的第一屆成員，從一九七四年至今，先生畢生的心血傾注於對秦始皇陵和兵馬俑的研究，這種淘汰制的選擇對他來說近乎殘忍。他沉默片刻說：「將軍俑吧。」片刻後又說：「騎兵俑也是，跪射俑也是。」

跪射俑，也稱作坐姿弩兵俑，和騎兵俑一樣只出土於二號坑。九件將軍俑中的一部分也出土於二號坑。看來，二號坑在他心中分量很重。

袁先生解釋說，兵書上講排兵布陣，有大陣套小陣，大營包小營，陣中有陣，營中有營。二號坑就是如此。車、步、騎三個兵種混合編組，反映了「易則多其車，險則多其騎，厄則多其弩」的戰術。這個坑包含的信息量很大，可以稱得上是秦軍中的精銳部隊。

我參加了二號坑發掘，只是跟班之一。每每回憶當時的工作場景，印象最深的是一堆炭灰夾雜著小動物骨頭，外加圍放四周的幾塊磚。我腦洞大開，猜想某些人在勞作之餘躲在角落吃過燒烤。

二〇一〇年三月二十五日，在一號坑發掘現場，我的腦洞素材再次出現，那是一件銀柄鐵刃削刀、一塊大型動物肢骨殘段、一把鐵削刀。二號坑的發掘經歷讓我迅速給出判斷：有人吃肉。

給秦始皇修陵的人，文獻中稱其爲「驪山徒」。驪山徒還能忙裡偷閒吃烤肉？學生們不

文官俑側面圖（攝影：劉芃）

文官俑腰間囊狀物和削刀（攝影：劉芃）

能理解。

驪山徒不是刑徒。秦稱「徒」的人是指「徭役」，並非罪犯，「刑者」才是「刑徒」。正是這一誤解，我們曾經把陵園或者城邊的亂墳崗都定爲刑徒墓地，犯罪率一下子「被」提高了。一九八〇年，秦始皇陵西側趙背戶村發掘有三十多座修陵人墓葬，其中十九位墓主身邊都放了一片建築使用的瓦，瓦面上刻寫了墓主的籍貫、身分、生平。其中，有十人的籍貫地名分屬原三晉、齊、魯、楚等地區；有十人生前涉及拖欠國債，「居貲贖債」，還不起錢以勞役抵償；有十一人有爵位。有自由身才能有軍功，才能有爵位。很明顯這些人生前不是罪犯也不是官奴，他們從全國各地被徵集到此只是服勞役。

削刀是小型刀具，使用者繫於腰間隨身攜帶。在紙張沒有廣泛使用的年代，字寫在木牘或竹簡上，寫錯了得用小刀刮掉；文官寫公文，竹木片表

墜飾（繪圖：狄明）

皮也得刮掉，現在文章寫完說「殺青」正是此意。秦始皇陵園封土[1]西南側的文官俑陪葬坑中，出土的陶俑腰間塑造一囊狀物、一削刀，其身分是秦代刀筆吏，囊中裝礪石則為了隨時磨刀。削刀的作用或類似瑞士軍刀，隨時解決拆卸、斬割。

陝西鳳翔是秦人進入關中地區的大本營。八旗屯村有一座春秋時期秦墓隨葬的車馬坑，殉葬的御者腰間帶有銅削，圓環懸掛有一件墜飾[2]，小巧玲瓏，造型生動，和今天姑娘們手機上掛飾物一樣。足可見這位御者雖命運不濟，卻在努力積極地生活。這些年偶然把墜飾圖上下顛倒再看，下部是草原文化元素的「熱銷款」雙角盤羊。

關注細枝末節然後開腦洞，我眞是喜歡得很。但也有最怕的事，那就是袁先生突然出現在工作區說：「把你的發掘日記給我看看。」

寫發掘日記是考古人每天必做的功課，戲稱「課堂作業」。內容一般包括日期、天氣、參加工作的人員、主要工作等內容，最後還要有一些初步的分析，格式要求圖文並茂，有文字、附簡圖，最終存檔成為編寫發掘報告和研究的第一手資料。跟班二十年之後我做了領隊。「把你的發掘日記拿給我看看」，我經常這樣對學生們說。

1 墓坑上部突起的土堆。

2 陝西省雍城考古隊：《陝西鳳翔八旗屯秦國墓葬發掘簡報》，《文物資料叢刊》第三輯，文物出版社，一九八〇年。

▲二號坑 坐姿弩兵俑（攝影：趙震）
▼二號坑 立姿弩兵俑（攝影：趙震）

02 奇怪的綠臉俑

袁先生說的跪射俑只是口頭俗稱，屬於步兵陣的一種坐姿俑。二號坑裡的步兵有坐、立兩種姿態，分別對應坐陣和立陣。坐姿俑上鏡率極高，它們上身筆直挺立，單膝跪地，形成的三個支點增強了俑體的穩定性，與立姿俑一起擺在二號坑東北部，構成步兵射手或弩兵的軍陣。

射手陣有點像「龍門陣」。坐姿俑的姿態如果摳古文字眼是坐非跪，臀落在右腳跟上，頭微側，雙手一上一下。手和臂的姿勢既不是握弓也不是控弦，更不是射擊，只是坐陣的樣子。

做樣子給誰看？有學者說這是練兵[1]。孫武是春秋時期著名的軍事學家，經過伍子胥七次推薦，受到吳王闔閭的接見和重用，以「兵不厭詐」的計謀一度打得越王勾踐找不著北。孫武說，只需看看君王有沒有德行，將領有沒有能力，兵卒有沒有訓練，軍紀是不是嚴明，之後我不用親臨前線就能預測戰鬥結果。

平時操練多流汗到了戰時才能少流血。再縝密的陣勢，落實到每一位士兵身上才能實現布陣的目的[2]。指揮官在練兵場上通過旗、鼓、鐲、鐸這些指揮器具，配以金鼓的響聲和旗語，訓練戰士坐下、起來、前進，反覆操練[3]，秦軍自不例外。

給坐姿俑拍照一定別忘了陶俑腳上的鞋底。仿照生活實景，坐姿俑鞋底戳印出了針腳，前、後掌磨蹭程度大，針腳密，腳心部分受力輕，針腳稀疏，這種納法很有老媽媽的貼心。它們身高大多在一・二到一・三公尺之間，所在地區沒有遭受人爲焚燒，又有坑外進水後形成的淤泥。淤泥包裹著俑身，無形中做到了封閉，彩繪保存尤其好，精品頻出，有一尊臉色竟然是綠的。

除了臉色怪異，綠臉俑的頭髮、鬍鬚、瞳孔、手，這些部位的顏色都如正常人。目前出土僅此一件，一般不安排「接待」和「出差」的任務，公開展出只有在兵馬俑博物館一次、陝西歷史博物館一次、台灣一次。以秦始皇陵兵馬俑爲主題的遠途展覽一個接一個，綠臉俑

二號坑 坐姿弩兵俑的鞋底刻畫（攝影：趙震）

綠臉俑（攝影：張天柱）

只去過台灣，文博工作者對兩岸文化交流很有誠意。

這尊俑的「綠臉」到底是怎麼形成的？它意味著什麼？

據統計，猜想結果有九種，分別來自民間和專業學者。比如從事巫術活動的儺人、工匠們的惡作劇、塗綠臉嚇唬敵人、工匠可能是色盲、創意個性作品、護身符、少數民族的象徵、顏色發生變化、類似於現在的野戰部隊的哨探。在沒有充足共存關係的考古證據時，各路英雄各抒己見，腦洞大開。

我曾經支持儺人說。再洩個密：我清理過一件俑頭，面部依稀可見殘量極少的淡藍色彩繪，在正式發掘報告中進行了實錄。在媒體發布會之類容易被炒作的場合，這個發現和籠箙裡的疑似竹簡的處理方式一樣，被我「匿」了。由於多次見到陶俑瑕疵，我開始提醒自己，不要將兵馬俑的「它」與實際軍隊的「他」劃等號。

無論綠臉俑是坐陣實戰中的射手還是只在擺樣子練兵，如果我們理解了俑，應該考慮藝術創作的再加工問題。完全和現實直接對應未免有點僵化、機械。

1 陳孟東、盧桂蘭：《跪射俑、立射俑新說》，《文博》一九八七年第一期。

2 《司馬法．嚴位》：凡戰，非陣之難，使人可陣難，非使可陣難，使人可用難，非知之難，行之難。

3 《周禮．夏官．大司馬》：乃陳車徒如戰之陣，皆坐……群吏作旗，車徒皆作（起立），鼓行鳴鐲。車徒皆行……群吏弊旗，車徒皆坐……振鐸作旗，車徒皆作（起立）……及表乃止，坐作如初。

03 精銳部隊中的特種兵

二號坑射手陣後邊排列的是騎兵，一馬一兵是一個組合。袁先生說騎兵也是鎮館之寶，看重的是歷史研究價值，它們代表了一個新軍種，屬於特種兵。

我喜歡騎手多半是因爲這些「兵王」很養眼。江邊釣魚、願者上鉤的姜太公得到周公重用後迅速施展才華。他開出了一張挑選騎手的標準單[1]，單上所列的條件有點像丈母娘選佳婿。騎手年齡四十歲以下、身高一百七十五公分左右是入圍的基本條件。身強力壯、行動敏捷、反應快是體能需求。騎馬疾馳能彎弓射箭，能在前、後、左、右各個方向應戰自如，進退嫻熟，是技術要旨。能策馬越溝壑、衝險阻，橫渡大水，追逐強敵，臨陣不亂，是膽量標準。

騎手身高一百八，體型勻稱，年齡不大不小，沒有步兵軍陣中那些稚氣未脫的少年，也沒有額頭布滿皺紋、小腹突出的大叔，符合姜太公列出的標準單。

五項全能人才不可多得，待遇必須優渥。首先解決衣服供給問題。一號坑步兵的服裝五顏六色，長短五花八門，騎手代表的是秦代的特種部隊，軍裝必須特供。

圓形帽子低淺，彩繪的白色梅花斑點如鹿皮，下有繫帶；鎧甲短，長度僅及腰際，坐在馬背上恰當合適，雙肩沒有護甲；上衣窄袖口，雙襟交掩於胸前，不是繞體包裹、掩於腰後的深衣，長度也短，剛到膝蓋以上；下褲長及踝，窄褲管；鞋爲短靴，帶筒。服裝特色在於重點保護上半身，張弓射箭時擺脫羈絆，抬腿上馬方便。繫結於頷下的皮弁和帶筒的皮靴，急速奔馳時它們一定掉不了、刮不跑。

這種職業裝是胡服，又稱「褲褶服」。胡服的特點是緊身、褲合襠。從五萬年前的山頂洞人開始，中原農業民族就會縫製獸皮包裹身體，到後來發展出以麻、絲織物爲服裝面料，衣服的組合是上衣、下裳。裳不適合騎馬，就算給兩條腿套上絝也沒襠。再後來出現了緄絝——襠部繫上布條接近褌襠褲。絝用料是蠶絲紈，「紈絝子弟」不是

騎兵俑（攝影：趙震）

湖北馬山一號墓出土錦袴（荊州博物館藏）

新疆出土有襠褲（新疆維吾爾自治區文物考古研究所藏）

鞍馬（攝影：趙震）

武威墓葬鞍馬（甘肅省博物館藏）

馬鞍（攝影：趙震）

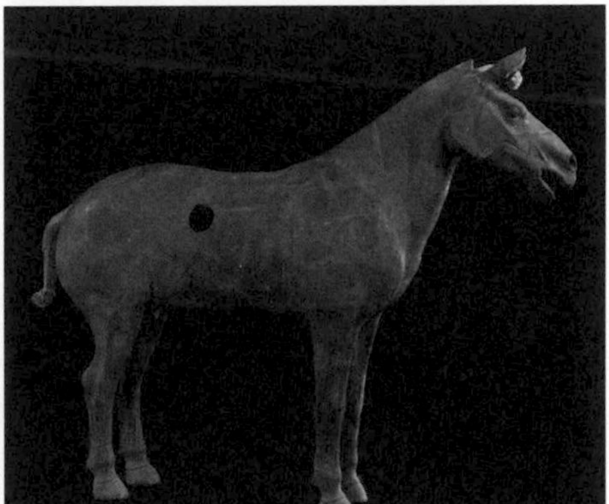

馭馬（攝影：趙震）

褒義詞，有點像現在的「富二代」。湖北江陵楚墓出土有一條這樣的眞絲袴[2]，來自距今兩千多年前，襠部交疊形成合襠的效果，但不是眞正意義上的合襠。

眞正的有襠褲的起源和馬背民族有關。考古發現最早的有襠褲出土於新疆塔里木盆地，距今有三千多年。西北地方的有襠褲和緄襠褲不是一回事。魏晉南北朝時期，眞正的褌襠褲開始普及，闊腿曳地，人們終於不再擔心走光。可以不再跪坐，桌椅板凳這種高腿傢俱也就隨之出現。

騎兵軍陣少不了戰馬。馬俑兩眼圓瞪，兩耳如削竹，耳前有鬃花，很機靈的樣子。嘴巴裡的馬牙有六顆。馬出生後第二年開始生齒，每年兩顆，到第四年長夠八顆稱爲齊口，六顆牙的馬正是早晨八、九點鐘的太陽，是狀態最好的時期。

「特種部隊」騎兵軍陣是新興的軍種，有很多待完善的細節。這裡的馬馬鞍很低，有點像坐墊，由皮革縫製，裡邊填充點東西，針線絎縫加固。這種鞍子又稱低鞍或軟鞍，前後沒有圍擋，安全係數低，舒適度比裸騎稍微好一點。

甘肅武威雷台古墓因「馬踏飛燕」而著名，墓裡還有兩端很高的木雕馬鞍[3]。使用木板這種硬質材料做成的高鞍，前後有圍擋，安全係數高。

考古隊的老李想換部手機，大家攛掇他買新款，我說這是小馬配高鞍，意思是配置有點浪費。俑坑裡的陶馬個頭小，就得配低鞍。

兵馬俑坑中的馬沒有馬鐙，馬體低矮，飛身躍馬不太難，騎行起來卻難了。騎手兩腿懸空沒有著力點，要靠大腿的力量使勁夾住才能保持自身的穩定，要騰開雙手開弓射箭還不摔下來，估計那時騎手的挑選、訓練難度和現在的太空人差不多。

姜太公列出的挑選條件貌似苛刻，實則必要，不算是職業歧視。唐代婦女縱馬馳騁，馬球打得很溜，如果沒有高鞍和馬鐙，再試試看行不行？

三座俑坑中都有拉車負重的馭馬俑。它們整體形象和鞍馬差不多，但馭馬的尾巴挽結成疙瘩，縮短了馬尾的長度。馬尾巴的主要生理功能之一是調節身體的平衡，鞍馬四蹄飛奔，整齊的長尾辮擺動起來，平衡力很強。而馭馬四匹並駕齊驅，八組轡繩錯綜複雜，把尾巴挽結變短，避免擺動時互相影響或者和韁繩纏繞在一起。

馬尾辮是如今女士們很愛梳理的髮型。人類馬尾辮起源於何時？以此命名的髮型靈感源於哪裡？我還是喜歡開腦洞。陶俑的髮型是綰結於頭頂或腦後的，漢、唐、明、清，中國古代男女的髮型基本都是綰結的各種髮髻，名稱千奇百怪，卻並沒有馬尾辮的稱呼。而曾生活在關外草原上的滿族人又偏偏是寧可掉頭也不能割去辮子，我越想越多，趣味橫生。

二〇一一年，我們做馭馬俑的文字登記，隊友害羞地對我說：「馭馬是母馬，鞍馬是閹割的公馬。生殖器塑造得很清楚。」

馭馬要求穩健、有耐力，鞍馬要求爆發力，寫實之實，我「跪」了。

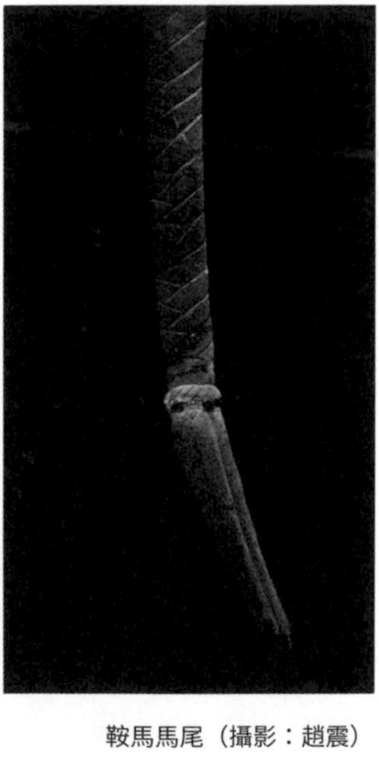

鞍馬馬尾（攝影：趙震）

1 《六韜．犬韜．武騎士》：選騎士之法，取年四十以下，長七尺五寸以上。壯健捷疾，超絕倫等，能馳騎彀射，前後左右，周旋進退；越溝塹，登丘陵，冒險阻，絕大澤，馳強敵，亂大眾……

2 袴，亦作絝，指套於腿部的服裝。褲字最早約出現於宋代。

3 甘肅省博物館：《武威雷台漢墓》，《考古學報》一九七四年第二期。

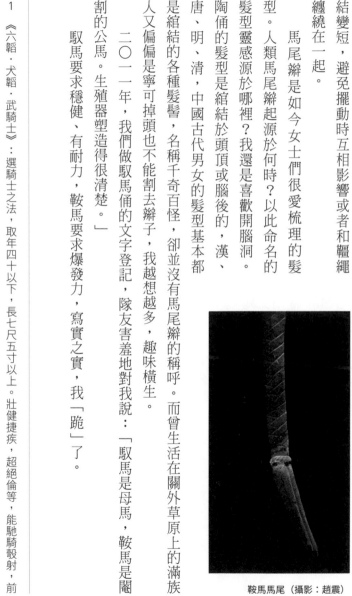

04 戰爭警報拉響了

「行天莫如龍，行地莫如馬。」充分利用畜力應對載重和日常出行需求是人類歷史的一個進步，但是行地用馬不一定是用來親自騎乘，馬車速度也比牛車快。

馬用於騎乘，考古發現最早應該是在西元前四千年的斯里第尼．斯托克銅器時代。此處屬於烏克蘭草原，逐水草而居的草原民族經常搬家，活動範圍又大，需要騎馬。而對於地勢平坦的中原地區來說，定居生活養馬更多的是解決吃肉、載重的問題，馬主要作爲拉車的畜力。中原民族以馬騎行肯定比以馬駕車的時間要晚。

什麼原因促使了中原民族騎馬？西周時期草原民族不斷南下，鬧得各處雞犬不寧，戰爭警報拉響了。草原民族不在自己的地盤待著，爲何要南下？當然原因是多方面的。但我想主要說說自然氣候變化這一原因。

在西元前一千年至西元前八百五十年之間的西周時期，氣候變冷，年平均氣溫比原來降低了攝氏四度以上。周孝王七年，西元前九〇三年的冬天，大雨夾雜冰雹，牲畜凍死餓死。長江、漢江以南本來不需要暖氣的地方都出現了極寒天氣[1]。

降溫持續了約一百五十年。處於歐亞大陸東端的草原騎馬民族、中國西部、中國北部內陸的一些部族，比如戎狄、獫狁、樓煩成爲重災區。生態環境被嚴重破壞，草原沙漠化，森林草原化，食物來源銳減。爲了生存，他們開始了對中原民族的入侵，不停地在北方邊境地區與中原民族擦槍走火，搶物資，奪地盤。抵抗異族的詩句，周王朝多次與犬戎、獫狁交鋒的事件，幽王烽火戲諸侯的故事，秦人首次越過隴山遷都陝西的歷史，都與南下的這些人有關。

異族入侵，大家能採取的辦法一是築高牆，建造防禦工事，這就是後來的長城；二是以夷長制夷，發展騎兵。制夷行動以趙武靈王「胡服騎射」的改革最著名。這個改革到底要得要不得？靈王有點糾結：我承認胡服的好，但穿洋服，天下人會不會笑話我？但是要想打贏不斷騷擾我們的騎馬人，必須脫掉又寬又大的長袍，苦練射箭和騎馬技術。

秦騎兵二萬五千人絕趙軍後，又一軍五千騎絕趙壁間，趙軍分而爲二，糧道絕。（《史記·白起王翦列傳》）

秦國是趙國的鄰居，兩家應是叔伯關係的親戚。在騎馬射箭以及穿胡服方面，秦國也不落後於親戚，基本是並駕齊驅，甚至更勝一籌。長平之戰趙國還吃了秦騎兵的虧。

問題來了：發展騎兵新軍種爲何以趙、秦二國最爲突出？實際上，組建騎兵部隊是那個時期的大趨勢。伯樂相馬的典故，千里馬的很多傳說，以及郭隗給燕昭王講的千金買馬骨的故事，這些都顯示出大趨勢之前的一些端倪。

在居中思想的影響下，古代的華夏族將不同於自己文化面貌的族群，按照方位分爲四類，南蠻、北狄、西戎、東夷。戰國時期，西北地區蹦出來了「胡」，有點莫名其妙，說明「胡」並不是華夏族以往熟悉的「戎」或「狄」，世界大戰的參與國很多。

秦代騎兵的兵源多來自西北部地區。今陝北、寧夏、甘肅等地區既是秦人的老家，也是各種戎人的大本營。鞍馬俑的低鞍子和數千里之外的新疆鄯善縣，甚至更遠的阿勒泰地區出土的實物竟然一模一樣[2]。

站在趙國邊境線上看，東北邊是東胡，東有中山國，北與樓煩、林胡接界。尤其是位於山西西北部的樓煩國[3]，這個地方的人騎術超群，秦、漢兩朝騎兵軍官的別稱就是「樓煩將」[4]。

騎手只是軍服和步兵俑不同，人長得精神，人種面貌沒有區別。二〇一四年之後，我轉場秦咸陽城開始新的考古工作，越發喜

秦咸陽城出土的騎馬俑（採自《塔兒坡秦墓》圖版一）

歡這裡出土的騎馬俑，它們個頭不大，製作稍顯粗糙，輩分上是秦始皇陵騎手的爺爺的爺爺，人種形象和裝束都充滿著異國情調[5]。

秦滅亡以後，騎兵改換番號竟成爲劉邦漢軍的一張王牌[6]。西元前二〇六年，劉邦尚屈尊爲漢王，爲適應楚漢戰爭的需要，由灌嬰牽頭籌建騎兵。秦騎兵舊部直接成了漢騎兵主力，李必、駱甲成爲教練，任左右校尉。這些人騎術嫻熟，久經騎戰考驗，在滎陽之戰、襄邑之戰等一系列大戰中屢建奇功。

---

1 李喜峰：《論西周黃河中游氣候環境的變化與西周社會變遷》，陝西師範大學碩士學位論文，二〇〇五年。

2 李雲河：《中國古代「軟馬鞍」及相關問題》，《中國國家博物館館刊》二〇一九年第八期。

3 今婁煩縣馬家莊鄉新城東溝村有相關遺址。

4 《史記·高祖功臣年表》：陽都侯丁復以趙將從起鄴，至霸上，為樓煩將。《史記·項羽本紀》：漢有善騎射者樓煩，楚挑戰三合，樓煩輒射殺之。《史記·樊酈滕灌列傳》：擊破松石、王武軍於燕西，所將卒斬樓煩將五人；卒斬龍且，生得樓煩將十人；從擊項籍軍於陳下，破之，所將卒斬樓煩將二人；攻布別將於相，破之，斬亞將樓煩將三人。

5 李雲：《三件相似的戰國騎馬俑》，《中國文物報》，二〇二〇年一月七日第〇〇八版；咸陽市文物考古研究所：《塔兒坡秦墓》，三秦出版社，一九九八年。

6 《史記·樊酈滕灌列傳》：漢王乃擇軍中可為騎將者，皆推故秦騎士重泉人李必、駱甲，習騎兵。

05 陝西的名馬良駒

在秦始皇陵園目前能見到的陶馬都是典型的中國本土馬種，體型較小，屬於矮馬品種。在陝西有很多名「馬」，比如西漢武帝茂陵出土的鎏金銅馬，盛唐李世民的昭陵六駿石雕，對比一下就能發現，那些很明顯是「高頭洋馬」。

鎏金銅馬出土於西漢武帝劉徹茂陵。西漢武帝之後，大量的西域寶馬被引進中原內地，其中就包括汗血寶馬。漢武帝得到汗血寶馬之後欣喜若狂，稱它是「天馬」，還詩興大發高歌一曲。

太一貢兮天馬下，霑赤汗兮沫流赭。騁容與兮跇萬里，今安匹兮龍爲友。（《史記·樂書》）

僅有一匹千里馬不能改變國內馬的品質。爲奪取大量「汗血馬」，西漢與當時西域的大宛國曾發生過兩次血腥戰爭。最初，漢武帝派百餘人的使團帶著一具純金製作的金馬去大宛國示好，希望以重禮換回大宛馬的種馬。來到大宛國首府貳師城（今土庫曼斯坦阿斯哈巴特城）後，國王想了想，不能給，馬種流失等於現在的核技術洩密。

金馬換不成眞馬也就算了，漢朝使者回國途中，純金製作的馬竟然還被大宛國劫走了，使者也被殺了。兩國交兵，不斬來使，不但謀財，還害命，忒過分！

老虎不發威，你當我是病貓！漢武帝大怒：打！開戰！

西元前一〇四年，武帝命李廣利帶兵萬人行軍四千多公里攻打大宛國邊境，這場戰鬥漢軍失利。三年後武帝又說，你再去！記得帶上兩名相馬專家。這是有備而去、勢在必得的節奏，結果果然是滿載而歸。武帝了卻夙願，擁有了千餘匹汗血寶馬。

漢武帝死後葬茂陵。此地出土一匹鎏金銅馬，表現的是漢朝有寶馬品種。無論是蓄謀已久還是事發偶然，馬種在中原地區的換代並不是經過一次戰爭就大功告成，實則是一個漸進的過程。武帝劉徹是景帝劉啟的第十子，景帝陽陵出土的騎馬俑也是高頭大馬，尤其是胸肌和臀，健碩寬闊，和秦始皇陵的馬俑造型已經明顯有了不同。

六駿石雕列置於唐太宗李世民的昭陵。六塊駿馬青石浮雕分別名為拳毛騧、什伐赤、白蹄烏、特勒驃、青騅、颯露紫，代表李世民在唐朝建立前先後騎過的戰馬。其中「拳毛騧」、「颯露紫」於一九一四年被打碎裝箱，盜運到美國，現藏於賓夕法尼亞大學博物館。其餘四塊也曾被打碎裝箱，現陳列於西安碑林博物館。

二〇一〇年，陝西省文物局派遣隊伍至美國參與修復「拳毛騧」、「颯露紫」，此舉的象徵意義比實際意義更為深遠。如綠臉俑「出差」到台灣一樣，為了促進和平，文博人誠意滿滿。兩駿失群，六駿離散，天各一方固然是一種不幸，不過換種思維想一想，文化遺

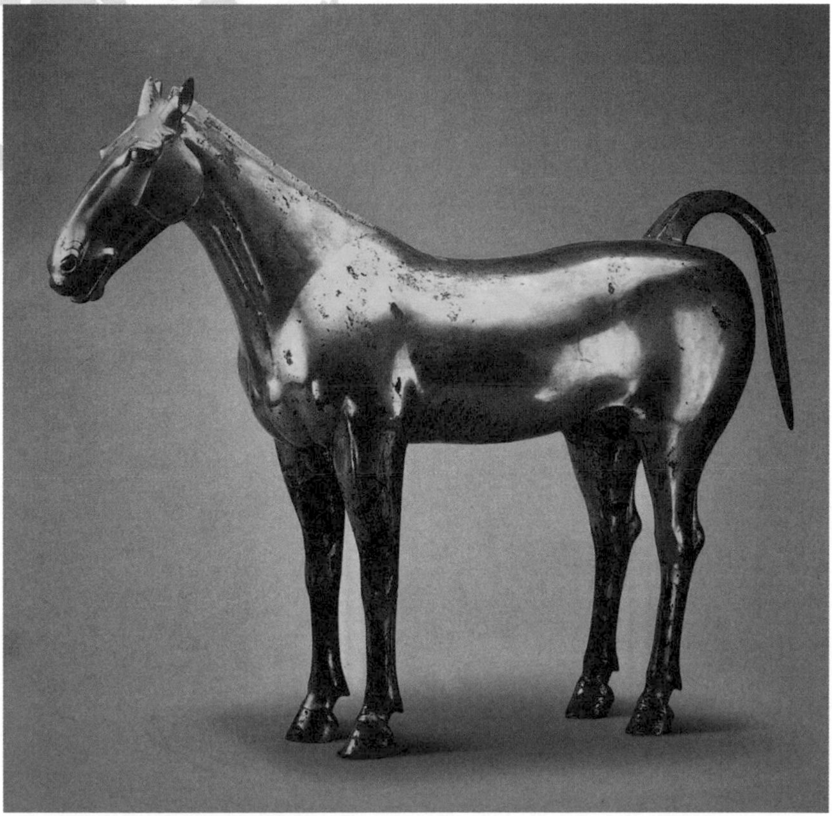

西漢・茂陵・鎏金銅馬（茂陵博物館藏）

產屬於全人類，追索、回購未必是良策，適當放下屬權爭議，共同出力使之得到有效保護，當爲務實之舉。

漢語讀起昭陵六駿的名號怪拗口的。以前都說因毛色而命名，葛承雍先生卻從突厥文入手提出了新說法[1]。

白蹄烏「BOTA」，是一匹被冠以「少汗」榮譽性專名的坐騎；拳毛騧「KHOWAR」，與一個名爲「權於麾」的國家有關；什伐赤「SAD」，是高級官號；特勒驃「TEGIN」，是多由王室子弟擔任的高級官號；颯露紫「ISBARA」，含義是「勇健者的紫色駿馬」；青騅「CIN、

特勒驃

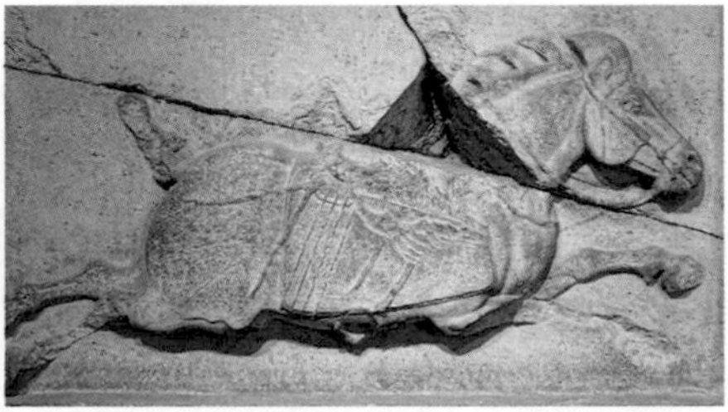
什伐赤

青騅

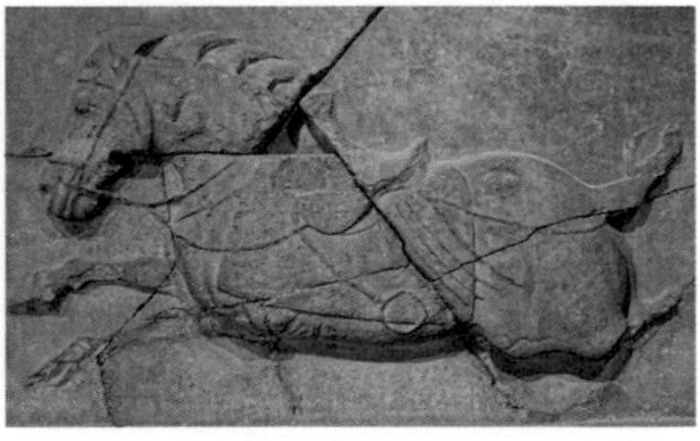
白蹄烏

唐・昭陵・六駿石雕（攝影：陳根遠）

SIN」，音同「秦」，可能是指來自西方大秦的駿馬。總之，六駿中至少有四駿屬於突厥馬系中的優良品種，大都來自突厥或突厥汗國控制下的西域諸國。

相較於大咖們對馬種來源的求證，我委實心痛馬體上的箭鏃。青騅身體後部被迎面而來的五箭射中，可見駿馬飛奔的速度之快；颯露紫被流矢射中前胸；拳毛騧前中六箭、背中三箭，說明戰鬥激烈。

從秦始皇陵出土的鞍馬俑，到漢武帝茂陵的鎏金銅馬，再到唐太宗的六駿石雕，這些不外乎說明兩件事：其一，馬是國防的重要物資，歷朝歷代都很重視；其二，中華文明在滾雪球般壯大的過程中，極大地吸收了外來文明，尤其是北方草原文明。

1 葛承雍：《試破唐「昭陵六駿」來源之謎》，《尋根》二〇〇〇年第二期。

06 弼馬溫與馬上封侯

很多人熟知秦人與馬的淵源。秦非子善養馬，得到周天子的賞識，被封爲大夫，成爲周王室附庸。仰仗養馬之技，秦部族邁出了政治舞台上的第一步。

養馬人叫圉人。秦始皇陵園有象徵養馬機構的馬廄陪葬坑，事死如事生，坑中埋有馬俑和圉人俑，竟然還設置有取暖的壁爐。

圉人俑跪坐，高度約有六十公分，低眉順眼的模樣，後腦部分梳著一個低低的髮髻。最初以爲是一位婦人，後來一件陶俑的嘴角隱隱約約有墨筆畫出的鬍鬚，才被辨認出性別。

很多人也熟知養馬人出過的大咖，小說《西遊記》的齊天大聖孫悟空。潑猴出任天庭弼馬溫一職，本來還挺高興，被一語道破不過就是養馬的小官，大感失落，在天宮一通打砸。

弼馬溫諧音「避馬瘟」，而猴子與「避馬瘟」在古代確實有關聯。東晉有一則死馬當作活馬醫的故事。郭璞是東晉時期著名的學者，有一天他去拜見將軍趙固，正好趕上趙固的寶馬突然死了，心情非常不好，閉門謝客。郭璞讓門吏領他到馬廄看了那匹突然死去的馬，跟門吏說：「我能將死馬醫活，你去通報一聲。」趙固就按照郭璞說的辦法，派了些身體強壯的人帶著竹竿，在東邊找一個有山林的地方拍打，突然躥出來一隻猿猴。他們把猴子捉住帶回來，放在馬圈。猴子一進馬圈，上躥下跳，在馬頭處「噓吸其鼻」，給馬做類似人工呼吸的心肺復甦。不一會兒，馬活了，揚蹄嘶鳴，飲食如常。

現代醫學專家認爲，母猴排泄的尿液或經血散發出的氣味，對馬的瘟疫確有預防、抑制作用。吳承恩運用幽默詼諧的筆調，將「避馬瘟」諧音化成「弼馬溫」，虛構了這樣一個頗具科學性的官職。

猴子和馬是否有這樣的同圈供養習俗，並沒有考古發現來證明，但是考古曾發現很多猴子騎馬的小墜飾。很多時候，考古發掘都會收獲一些外人難以理解的「寶貝」。陝西西安市南郊繆家寨的一座漢代廁所出土了一件墜飾，造型是一隻猴子騎在馬背上[1]。看這個資料，我「撲哧」笑出了聲，腦補的情節是一個人跑肚拉稀，著急上廁所，掛繩斷了，削刀上的墜

圉人俑（陝西歷史博物館藏）

飾掉進了茅坑。

類似用途的飾件，以往被認爲是我國最早的騎兵形象，出現的時代可能是西周或春秋時期。吉林大學林沄先生考證說，這種騎在馬背上的人或武士，應該是猴子，寓意是「馬上封侯」，不過年代要晚，不早於唐代[2]。西安漢代廁所裡又有類似發現，可見猴子騎馬的習俗至少可以上溯到西漢時期。

越來越發現自己眞的很喜歡對考古發現的細節大開腦洞。作爲一名考古工作者，從小跟班到領隊，從「俑坑烤肉」到漢代廁所出土的墜飾，我對細枝末節的敏感，到底是因爲考古好玩，還是考古探索的故事本來就精彩呢？

繆家寨西漢釉陶墜飾（繪圖：狄明）

1 陝西省考古研究所：《西安南郊繆家寨漢代廁所遺址發掘簡報》圖六，《考古與文物》二〇〇七年第二期。

2 林沄：《所謂「青銅騎馬造像」的考辨》，《考古與文物》二〇〇三年第四期。

第六章

傳奇寶劍的神話

兵馬俑坑是寫實主義的傑作。
從人到馬，再到武器裝備。
充滿寫實感的軍隊裝備，
以寒光凜凜的實戰兵器最為突出耀眼，
其中首推的就是青銅劍。
於是，各種神話流傳於江湖。

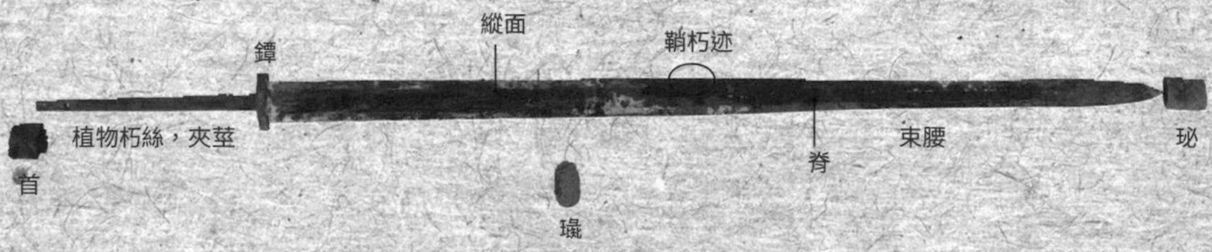

▲秦始皇兵馬俑一號坑第三次發掘出土銅劍（攝影：申茂盛）

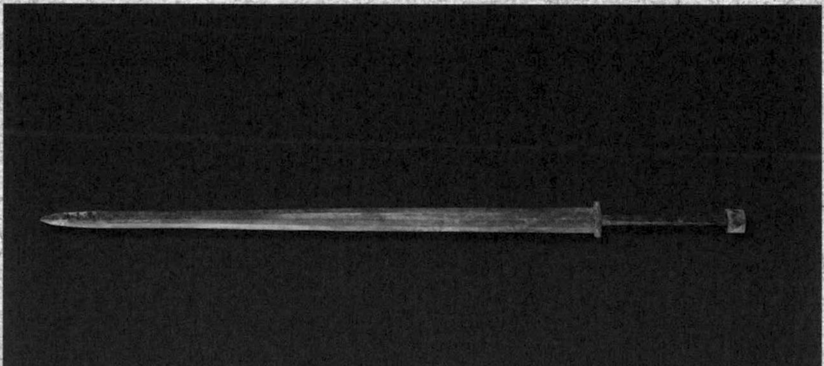

▲秦始皇兵馬俑一號坑第一次發掘出土銅劍（秦始皇帝陵博物院 藏）

01 亮劍

電視劇《亮劍》看得人很提神。李雲龍瞪著大眼，粗狂地放出豪言：面對強大的對手，明知不敵也要毅然亮劍，即使倒下，也要成爲一座山、一道嶺。亮劍隱喻軍人的氣概，不再是具體的一種兵器。

刀槍劍戟，十八般兵器，爲何偏偏是劍而不是其他？

在中國人的心中，劍是百兵之君。古代經常有代替皇帝外出探訪民情的官員。到了外地亮出「尙方寶劍」，劍代表了皇權。在古人的心目中，寶劍是身分、地位、等級的一部分，就像將軍配置金印紫綬，是一種符號。

兵馬俑坑除了數千件陶塑，大量實戰兵器也是亮點。長兵器有戈、有戟、有矛，遠射程兵器有弓、有弩、有搭配的箭鏃，短兵器有鈹、有劍，都是寒光凜凜。既然劍是百兵之君，那我們就亮出來，以此看看秦代社會的精神。

精神不只限於軍人，剖析得由外及內。

已經出土的銅劍數量有三十餘柄，一號坑中完整的有十七柄。長度在八十到九十公分之

銅車馬一號車御官俑佩劍（秦始皇帝陵博物院藏）

銅車馬一號車御官俑正面、側面及背面

間，寬二到三．三公分，重約一．五斤。

前有身，後有柄，柄有首和莖。首是擋，防止手滑脫；莖呈四棱狀，把握時硌手，要用木片夾莖纏上絲線形成劍夾，纏的絲線爲緱，夾莖的材料是竹片或木片，已經腐朽但紋理可見。莖前接劍格，又稱鐔。劍身中間部位的凸棱是脊。兩邊斜坡面爲縱，縱面不平，有起伏，爲血槽。邊爲刃，頭爲鋒。近鋒處，劍身內收，呈束腰狀。整把劍一次鑄造，經過加熱、鍛打的修整，再進行平銼、鏟、磨、拋光、開刃，最後配鞘。鞘即套，頂端有珌，中間有璏。

這樣講述，聽者一般表情平靜，只是在聽。

可劍爲何如此設計呢？有劍夾才不硌手；縱面不平能增大殺傷力；束腰便於

傷口內的血流出來，抽劍的時候劍身不被血吸住。講到這裡，聽者的眼睛一亮，有時還微蹙一下眉頭。哦，秦人心思縝密，想得眞是周到。

劍入鞘，繫掛於人。陶俑不是人，怎樣繫掛？再問，沒人應答。

陶俑都隨身配置實戰兵器，兵器種類有長槍短炮，通過陶俑不同的手部造型可以發現，戈戟、弓弩的攜帶方式都有清楚的對應，唯獨劍的佩帶方式沒人深入追究。在做小跟班的時候我想過這個問題：「夾在胳膊下面？夾不住，也不嚴肅啊。」虛擬過各種可能，但僅僅是淺嘗輒止。

「這是啥啊？窄窄的，一段一段的。」面對一次又一次出現的類似織物的腐朽痕跡，大家都把疑問拋向了領隊。我必須給出答案。

窄長條，黃褐色，織物線絲呈平紋，像紗帶。最寬處有二公分多，曲曲折折，說明原材料材質柔軟，整體較長。手術刀剝離的實況反覆在腦海裡重播。有一天，我正在家中炒菜，呀！我突然頓悟——這是劍帶。劍入鞘，通過鞘上的璏可掛於劍帶，腰際束紮劍帶，劍才能實現與陶俑的結合。

歷史上有一則和劍帶有關的彈劾。成帝劉驁是西漢第十二位皇帝，沉溺酒色，做事荒誕不經，爲王莽篡漢埋下了禍根。他被載入史冊的諸種荒誕行爲就包括經常擅自外出及著裝打扮不合禮制。比如，穿白色衣服，只紮布幘不罩冠帽，刀劍還別插在腰帶上，流裡流氣[1]。

王公天子出行，鑾駕、陪同、著裝都得按禮制。打包成套的禮制成熟於西周時期，周公作禮。漢代雖然早已禮崩樂壞，但並不是全部消亡，只是不再像以前那樣嚴格，禮制核心依舊。平頭老百姓頭紮布幘是黔首；貴爲天子，紮裹頭布不帶冠也是不行的。佩劍有專門的紳帶，因有紳帶才能成爲彬彬有禮的紳士。

劍帶不同於束紮袍服的腰帶，它們各有各的用途，可不是有錢任性，買豆漿喝一碗倒一碗。直接掛腰帶上，劍沉下墜，衣服鬆鬆垮垮不成體統。成帝是九五之尊，如此「貌之不恭」，兆頭不妙，必遭天譴。電視劇《楚漢傳奇》有劉邦在曹氏酒館怒打夏侯嬰，小吏蕭何出面調解的片段。畫面中的蕭何腰間別劍，犯了和漢成帝一樣的錯。

不過，陶俑是泥塑的，腰帶是雕刻出來的，腰帶與俑體之間是沒有縫隙的，想「貌之不恭」也做不到。

1 《漢書．五行志》：成帝鴻嘉、永始之間，好為微行出遊，選從期門郎有材力者，及私奴客，多至十餘，少五六人，皆白衣袒幘，帶持刀劍。

02 高科技逆天有點玄

俑坑出土的銅劍是青銅合金，主要成分是七十五%左右的銅和二十五%左右的錫，另外還有極少量的鉛或鐵，基本屬於古代「大刃之齊」的配方。錫過多易斷，過少則硬度減弱。

「大刃之齊」一語出自《考工記》。這是一本器物製作的說明書，據說成書於戰國，以齊國為藍本，記錄了三十種手工業製作的規範和工藝。金屬冶煉和器物鑄造章節中，根據照容銅鏡、生產工具、生活容器、兵器等不同用途，以硬度為標準，逐類給出了銅、錫比例的配方[1]。書中的「金」指黃銅和錫的二元合金，大刃指兵器。兵器的原料合金比例，黃銅占三分之二，錫占三分之一。俑坑出土銅劍的成分比例資料經實驗室檢測對比，與記載相合。

合金原料要充分融合，把控火候很關鍵。干將莫邪夫婦是當時吳越著名的鑄劍大師，傳說他們會選擇天高氣爽時節，動用大量童男童女，採陰陽之靈氣，關鍵時刻莫邪「斷髮剪爪」，投入熔爐，最終「金鐵乃濡」鑄出雄雌雙劍。莫邪的斷髮剪爪聽起來神乎其神，其實暗示了冶煉需要添加劑。添加劑都有什麼，科技考古學家一直在探討。太燒腦，我不敢瞎猜。

俑坑的寶劍盛傳很多神話。

一是鉻鹽氧化高科技。出土銅劍表面有十微米厚的鉻鹽氧化層，含二%的鉻。這種工藝由德國、美國分別在一九三七年及一九五九年先後發明並申請專利。實現鉻鹽氧化需要複雜的設備和工藝流程。

二是反彈復原。據說有一把劍被一具重一百五十公斤的陶俑壓彎了，彎度超過了四十五度，當陶俑被移開的一瞬間，銅劍反彈，自然還原到平直狀態……原來銅劍有「千年金屬記憶」功能。

三是削鐵如泥。傳說發掘人員做實驗，在桌面上放一疊紙然後輕輕地將劍從紙上拉過，結果居然一次劃破了十九張紙……兩千年之後銅劍仍然

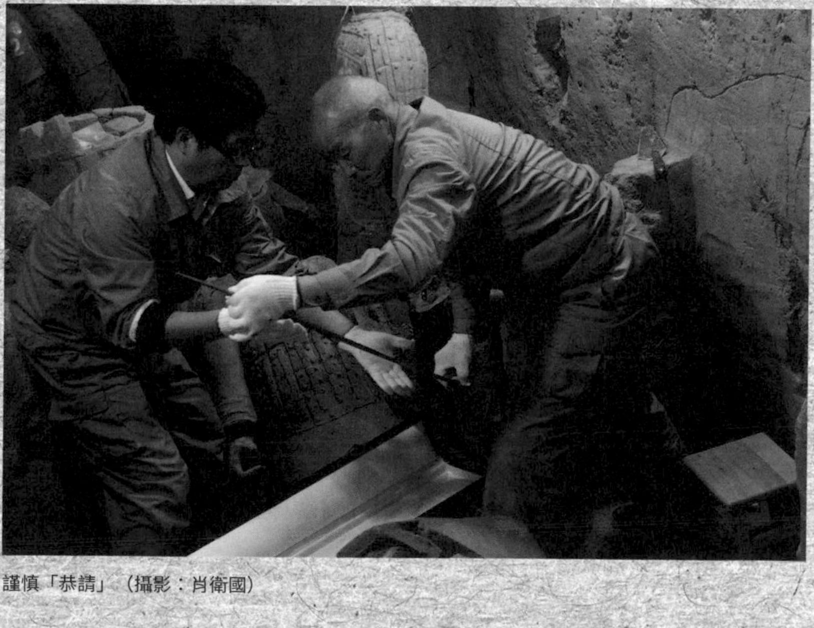

謹慎「恭請」（攝影：肖衛國）

鋒利無比，「削鐵如泥」。

四是複合劍。複合劍指的是劍脊和刃用不同成分的原材料，製作時先鑄造好劍脊，然後再把劍脊放在另外一個陶範中澆鑄劍刃。這樣整把劍就可以由合金含量不同的溶液鑄造而成，劍脊含銅量大、柔性好，刃部含錫量大、硬度高。

我負責發掘一號坑期間，只發現了少量銅劍的殘段和部件。神話故事不是親身經歷，沒有目睹不敢瞎說。二〇一六年冬季，在咸陽城遺址的戰國晚期墓葬中也出土了一把秦劍，寒光逼人。小隊友惴惴不安地說：「咱試試能劃破幾層報紙？」「胡說！忒膽大包天了。」我斷然拒絕。以這種粗暴的方式了解劍的鋒利程度，誰來做？絕不能爲了滿足好奇心輕易涉險。文物很珍貴，就像剛出生的嬰兒，溫柔以待都可能有閃失，哪敢輕舉妄動？

爲了弄清銅器的內部結構，文物也要拍X光片。X光片結果顯示，銅劍沒有複合鑄造的接茬，「金屬記憶反彈說」和「削鐵如泥說」也同樣直指湖北的越王勾踐劍，甚至「鉻鹽氧化說」也被邵安定博士最早提出質疑，認爲所謂氧化層物質有可能是來自劍鞘中殘存的生漆。

---

1 金有六齊。六分其金而錫居一，謂之鐘鼎之齊；五分其金而錫居一，謂之斧斤之齊；四分其金而錫居一，謂之戈戟之齊，三分其金而錫居一，謂之大刃之齊；五分其金而錫居二，謂之削殺矢之齊；金、錫半，謂之鑒燧之齊。

03 秦劍的長途旅行

劍屬於短兵器，雙刃，尖鋒。可斬，可刺，還可用於投擊，適合近戰、格鬥、衛體。矛、戈、戟是長兵器，適合中等距離的拼殺，弓弩是遠射程武器。如果類比近代戰爭，劍就等於刺刀，戈、矛、戟等於機槍，弓弩等於大炮。

弩出於弓，弓出於彈，彈用於狩獵；戈出於鐮，鐮用於收割農作物。武器出現與勞動工具有關，又常常被演繹得很神祕，衍生出各種神話故事。

昔葛天盧之山，發而出金，蚩尤受而制之，以爲劍、鎧、矛、戟。（《管子》）

沒有人能隨隨便便成功，蚩尤也是一樣。一切創造的動力都是實際需要逼出來的，神話只是過程的縮寫。從時間上看，考古發現得最早的青銅劍是商末周初的北方草原民族使用的各式短劍。這些銅劍有鮮明的特點，劍首部分有的像銅鈴，有的像蘑菇，有的像獸首。其根源竟然和歐亞草原之間存在千絲萬縷的聯繫，有些甚至追到了遙遠的哈薩克和黑海[1]。

中原地區的劍，出現比北方草原地區要晚。在西周滅商的事件中，本來紂王已經自殺，周武王先是站在車上射箭，接著又是用劍刺，又是用斧子砍頭，不過是在進行一種儀式。儀式中兵器的使用次序由遠至近：弓箭，輕劍，黃鉞。實際戰鬥也應如此，射殺、肉搏、取首級，劍不是首選和必選。

應該承認，銅劍的起源有很多，中原地區很可能不是自創。劍在中原地區升格到百兵之君的地位與戰術變化有關。武王伐紂時期的戰鬥還屬於車戰模式，射殺是第一步，最合適的武器顯然不是近體格鬥才使用的劍。春秋時期，晉國的魏獻子指揮大原之戰「改車爲行」，改變了以車戰爲主力的傳統戰術模式。「亮劍」後來居上，是戰術從車戰向步兵戰轉變的結果。這種態勢迅速蔓延，排山倒海，席捲而來。西元前五九五年，楚莊王因爲宋國殺了自己的使臣，一氣之下忘了穿鞋帶劍就準備出發親征，隨從趕緊帶上這些東西去追。穿鞋和帶劍並重，劍是不能離身的物件。

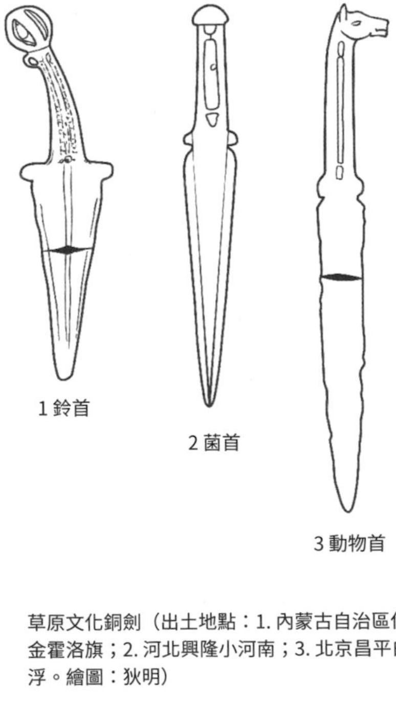

草原文化銅劍（出土地點：1. 內蒙古自治區伊金霍洛旗；2. 河北興隆小河南；3. 北京昌平白浮。繪圖：狄明）

吳王僚謀殺案中有一個隱形人：公子季札。如果季札當仁不讓繼承王位，僚和公子光也不至於同室操戈。顯然季札更喜歡做外圍工作。西元前五四四年，季札出使中原，途經徐國

（今安徽泗縣北），徐君見了季札的佩劍很是羨慕。季札想送給他，但考慮到出使之需，沒有當時送出。返程時想送，可徐君已經故去，季札很傷心，只能把劍掛在徐君墓前。

此故事有三層含義。首先稱頌友誼和言而有信的品質，答應給就一定得給，這是呼應社會上對季札人品的好評；其次表現吳劍好，「夫劍產干越」，干就是吳，有干將、莫邪、歐冶子這些鑄劍大師，這個故事是對秦始皇擁有太阿劍的注解；最後點明正式場合一定要著正裝，穿西裝打領帶，佩劍是正裝的一部分——季札出席外交活動必得佩劍，這是把佩劍提拔到了禮制的高度。秦王政十三歲登基，九年之後開始親理朝政，在舊都雍城舉行加冕儀式，莊重地戴上了王冠和寶劍，正是這第三層原因。（《史記・秦始皇本紀》）

現在人人都揣手機，當時可是除女子外人人佩劍，彈劍而歌和刻舟求劍，這兩個成語典故都與佩劍有關。男子普遍帶劍的情況一直持續到兩漢。自天子以至百官，無不佩劍（《後漢書・輿服志》）。直至魏蜀吳三國鼎立，一劍獨霸的局面才開始轉變。陝西擁有唐代十八座帝陵，如唐太宗的昭陵、唐高宗及聖神皇帝武則天二聖的乾陵，陵園神道兩側矗立著石翁仲[2]，武將手持的繯首刀不是劍。

1 楊建華等：《歐亞草原東部的金屬之路》，上海古籍出版社，二〇一六年。
2 古代帝王或大臣墓前的石人像。

04 秦劍的本土內核

立足本土，縮小視野，來看秦人的銅劍。

春秋時期秦人用劍和其他諸侯國基本一樣，比較短，基本爲二十五公分左右，稍長一點的也不到四十公分，更像一把匕首，所以才能魚腹藏劍。但是秦人的短劍有大亮點，那就是鑄造技術超前，材質豪華，其中複合金屬劍和三叉形護手劍最爲可圈可點。

俑坑出土銅劍，有人說是「複合劍」，但從X光片上看不到鑄造的接茬，可以斷定只是傳說。但秦人確實用兩種原料鑄劍。在寶雞益門、甘肅禮縣等地都出土有金柄鐵劍或銅柄鐵劍，可這是兩種截然不同的材質分別鑄造再鉚合，和傳說的不是一回事。

禮縣隸屬於甘肅省隴南市，位於甘肅省東南部隴南山區，地處長江流域嘉陵江水系、西漢水上游，是秦人的發家之地，號稱「秦皇故里」。在這裡，秦非子養馬成爲周王的跟班小弟，獲封秦地。

益門隸屬於陝西省寶雞市。飽受戎人侵擾的周王室，實在無力再待在陝西，選擇遷都洛陽。由於護送周平王東遷有功，秦襄公被允許帶上全族人翻過隴山，進入寶雞地區。在這裡，秦人由西向東，從隴縣開始直至鳳翔，先後有四處主要根據地，經營近四百年。

兩地出土的銅劍可謂豪華又超前。豪華突出表現在柄部，有鏤孔的神獸紋飾、夔龍紋或蟠螭紋，有的還鑲嵌綠松石之類的寶石。而金柄鐵劍中最有價值的部分，不是柄部閃閃發光的金子，恰是銹蝕殘斷、黑漆漆的劍身——鐵。金子和銅的冶煉熔點低，爲攝氏一〇三八度；鐵的熔點高，在攝氏一五〇〇以上。在以木材爲燃料的時期，煉鐵比煉金、煉銅要難得多。在這一點上秦人走在了時代的尖端。

水準超前的還有不起眼的、由兩種金屬材質製成的小刀。寶雞益門春秋墓出土有金柄鐵刃小刀，其鐵刃外再包

寶雞益門金柄鐵劍（寶雞青銅器博物院藏）

錫，可謂是鋒利加鋒利[1]。如此盡心竭力，眞不知道該如何點贊。

不僅如此，早期秦人的劍還是「混血」。甘肅禮縣的一把銅柄鐵劍，劍格部分呈英文大寫字母「M」形，這種造型最早於我國境內出現是在新疆天山北路地區，世界範圍內更早的卻是在俄羅斯東部的西伯利亞地區。此後這種秦劍竟然「揮軍南下」，擴散到了四川、雲南洱海和滇池一帶[2]。

禮縣的墓主是秦國的某位國公，寶雞益門的墓主有人說是被秦收服的戎狄王[3]，也有人說是景公的弟弟後子鍼[4]。總之這些

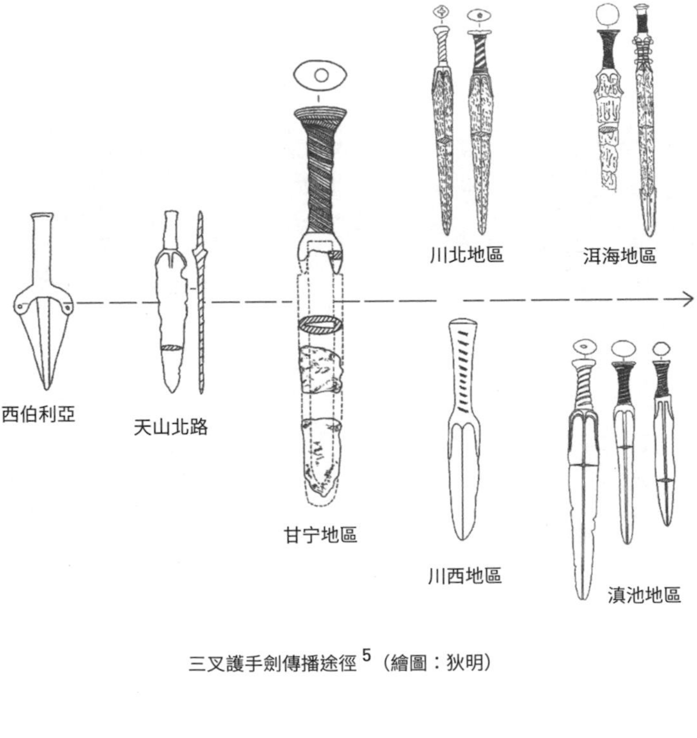

三叉護手劍傳播途徑[5]（繪圖：狄明）

豪華又超前的秦劍的主人非富即貴。

先看看戎狄王。周王授秦襄公岐山以西之地實屬空頭支票，各種戎人才是這個區域的實際主人。想要地可以，您得自己去奪。亮劍！打得過也得打，打不過也得打，直到秦穆公時期闢國千里，遂霸西戎。

再看看後子鍼。秦桓公之子，景公的同母兄弟，在寵溺中長大。他逃亡晉國時帶車千乘，連晉平公都爲此感到震驚不解。「後子富如此，何以自亡？」都這麼有錢了，好好待在國內就得了，移民幹嗎？如果墓主是身爲秦室貴族的後子鍼，說明豪華劍曾由名流佩帶。

「遂霸西戎」，我們想像的畫面應該是血腥、殘酷、鏟草除根吧？實際景象是，墓主被認真安葬了。屍身外有二層葬具，棺內鋪撒朱砂；隨葬器物分別放置，一部分以馬具爲主，一部分是兵器及裝飾品，井然有序。出土二百餘件（組）隨葬品，質地有金、鐵、銅、玉、石及料器等類別，金器包括金鐵、金銅等合成器共一百零四件（組），總重量約三千克，造型精美，紋飾華麗，尤爲罕見，十分富有[6]。

有序、富有，遂霸西戎，不僅有「亮劍」，也有對被征服者的善待。秦惠王併巴中，以巴氏土著人爲蠻夷君長，世代娶秦女爲妻，享受秦人二十級軍階制度中的不更[7]級別。又盟誓：秦犯夷，輸黃龍一雙；夷犯秦，輸清酒一鐘。（《後漢書·南蠻西南夷列傳》）

我打你，重罰；你傷我，喝杯酒了事。秦始皇時期維持舊制，懷柔遠人，無取臣屬，形式上淡化君臣隸屬關係，近似「羈縻政策」。秦人爲何能一統天下，不外乎天時、地利、人和。禮縣出土銅劍告訴我們，他們掌握了先進的技術；益門出土銅劍告訴我們，他們能懷柔遠人。對於秦劍本土的內核，後者往往被淡忘。

秦國男子普及佩劍與社會大背景同步。西元前四〇九年，秦簡公下詔「初令吏帶劍」，第二年再次推行「百姓初帶劍」。一個「令」字表達了重視程度，國家干涉個人生活，同樣還有趙武靈王胡服騎射。從吏到百姓，佩劍要求的推廣範圍越來越大，看來佩劍這事對秦國來講的確意義深遠。

1 寶雞市考古研究所：《秦墓遺珍．寶雞益門二號春秋墓》附錄三，科學出版社，二〇一六年。
2 楊建華：《三叉式護手劍與中國西部文化交流的過程》，《考古》二〇一〇年第四期。
3 陳平：《試論寶雞益門二號墓短劍及有關問題》，《考古》一九九五年第四期。
4 據楊建華先生《三叉式護手劍與中國西部文化交流的過程》文章改繪。
5 劉云輝、何宏：《益門二號春秋墓文化屬性再析及墓主新考》，《文博》二〇一一年第四期。
6 寶雞市考古工作隊：《寶雞市益門村二號春秋墓發掘簡報》，《文物》一九九三年第十期。
7 秦國二十級軍階制度的第四級。

05 長劍差點要了命

追蹤了兵馬俑坑中的銅劍和秦人的銅劍，該說說荊軻刺秦王的故事了。

故事發生在咸陽城的大殿上。荊軻借機靠近秦王，一手抓住秦王的衣袖，一手持匕行刺。千鈞一髮之際，秦王的劍太長，竟然卡殼了。越著急越拔不出來，這可真要命了。於是秦王繞著柱子跑，荊軻在後面緊追不捨。這時群臣除了驚慌失措之外只能乾著急，最後在大家「王負劍！」「王負劍！」的提醒下，秦王拔劍刺傷荊軻的左腿。

受傷後的荊軻只能向秦王投擲短劍，卻紮在了柱子上，沒能命中秦王。秦王再次反擊，最終荊軻身受八劍而亡。

千鈞一髮之際，秦王的長劍竟然卡在了劍鞘裡。在秦王脫身之後，荊軻因凶器太短，最終失去了機會。《史記》將這個故事描繪得非常生動，情節跌宕起伏。所謂一寸長一寸強，一寸短一寸巧，劍之長短，各有優劣，長劍不好出鞘，短劍則是有效使用範圍有限。

秦法規定，朝臣上殿不能佩劍，即使是坐於殿下的警衛，皇上不叫你，你也不能跑進來。這條禁令於漢代做了修改。位尊至極的蕭何，漢代的開國元老，只有他被允許帶劍上殿。

秦始皇佩帶的長劍到底能有多長？據說劉邦任亭長時，佩劍長三尺，後來做了皇帝，佩劍改爲七尺。漢高祖只比秦始皇小三歲，兩位皇帝用劍規格應該差不多。高祖劍長七尺，按照秦漢時一尺約合現代的二十三公分計算，約長一百六十公分。現在秦陵一號銅車御手佩劍約爲一百二十公分，合秦漢時的五尺二寸多。荊軻謀殺事件中，始皇的劍大抵是在一百二十到一百六十公分之間，比畫一下確實難以抽出。

秦始皇生活的時代，文獻記載了很多名劍。比如湛盧、純鈞、勝邪、魚腸、巨闕、干將莫邪雌雄劍等等，基本都是吳越地區鑄造。魚腸劍放了吳王僚的血，助力公子光上位。

秦朝著名政治家李斯歷數嬴政擁有的世界名品，有昆山之玉、隨和之寶、明月之珠，還有太阿之劍。

太阿劍，楚王三大名劍之一，是楚王派使臣風鬍子說服吳王，重金聘吳國鑄劍大師歐冶子和干將聯手打造而成的。在這件事上，吳王有點「傻白甜」，沒有一點防範意識，竟然就同意了——劍成。

晉國公鄭王聞聽此事欲強索，兩國爲此拉開三年之久的大戰，楚國一度處於劣勢。楚王一看大事不好，拿出鎭國之寶太阿劍，登城親自督戰。頃刻間，晉軍三軍陣法大亂，節節敗退，士兵被打得暈頭暈腦，血流成河，舉國上下，家家死人。楚王大悅，眞是不鳴則已，一鳴驚人，不免有點囂張：你們說這是劍有威力，還是我有威力？風鬍子巧言道：劍之威也，

因大王之神。（《越絕書》）

劍之威，是人的精神，此爲亮劍。君王劍出，則匡正諸侯，天下歸服。秦始皇擁有太阿劍甚至其他名劍，這並不奇怪。

▲劍不離身（攝影：肖衛國）

06 我的「差」運氣

二十年的兵馬俑發掘經歷中，我只碰到了一些劍的殘件。這樣的差運氣，用行話說是「臭手」。二〇一四年後，申先生率隊繼續發掘，一口氣出土五柄，全須全尾。「有一柄還是原位，就在陶俑身體左側。」即時連線，捷報頻傳，我一邊聽他們顯擺一邊大開腦洞，想給「臭手」找個合理解釋。

唯物的解釋有：

一、儘管一號坑整體象徵步兵軍種，但其內部應該還有更細化的區別。申先生他們發掘的剛好是佩劍兵區域。至今爲止發掘的陶俑數量有一千多件，有的是弓弩兵，有的是戈戟兵，銅劍的出土數量只有三十餘柄，可見佩劍兵只是少部分。

二、出土數量不是當初的埋藏數量，兵器在後來的破壞中有遺失。我負責發掘的區域剛好有後代人挖的坑，銅劍被偷走了。

三、申先生負責發掘的區域位於俑坑最外側，屬於軍陣結構上的邊鋒，可能當初武器配備數量本來就多。別忘了俑坑本來就是秦軍的模擬和象徵。邊鋒軍的武器軍備得像模像樣，陣芯呢，意思意思就行了。第一次發掘的位置是在軍陣的前鋒處，出土銅劍數量也多。

而唯心的解釋有：

一、女人和寶劍無緣。性別考古學是考古學科的一個分支。最簡單的應用如根據隨葬品判斷墓主性別，這時是否有劍一類的兵器往往是初步判斷的依據之一。有，初判爲男性；無，或者有針頭線腦類女紅用品，判斷爲女性。社會分工不同，非特殊時期爭鬥還是男性承擔得更多。虞姬舞劍自刎，劍來自項羽。女性墓主隨葬銅劍的情況確實不多見。

二、上帝爲你關上了一扇門，同時打開了一扇窗。好事難成雙，我已經有了大發現：兩把粗細不同的劍柄，焊在一起湊成了一把，焊接的地方就像是一塊「補丁」。

「呀呀，銅劍上還打『補丁』，這是窮？還是眞在哄鬼？」我趕緊求助冶金考古的同行。這個兵器修繕的小細節和劍帶一樣，我覺得意義挺大。

戰鬥之後兵器上交武庫。庫嗇夫逐一清點、登記造

修繕疤痕

冊；冊交吏，吏交丞。丞上班後批閱、畫圈、寫注：這個和這個可「繕」。和他們顯擺五柄完整銅劍一樣，我也曾把這個場景顯擺給申先生。

繕，修繕。修修補補這事，竟然發生在光環籠罩的兵馬俑坑，聽起來似乎有點不高級。但這事可以有，並且絕對有，無論是對於陶俑還是對於兵器。不同的是，俑即明器，陶俑、陶馬修補得外形逼真就行了，而兵器修繕則是發生在現實社會中。

國有物資稱公器。公器中的一草一木，就連庫房旁飼養的雞、豬都歸公家。管理也有細則[1]，負責修繕兵器的人稱爲「繕治卒」、「繕嗇夫」，有正式的崗位編制。

交到士兵手上的兵器如果該修未修，庫管人員從上到下罰鎧甲兩領，捲舖蓋走人。不能修、徹底報廢的公器，在每年七月之前完成所有申報、移交工作，由地方送到首都的內史，或轉賣，或改變用途。從地方到首都，路途遙遠不方便實物輸送的，就地拍賣變現，或用作苫蓋，或直接燒火，總之物盡其用，財產歸公即爲「大妥」。秦代以九月爲歲末，十月爲歲首，政府工作報告不能晚於九月份。處理報廢物資則必須在年度財政統計之前完成，以便統計局算出本年度的國民生產總值。

公器管理制度歷代沿用，在睡虎地秦簡、張家山漢簡、甘肅居延漢簡中都可以找到依據[2]。漢長安武庫遺址發掘出土了大量骨弭，正是修繕弓弩的廢棄物[3]。資源節約，環保精神，古今同理。

一柄銅劍從採礦到金屬冶煉，再到鑄造，總是需要耗費財力、物力，修修補補，能用則用，實在修不成的再回收利用。這種細節是不是比神話更接地氣？

考古終究是要追尋人類的過去，探求那些過去的生活、生產、創造以及它們對今天的影響。神話太多，那就成了玄學。

破除神話吧！關於兵馬俑，關於秦劍，關於秦代標準化。

考古學研究當以事實爲依據。秦劍探索之旅所顯示的一切價值，都要從文化的角度去解讀。從豪華的鑲嵌寶石劍，到摻雜西伯利亞血統的「混血」劍，再到東周式長劍，這個集合體代表的是一條吸收共融、不斷發展的歷史道路。

這條道路上，我們仍在繼續前行。

1 睡虎地秦簡《秦律雜抄》：稟卒兵，不完善（繕），丞、庫嗇夫、吏貲二甲，法（廢）。《秦律十八種·金布律》：縣、都官以七月糞（處理）公器不可繕者，有久識者靡蚩之。其金及鐵器入以為銅。都官輸大內，內受買（賣）之，盡七月而觱（畢）。都官遠大內者輸縣，縣受買（賣）之。糞其有物不可以須時，求先買（賣），以書時謁其狀內史。凡糞其不可買（賣）而可以為薪及蓋蘙〈翳〉者，用之；毋（無）用，乃燔（燒）之。

2 張家山漢簡《二年律令·金布律》：縣官器敝不可繕者，賣之。居延漢簡：元康二年五月己巳朔辛卯武威庫令安世別繕治率兵。

3 中國社會科學院考古研究所：《漢長安城武庫》，文物出版社，二〇〇五年。

第七章

地下寶庫
秦始皇陵

兵馬俑陪葬坑名氣太大了。國人說，這是「民族的瑰寶」「中華文明的結晶」；老外說，這是「世界十大古墓稀世珍寶之一」，「二十世紀人類最偉大的發現」。

五湖四海的遊客，爭相目睹真容。從一九七九年十月一日開放以來，儘管博物館占地面積一擴再擴，依然難以改變人流量居高不下的局面。對比起來，作為陪葬坑母體的秦始皇陵園展區確實有點疏落。

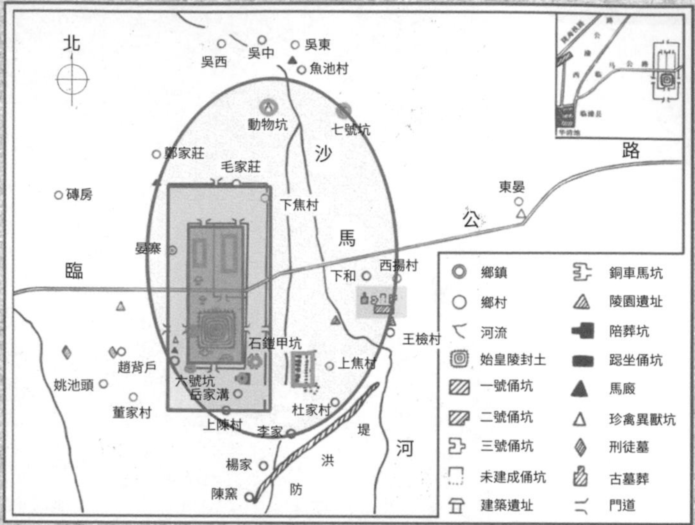

陵園布局層次示意圖*（繪圖：吳紅豔）

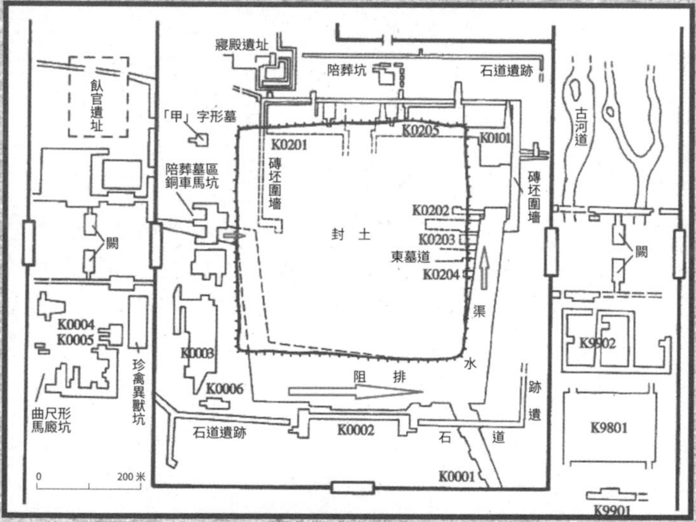

秦始皇陵園局部遺跡分布圖**（繪圖：吳紅豔）

* 根據《秦始皇帝陵一號兵馬俑陪葬坑發掘報告（二〇〇九～二〇一一年）》圖二改繪。

**引自《秦始皇帝陵園考古報告二〇〇一～二〇〇三》圖2B。

01 兵馬俑不是秦始皇的最愛

非常遺憾，在近二十五年的時間裡，我幾乎每天都從秦始皇陵園穿過，卻一直沒有機會參與陵園內的考古工作，對它的了解只是皮毛。

後世人對陵園的了解從司馬遷的《史記》開始：「宮觀百官奇器珍怪徙臧滿之……以水銀爲百川江河大海，機相灌輸，上具天文，下具地理。」

司馬家族世代爲史官，其父司馬談曾任太史令，修史一生，可惜壯志未酬身先死。司馬遷握著父親漸漸冰冷的雙手，承諾要「請悉論先人所次舊聞」，完成其未竟事業。他說的有關陵園內容的話應該是實話。

經過半個世紀的考古工作，目前已經明確陵園布局按照由內至外的層次，包括地宮之內各層台階上、封土內及地宮外封土下、內外城之間、陵園之外共計四層[1]。一張陵園遺存分布圖上密密麻麻地畫出陪葬坑、陪葬墓和大型建築，這是陵園內容的眞實布景。

所有項目被分別置放在驪山北麓的不同台地上。陵園所在台地面積最大，雙重城垣圍出一個平面長方形的圈，圈的四面有門，門口設三出闕。三出闕是天子規制。

圈內有內、外城。內城核心是地宮。地宮上面是大封土堆，圍繞封土周圍分布有大小不同、形制各異的各類陪葬坑，封土北側西部爲小型陪葬墓區，東部爲十進禮制建築遺址。內外城之間，分布園寺吏舍、飤官等建築遺址、陪葬坑、陪葬墓。外城之外北部有珍禽異獸坑、青銅水禽陪葬坑，東部有馬廄坑、兵馬俑坑。

從教科書般羅列的文字中，公衆很難了解秦始皇陵的神奇。如果大家看這裡的地勢，自能體會工程設置的絕妙：地宮南部靠山，水泉彙集，地下水患比其他三面嚴重，爲解決這個問題，地宮南部有環繞的阻水和排水設置。兩千多年後的北京國家大劇院也採用了同樣的設計。

除了陵園本身，外城之外還有修陵附屬形成的防洪堤、修陵人墓地、陶窯、擊鼓坪、石材加工場等等。陵園面積是二十七．五萬平方公尺，雜七雜八加起來一共占地四十五萬平方公尺。經常「被吹」成五十二萬平方公尺，是北京故宮占地面積的七十九倍。五十二萬平方公尺是文物保護面積，不是陵園本身的占地面積。

凡送葬，都是將最珍愛的、不可或缺的物品放置在逝者的近旁。陵園四個層次的布局，反映了與秦始皇的親疏關係和主次地位，這個排座由不得他太任性。兵馬俑坑屬於陵園第四層次埋藏，連大門都沒讓進。算不算得上是秦始皇的最愛？至少不是最重要的。

每當秦始皇陵考古有新的發現，人們總是不假思索地想到兵馬俑坑。

二〇一九年秦都咸陽城發現石鎧甲製作地點，消息公布後，很快就訛傳成了兵馬俑坑發現石鎧甲。且不說這次發現與兵馬俑坑是兩個地方，二者相距四十多公里，而且兵馬俑是陶質的雕塑，只是在泥胎上雕刻出了鎧甲的樣子，石質鎧甲陪葬另有他處。實話、實景下，兵馬俑卻獨享追捧數十年，未免讓人感到遺憾。

1 段清波、張穎嵐：《秦始皇帝陵的外藏系統》，《考古》二〇〇三年第十一期。

02 陵園選址並不好

秦始皇陵園本名「麗山園」，位於驪山北麓山腳下。驪山之南爲藍田，出玉；之北洪積扇[1]土層中含有大量白雲母碎片，陽光照射遍地金光閃閃，古人誤以爲金。秦始皇覺得這個好，玉通靈，金主貴，於是選擇在驪山北修建陵墓。

「來兵馬俑參觀，買幾件藍田玉留作紀念吧。」導遊開始忽悠。「頭枕驪山，腳踏渭水，依山傍水，風水寶地。」風水大師繼續忽悠。眞實的情況又是如何？

陵隨都移。咸陽爲都期間，秦王公陵園有兩組：城西北的咸陽原上一組已經發現了三處稱爲西陵；城東南的驪山腳下一組已經發現了四加一處稱爲東陵。東陵組又有子項，一芷陽一麗山，共五組。

從昭襄王時代開始，秦國的王陵區已從咸陽西陵區移至咸陽東的芷陽。葬於芷陽的昭襄王上輩有宣太后，平輩有唐太后，子輩可能有悼太子，孫輩有莊襄王及其夫人帝太后。秦始皇是昭襄王的曾孫，應該追隨近祖埋葬在芷陽。死後進祖墳由不得他選擇。

以四加一的形式進行表述，一方面強調秦始皇陵園總體上屬於東陵區，另外一方面也是妥協。多年以來，我們已經習慣上認爲秦始皇功過三皇五帝，獨立爲陵，特意與其他幾座王陵拉大了間距。事實上芷陽陵園是一個大地理概念，不局限於今天臨潼區斜口鎮芷陽村。咸陽原上西陵區的三處也不是紮堆聚集在一起。

昭襄王選址並規劃了芷陽陵區。他爲何不繼續在咸陽城西建陵園？

自古墓葬選址有規矩，高亢之地遠離水源。確定選址，根據東、西、南、北四至做出規劃圖，依照輩分左、右逐漸排開，祖居中，父居左，子居右分派墓穴[2]。這是周禮規定的理想化制度，稱爲昭穆制度。

武王葬咸陽原西陵區。昭襄王是武王同父異母的弟弟，在非正常情況下繼位。同樣道理，西漢十一座帝陵九座沿咸陽原東西排開，唯獨有漢文帝和漢宣帝選擇在咸陽原隔河相望的南部，白鹿原建霸陵，少陵原建杜陵。兩位皇帝都不是父位子襲，沒辦法按照周禮制度進行輩分排列。

一九七七年河北戰國中山王陵出土了一份規劃圖——兆域圖銅版。銅版爲橫長方形，長寬比例二：一，長近一公尺，重二十二．二公斤，無鑄接及鉚、焊的痕跡，一次模鑄而成[3]。

兆域圖鑄造年代距今約有二千三百年，製圖比例約爲一：五〇〇。其「錯金銀」工藝絕妙的是不同部位使用的金銀線條粗細有別。圖中內容包括陵地的範圍，王及後、夫人各墓的具體位置，丘封和地上建築的面積，附帶文字提到了墓室和棺槨制度，以及關於修建墓地及埋葬丘封等各項具體標準。經過充分討論，這些標準已經定下來了，可以實施。如果按原定標準修建遇到問題時，可以從擴大面積考慮。

規劃是理想，未必能完全實現，遇到問題可以根據實際情況調整，原則是寧大勿小。芷陽陵園的整體情況正如銅版兆域圖備註所說。安頓了先輩之後，輪到秦始皇卻空間不足，沒地方了。四海歸一，率土之濱，莫非王土，想埋哪不行啊？不行。陵隨都移，禮制、規矩如此，只能從大放小，綜合比較下驪山腳下最合適。

秦始皇陵園選址問題最早見著於《史記》，之後有《漢書》、《漢舊儀》，然後是《水經注》。傳說始皇貪戀藍田美玉，決定將陵址選擇在驪山腳下。這事兒西漢的司馬遷倒沒說過，再往後的《漢舊儀》、《水

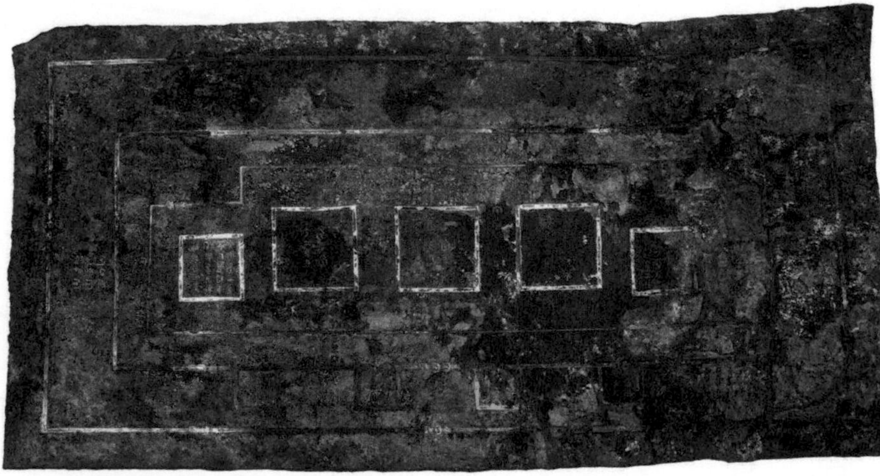

錯金銀銅版兆域圖（河北省博物館藏）

經注・渭水》是此說的祖本。原來某些導遊的忽悠倒也不是自創。《史記》中幾點記述值得重視：其一穿三泉；其二斬山鑿石；其三旁行三百丈；其四錮水泉絕。

選擇墓地一定是優先空曠、高亢之處，地盤範圍有限，再改造費工費人。地下水豐沛施工難度加大，處理不好有水淹之患。秦始皇陵修建過程中困難重重，穿透多重地下水，開山闢地，鑿不動了向側擴，想辦法堵塞泉水，工程技術問題層出不窮。選址地質條件差，甚至有先生直言簡直就是一個錯誤，至少不太好。

秦始皇陵定址於驪山北麓地後，就要考慮怎麼建、需要滿足怎樣的需求。首先組織對自然環境的調研，做出如中山王兆域圖一樣的規劃圖。封土和內、外城垣等核心內容，放置在一塊最高、最寬、最長、面積最大的土原上。與地勢相應，內外城垣被設計爲南北向長條形。陵墓地宮和封土堆置於地勢最高處的內城垣南半部，便殿等附屬地面宮殿建築置於地勢較低的內城北半部，修陵人官邸等置於外城垣以北更低處。利用自然地勢從高到低的布置，如此一來，皇權高高在上的玄機便得到了體現。

地形的高低與地位的高低相配合，由南向北依次構成高、中、低三個梯次，主次分明，重點突出[4]。設置陵園控制點——驪山東段最高山峰望峰；設置兩條軸線——南北線：陵內外城北門、封土、南門、望峰；東西線：陵內外城東門、封土、西門；設置陵園中心點——地宮，距驪山總山脈走勢的東西兩端距離大致相同。

定在芷陽大陵區對秦始皇而言是遵守禮制。自然條件不佳，縱使無奈也得遵守禮制。況且秦始皇是誰啊，什麼困難能難倒他呢？工程圖設計好了，克服困難開工。空間不夠大，鑿山；地下水豐沛，堵、排；應該有的陪葬坑、陪葬墓等附葬設施酌情布置。歷時數十年，先後動用七十餘萬人力，最終留下了一座東方最偉大的帝陵。

1 洪積扇：地質名詞。由乾旱、半乾旱地區暫時性山地水流出山口堆積形成的扇形地貌，又名乾三角洲。

2 《周禮．春官．塚人》：掌公墓之地，辨其兆域而為之圖。先王之葬居中，以昭穆為左右。

3 張守中等：《河北省平山縣戰國時期中山國墓葬發掘簡報》，《文物》一九七九年第一期。

4 曹瑋、張衛星：《秦始皇帝陵考古的歷史，現狀與研究思路——基於文獻與考古材料的討論》，《秦始皇帝陵博物院院刊》二〇一一年總一輯，三秦出版社，二〇一一年；張衛星、付建：《秦始皇陵的選址、規劃與範圍》，《文博》二〇一三年第五期；孫偉剛：《秦始皇帝陵選址新認識》，《考古與文物》二〇一八年第四期。

03 麗山之作有「增」和「減」

然而麗山之作未成，秦始皇陵項目的建設始終沒有結項。

袁仲一先生將前後歷時三十八年的修建過程分爲三個階段。第一階段從秦王政元年（前二四六年）到二十六年（前二二一年）統一全國，工程規模較小；第二階段從統一全國到秦三十七年（前二一〇年）始皇崩，葬麗山，工程規模大；第三階段秦二世時期掃尾。

第二階段是王國到帝國的國體轉化時期。國體變化，喪葬規制也需變化。國體有三公九卿，郡縣制和周禮依託的分封制已經不同，葬禮的外殼也就有了大刀闊斧的改革。

秦始皇九月下葬於麗山園「大事畢」，秦二世元年四月麗山園覆土「事大畢」。「大事畢」和「事大畢」截然不同。前者指下葬，後者指整個陵園建設。建設接近尾聲，人員分流，一部分人留下掃尾，結果戰爭來了，少府章邯率隊匆忙奔赴前線，另一部分去了阿房宮工地。

從秦始皇初即位開始直至二世，有關陵園的設計和具體落實可謂一波三折，有增有減。

減，如封土原設計高度五十丈（約合今天的一百一十五公尺），實際測量低了很多[1]；外城城垣草草收工，北門尤其簡陋。增，如後宮及皇子女、貴族陪葬墓，各種象徵國家機構的陪葬坑。

增加象徵國家機構的陪葬坑是秦始皇的本意，與國家政體變化同步。陪葬墓不全是秦末形成，自然死亡的陪葬墓可早於也可以晚於陵主，並不是誰都有資格埋在皇帝身邊。近年已發掘的陪葬墓發現，有的屍骨完整但上下頜骨錯位，符合勒死的特徵，有的顱骨右顳骨還插有一個折斷的箭頭；許多墓埋不止一人，性別均是年輕女性，屍骨大都殘缺不全，有些還呈上下層放置，明顯是在別的地方被處死經過肢解後被掩埋，這種慘無人道的陪葬屬於殺殉。二世殺諸公子、大臣及後宮無子女者，這一部分是他擅自做主的「增」[2]。

借助電腦顱面復原技術，科研人員對

鎏金雙峰駱駝（秦始皇帝陵博物院藏）

一男、一女的頭骨生前相貌進行了復原。江湖演繹說復原的女子像是波斯人，我沒看出來，再進行一些DNA方面檢測會精準些。

不僅秦始皇有陪葬墓，有的陪葬墓自己還有陪葬墓和各種隨葬器物坑。二〇〇三年，段清波先生率秦陵考古隊在陵園西側發現三十六座古墓，六座級別較高。其中五座各有一條墓道，平面形狀像「甲」字；一座有雙墓道，平面形狀像「中」字；此外還有一座陪葬坑。

中字形大墓南北長約一百零九公尺，東西寬二十六公尺，深約十五．五公尺，規格屬君王級，僅次於主陵。墓主人是不是秦末代皇帝子嬰？子嬰是秦亡國之君，在位的時間僅四十六天被殺，因倉促下葬，葬地長期不明。沒發掘誰也說不好，即使發掘沒有印章之類的「身分證」也還是說不準。

二〇一三年此墓啟動發掘。七年後炸出重磅新聞——出土國內所見最早的鎏金雙峰駱駝。金駱駝發現很重要，但我還是希望更多人關注考古本身的科學目的：搞清秦始皇陵園布局以及古代帝王陵園的陪葬制度。

1 由於測量位置不同，現存封土高度測量值最大是七十七公尺，最小是三十五．五公尺，與記載有明顯出入。引自陝西省考古研究所、秦始皇兵馬俑博物館：《秦始皇帝陵園考古報告（一九九九）》，科學出版社，二〇〇〇年。

2 參閱《史記．秦始皇本紀》、《史記．李斯列傳》等章節。

▲銅車馬（攝影：張天柱）

04 世界最貴豪車

在陵園設置的第三個層次中，封土西側有一座陪葬坑。局部發掘後出土了一組青銅鑄造的銅車馬。兩輛銅車馬裝在同一個「集裝箱」裡入坑埋藏，與兵馬俑藏入地下室的方式不同，但寫實逼真的風格一樣。銅車馬按照真實御車一半的比例縮版打造。兩車前後放置。前高車編爲一號，前行開道。後安車編爲二號，皇帝坐臥。駟馬並駕，各配御手，車零件一應俱全，揚鞭策馬的駕車工具、安全停泊的軔、以防不測的護身武器、登車攀拽的拉繩，配件一樣不缺。車蓋以及車輿內外彩繪紋樣精美，輔料耗費十四公斤的金和銀。

文字難以表述其精緻、奢華，堪稱世界最貴豪車，沒人能買得起。

這組豪車屬於法駕鹵簿。鹵簿，古代國家君主重大國事活動上的典章制度，是集儀仗隊、軍樂團、舞蹈表演、車輛服務、交通安全、治安保衛等整體規模的成文制度，通俗可以解釋爲「陪行方式」。

按照制度，兩輛銅車馬是秦始皇天子車駕的、組合的、類比的鹵簿之一，粗略說是秦始皇車隊的一部分，不一定是秦始皇的座駕。天子出行的車隊有大駕、小駕、法駕三種規格，以「大駕光臨」置頂，車輛總數八十一輛。

天子六駕，六匹馬拉一輛車。法駕規格中皇帝乘坐六馬金根車，隨行配套有「五時副車」皆駕四馬。副車分青、赤、黃、白、黑五種顏色，按照東與青、西與白、北與黑、南與赤、中與黃，顏色和方位搭配分布，各色有安車、立車二乘，總數十乘。另外隨行侍中參乘屬車共計三十六乘。以往曾有人認爲鹵簿制度始於漢代，銅車馬通體刷白彩，面向西擺放，符合「五時副車」的顏色和方位搭配，考古實證了制度在秦代已經確定。

概言之：

一、車隊龐大。一（金根車）、十（五時車）、三十六（侍中等屬車），共四十七乘。大駕更浩蕩。

二、公路的修建很重要，首先得寬，不然道路壅塞。

三、銅車馬是副車的模擬。副車，皇帝的從車，所謂「備胎」。古有「誤中副車」的典故。韓國舊貴族張良爲報韓仇「奮一椎」，副車雖誤亦雄哉！一般情況下皇帝不坐副車。始皇病逝河北沙丘，事發突然。李斯和趙高祕不發喪，皇帝貴體暫寄轀輬車中，百官奏事、端茶倒水裝樣子。轀輬車就是副車中的安車，可以臥的車。

一號車屬於敞篷式，中間豎立一把傘。傘可自由拆卸、調整方向。車傘杠與傘座之間有鎖可閉合以固定，也可以輕鬆打開調出傘的不同傾斜度。傘柄中部自帶活扣插銷的扣鎖。柄傘頂端與傘蓋連接處有齒輪，和現代雨傘安裝傘骨的部分大同小異。

在展廳裡有的導遊會說，皇帝出行是苦差事，中途小憩時可以卸下來遮風避雨。皇帝出行險況頻出，必要的時候傘蓋可以護衛，傘杠可以掄起來打人。這個說法有點玄。大人物巡行哪個不是聲勢浩大，配有專門的警衛隊？

就銅車馬而言，我偏愛銅車上的三個部位。

首先是二號安車上的窗戶。後室有窗戶三個，前及左右兩側各一。前窗可上下掀合，有合頁；左、右窗可平行推拉，安裝滑動軌道。鏤空的紗窗，四方連續的菱花紋，象徵一種質地很薄、斜方格的織物「菱」。爲了拍攝透光的效果，攝影師小白將手機伸入車廂內，光線如繁星點點。他感

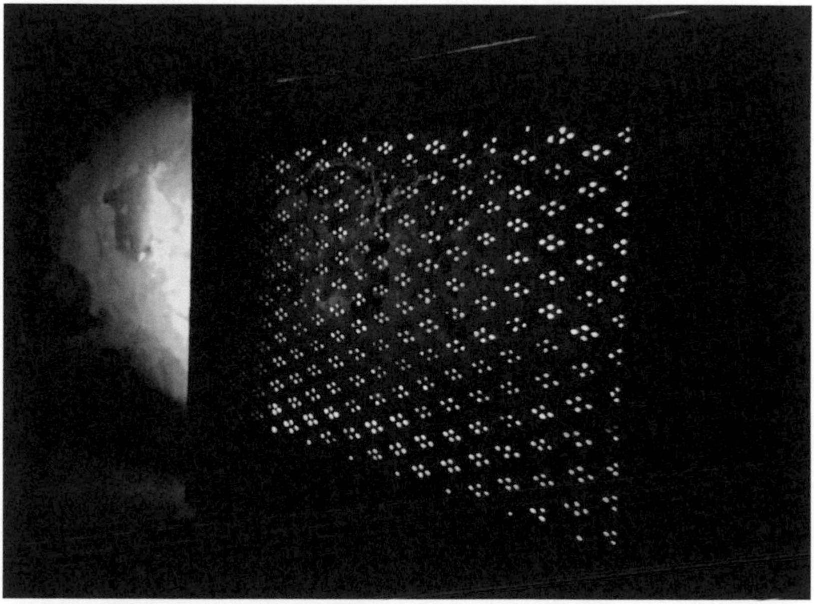

二號銅車馬的車窗透過的時光（攝影：趙震）

歎：「兩千年前的車廂內是否也有這般光景？」

偏愛二是車茵，車廂內坐臥的墊子。兩車等級不同，車茵有差別。二號車後室車茵，外形就像一個厚墩墩的褥子，沒錯，就是褥子。四周圈有彩繪圖案，和南方戰國至漢代墓葬中出土的織物一模一樣。四角窩邊的方式，就像手工縫製的被子。四角平正，邊線服帖，兩邊留出的白邊寬窄一致。

偏愛三是飛軨。車軸外面懸吊的銅片，象徵織物飄帶。升龍飛軨，「廣八寸，長注地。左畫蒼龍，右畫白虎，繫軸頭」（《周禮訓纂》）。車馳馬奔時，飄帶輪番飛舞，這就是「風馳電掣」了。織錦上的紋樣也隨風而旋轉變化，這就是「金鳳凰」了。西漢時期，霍光有一輛豪車，因為有金鳳凰從車轄上飛出飛回，勾引得漢宣帝只要出遊就去「蹭車」。後來宣帝去世，鳳凰飛去不知所至。所至，其實就是今天我們買新車時繫在輪轂上的紅綢。

銅車馬涉及的內容太多，有些我不懂，但是我會告訴大家：袁仲一老師說過，發掘期間他和夥伴住在窩棚裡一個多月。兩輛銅車及附件共有三千多塊大大小小的碎片，吳永琪先生參與了修復，歷時八年時間完成，成果獲國家科學技術進步二等獎。某種程度上說，銅車馬比兵馬俑更貼近皇帝。

05 帶著兩河文明氣息的銅水禽

青銅水禽陪葬坑位於陵園圍牆外，與兵馬俑陪葬坑一樣處於陵園第四層次的地位。編號K0007，二〇〇一年至二〇〇三年發掘。共清理出土彩繪青銅水禽、箕踞姿和跽姿陶俑以及假指甲蓋等與樂器有關的骨器和小銅器二百六十餘件[1]。

其中水禽有天鵝、鴻雁和仙鶴三類。這些水禽分布在一條模擬小河的兩岸台地上，有的在覓食，有的在小憩，動作各異，但頭部都面向中間的河道。河道中甚至曾有水，稀泥上留下了也許是後來闖入者的腳印。

仙鶴最爲引人注目。它長喙、曲頸、羽翼豐滿、雙腿修長，嘴裡還銜著一個青銅製成的小魚，水中覓食的瞬間活靈活現。羽毛纖微畢露，兩隻細長鶴腳支撐起沉重的鶴身。底座上裝飾著雲紋，表明這只仙鶴正停駐在白雲之巔。

所有水禽以及附件的成分均爲銅錫二元合金，含量非常穩定，含錫量在九到十二％之間，含鉛量均小於一％。製作成型工藝以鑄造爲主。

同一地點的多件器物，同一器物的不同部位、附件，其用料、製法如此高度一致，以往並不多見。二元合金，中國傳統；製法一致，管理統一。

這讓我想起了一件事。我曾經從一號坑上千枚銅箭鏃中挑了幾枚送檢測，結果是合金成分不一，製作工藝不同。鏃頭和後面接箭杆的鋌，含錫量浮動在四・一到十一・三％之間；一件帶鋌箭鏃爲銅錫鉛三元合金，鉛含量爲四・六％；兩件帶鋌銅鏃爲銅錫合金，頭和鋌都含有一％左右的鉛；兩件鏃鋌基體爲銅錫二元合金，不含鉛；三件鏃頭外形相似，一件與箭杆整體澆鑄，兩件分別鑄造再接鑄成一體。這樣看，兵馬俑坑還是秦始皇的最愛嗎？

秦始皇身上被貼了「好戰」的標籤。看到這些仿生銅鳥，人們又開始爭論：這麼一位擅長並熱衷動武的人，爲什麼會設置一處閒適的場所？

箕踞姿陶俑（攝影：趙震）

銅鴻雁嘴部

於是開始腦洞大開。仙鶴、長壽鳥，秦始皇癡迷於長生，派徐福帶領三千童男童女遠赴東海蓬萊、方丈、瀛洲尋找長生不老仙藥，經常出巡尋訪仙人。生前求仙未成，死後寄望於進入仙境，青銅鶴依託了秦始皇的「仙人夢」。

作爲一位帝王，秦始皇採用的喪葬禮制是國家和個人兩方面的結合體。既要遵循國家管理體制，包

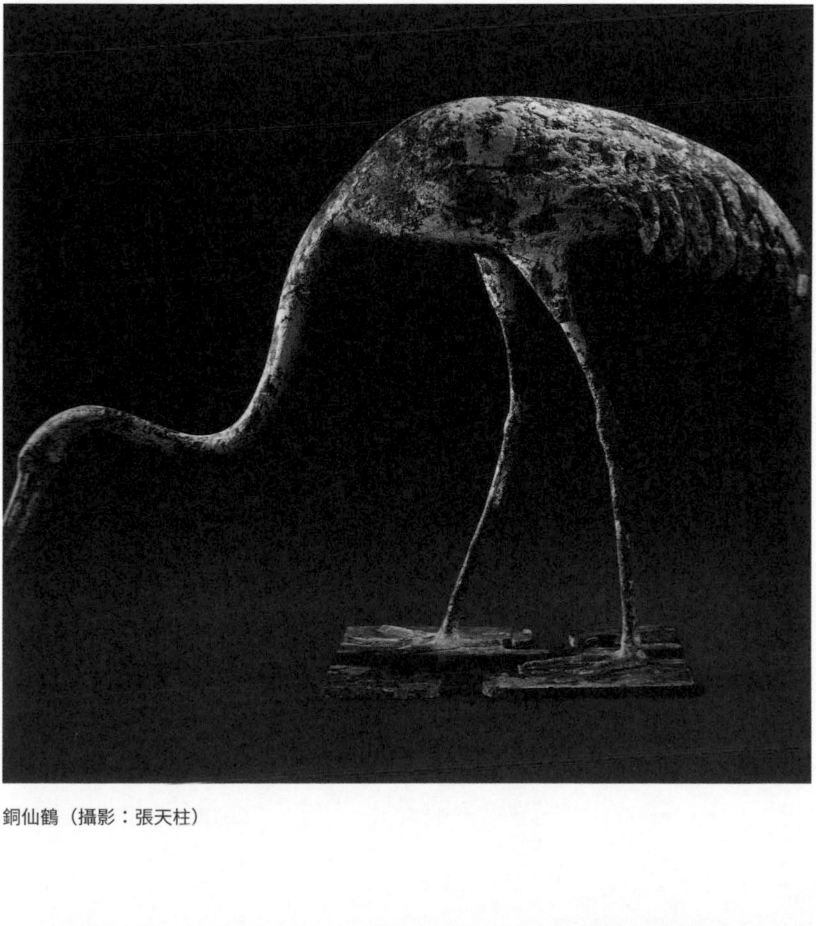

銅仙鶴（攝影：張天柱）

含服務於這一體制機構的人和物，又要最大化地滿足他個人的設想，比如地上王國有上林園囿、蘭池水景公園，地下世界就有水禽陪葬坑。

進一步的研究結果，讓人意外。水禽上有「補丁」。這種銅片鑲嵌補綴的工藝，據中國冶金史專家所知，國內很少有，反而是在西元前六世紀至西元前五世紀的埃及、希臘和羅馬等地中海地區的青銅雕像上更廣泛存在，最早源於美索不達米亞平原的兩河文明[2]。

兩河文明意爲「兩河之間的文明」，是指在底格里斯河和幼發拉底河流域的西亞地區，最早的以許多城市爲中心的農業社會文明。水禽身上竟然帶著異域氣息，秦始皇陵的奇蹟中竟然有舶來品。

那又如何？單說金屬技術，秦人的複合

金怪獸（陝西歷史博物館藏）

銅劍、三叉護手劍，血統都不純。西風東漸，在春秋時期的鳳翔雍城已很普遍。陝西歷史博物館展廳裡有雍城遺址的兩件「金怪獸」，形似虎，但長著羊角、四蹄，身上還有雙翼、卷尾。沒有可以和這個形象對應的動物，所以叫「怪獸」。

如果帶它出國去認親，長有山羊犄角、帶有雙翼的波斯式格里芬和它是近親。格里芬作爲西方造型藝術中的神獸，最早出現在西元前三千年的兩河流域，淵源來自蘇美爾、埃及、亞述以及古希臘的天神。西方天使安琪兒、丘比特都有翅膀；中國神仙七仙女、月老騰空得乘雲駕霧。

文化交流的互動、吸收、借鑒，不一定是從秦始皇時期開始；但融合、開放，秦國在發展的道路上一貫如此。

1 陝西省考古研究所、秦始皇兵馬俑博物館：《秦始皇陵園K0007陪葬坑發掘簡報》，《文物》二〇〇五年第六期。

2 邵安定等：《秦始皇帝陵園出土彩繪青銅水禽基體材質分析及相關問題研究》，《考古與文物》二〇一六年第一期。

▲文官俑（攝影：劉芃）

06 秦始皇地宮何時挖

秦始皇陵園內的陪葬坑，石鎧甲坑、百戲俑坑、馬廄坑、文官俑坑，個個精彩，各有學問。有人說，陪葬坑都如此精彩，地宮的各式寶物可不得亮瞎人眼，不趕緊挖開，還待何時？

秦始皇陵地宮不能開挖。不論是以科學研究爲目的，還是出於貪念和獵奇，開挖帝陵無異於殺雞取卵。

自從明十三陵之一的定陵開挖之後，國家下達了關於帝陵禁止挖掘的嚴格命令。一方面是考古發掘和後期保護的技術問題。文物資源不可再生，地下陵墓挖一個少一個，無論技術發展到哪一步，無論發掘者水準多高，發掘的行動都要再三斟酌。

中華民族的歷史一脈相傳。放眼四海，挖祖墳都不是值得讚揚的好事。世界四大文明古國之一的古埃及，擁有衆多帝王墳墓金字塔，對考古學家和探險家有著長久不衰的誘惑力。但是發掘金字塔的早期考古學家多來自殖民時代的西方各國，比如一九二二年英國的霍華德．卡特，發掘了埃及新王國時期的法老圖坦卡門墓。陳列在歐洲國家的很多博物館的古埃

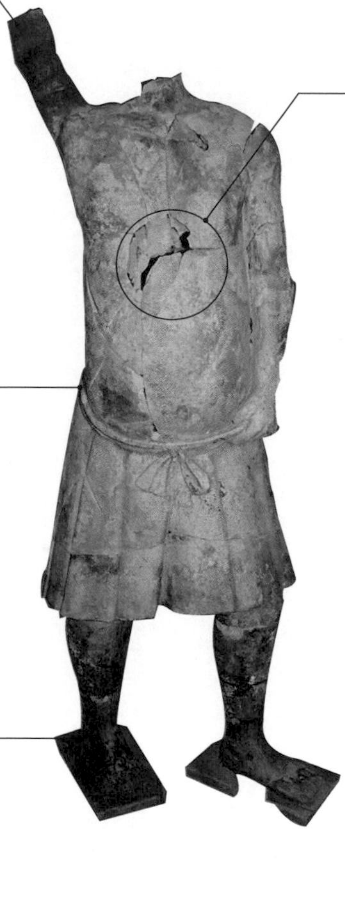

百戲俑（攝影：趙震）

及木乃伊，某種角度上說是殖民主義掠奪的成果。

不發掘或儘量少發掘，是目前國際遺產保護的理念。中國是國際古跡遺址理事會成員國，要遵守國際公約。不發掘，是不是就不能揭開諸如金字塔、秦始皇陵之類的地下謎團？考古學是根據古代人類遺留下來的實物研究歷史，有各種取得實物的手段。繼一八七二年迪克生進入胡夫金字塔內部之後，一九九三年德國工程師登布里克設計了一個小巧的機器人鑽了進去。機器人安裝的夜視攝像頭，就像微創手術的內窺鏡，不再需要對金字塔開膛破肚。同樣，要了解秦始皇，了解秦國，沒必要把地宮打開。借助遙感和物探技術已經明確，地宮就在封土堆下，總面積四一六〇〇平方公尺，相當於五個國際足球場大。幽深的墓室自深約二十六公尺，至秦代地表最深約爲三十七公尺。倒金字塔形的深坑內有石質墓室，有水銀，有石頭牆，有排水渠，甚至不同台階上建有房子。

科學技術日新月異，九天攬月的中國夢早已實現，想知道秦始皇地宮的神祕又何止開挖一條路呢？耐心點，未來一切皆有可能！

我沒有參加過秦始皇陵園內的考古工作，多說露怯。對這裡的工作，權威學者是已故的西北大學教授、秦始皇陵考古隊原領隊段清波先生。他曾在中央電視台講過十六集《秦陵・塵封的帝國》節目，有《秦始皇帝陵園考古研究》等著作。在自知生命已經進入倒計時的三年裡，段先生和死神賽跑，通過「社會治理體系、宇宙觀、核心價值觀」的研究範式，試圖理解秦帝國這個時代。他是一位英雄。

秦始皇陵園是一座地下寶庫。

不同的陪葬坑代表不同的政府機構及設施，這些陪葬坑在空間、規模、內涵等方面的差異反映了它所代表的各個政府機構及設施在等級、功能及其與皇權之間關係的不同，是秦帝國中央政權各類機構運行機制保留在地下的眞實的、簡要的注解。

關鍵是，這些由秦始皇創造的規制被後代廣爲繼承。

第八章

咸陽城迷霧

陵隨都移。《史記・秦本紀》載：「（孝公）十二年，作為咸陽，築冀闕，秦徙都之。」秦始皇建立帝國之後，開始大興土木，擴建陵墓的同時，也擴展著都城咸陽。詩云：天子曉御咸陽宮，樓閣高低復道通。

作為從王國到帝國的心臟，咸陽城見證了秦族的巔峰時刻。這裡有秦始皇留下的足跡和一個完備國家整體的印記。

也許想要了解秦始皇，了解秦帝國，應該回城。

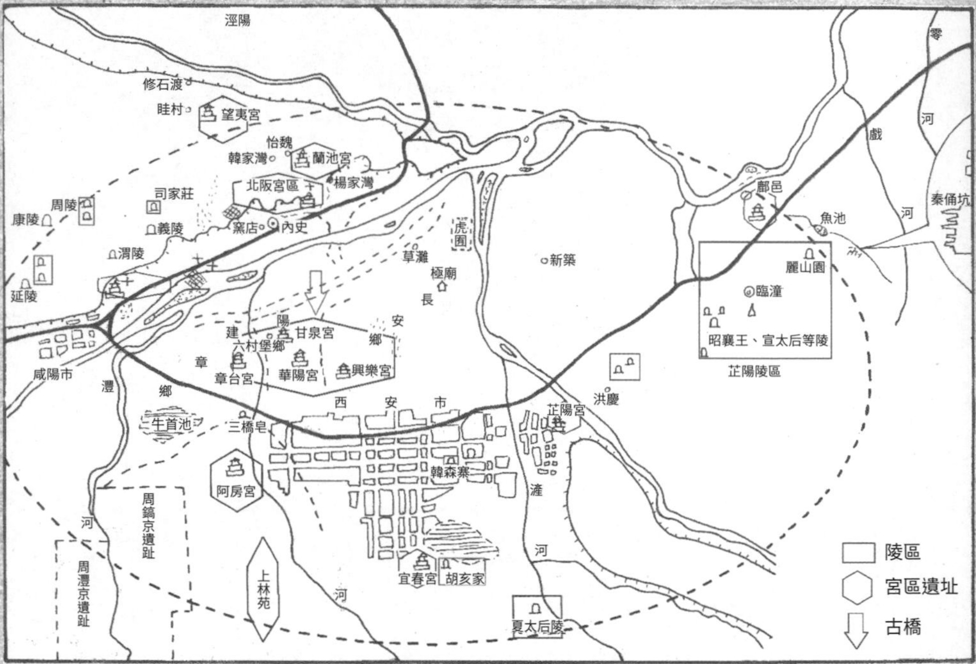

▲咸陽城範圍示意圖*（繪圖：狄明）

＊ 據王學理《秦都咸陽》第六八頁改繪，陝西人民出版社，一九八五年。

01 咸陽城，我來了

西元前三五〇年，秦孝公嬴渠梁任用商鞅開始變法。在廢井田、開阡陌和獎勵軍功之外，於次年從櫟陽遷都咸陽。至西元前二〇六年子嬰降劉邦，咸陽爲都共歷九世一百四十四年。孝公之後的八位業主，分別是惠文王駟、悼武王蕩、昭襄王稷、孝文王柱、莊襄王異人（楚、子楚）、始皇政、二世胡亥和子嬰。

咸陽城位置在哪？文獻說山南水北。從風水上說，這樣的地方皆屬陽性。某網路搜尋引擎說，咸陽城在渭河北岸的咸陽原，今咸陽市區東十五公里的窯店鎮附近。前者太籠統，後者太狹隘。

咸陽城的概念，狹義所指是在咸陽原上南、北都向陽，今咸陽市東十公里的窯店鎮周邊。西南有以製陶爲主的手工業作坊區；東北高處是宮殿分布區；西北有秦公王陵，市區周邊密布平民墓葬區。

廣義所指包括渭河南、北廣大地域。渭河之南，秦宮漢葺成爲西漢長安城的一部分，屬於今西安市西北；渭水之北，西漢時期一部分爲渭城縣，一部分爲帝陵及陵邑，屬於今咸陽市渭城區，近年改入西咸新區秦漢新城。加上芷陽東陵區、神禾原南陵區，幾乎涵蓋了今西安和咸陽兩市。由於沒有城牆，整體都城四至的大範圍以虛線畫框。

沒有城牆，範圍線只能是虛線。從一九五九年渭水調查隊第一次開始進行考古調查，咸陽城考古工作已經開展了六十年。六十年一甲子，咸陽城還是虛線框，面貌仍然撲朔迷離，不能不說有點尷尬。

咸陽城考古難做。準備去咸陽城考古隊之前，我惴惴不安地向袁仲一先生辭行。先生沉默起身，找出厚厚一冊《秦都咸陽考古報告》，只說了一句話：「裝在籃子裡的都是菜，一定要注意收集資料。」

從頭開始，慢慢來吧。

二〇一四年四月二十五日，帶著發掘報告，申先生送我上崗。考古工作站在窯店鎮牛羊村，紅漆鐵門鏽跡斑斑，連塊招牌也沒有，三條狗警衛抬頭衝我吠了一聲，便再也懶得動窩。「好好待著吧。」申先生撂下話揚長而去，我獨自開啟讀書模式。

發掘報告之外，和咸陽城有關的簡報、研究文章不少[1]。此類讀物都是田野考古資料匯總，把考古遺存轉化爲考古學文獻，記錄古代遺址、墓地的形成過程，也記錄考古者揭示、認識、解釋的過程，很多資料羅列，文字枯索嚴謹，不可能令人愛不釋手。無問題狀態下閱讀考古報告，估計很多人做不到，我也一樣。

撤。我想靜靜。

五月十七日，我帶許廣健同學返回。小許是河北人，剛從文博職業學院畢業，腿勤、好動。白天我倆野外跑，熟悉環境；晚上他侍弄逮回來的野兔崽，我讀發掘報告、寫日記。日記扉頁寫的是：Fighting！

1 陝西省考古研究所：《秦都咸陽考古報告》，科學出版社，二〇〇四年；王學理：《咸陽帝都記》，三秦出版社，一九九九年。

02 為了回家而不停遷都

咸陽城的選址和建設，如秦始皇陵一樣也需要考慮動因和建設階段。

遷都選址是多種因素影響的結果。政治需求、經濟、地理形勢「形勝」，各有道理[1]。問題是爲何最後落在窯店鎮這個具體的點？

咸陽之前，秦人屢次舉國搬家，所謂「九都八遷」。先後跨越甘肅、陝西兩省。西垂（犬丘）、秦邑、汧城、汧渭之會、平陽、雍城、涇陽、櫟陽，終於在咸陽完成全國統一。

秦人不斷搬家的原因，學術界一般的觀點認爲，第五個都城平陽之前，是爲了生存，站穩西部，尋找立足點和發展根基。第六個都城雍城之後，到涇陽、櫟陽階段是爲了鞏固實力、控制關中，與強晉抗衡。至咸陽則開始了其囊括四海的大征伐。尤其是秦始皇這位戰爭狂魔，透過不斷東征達到了統一天下的預期效果。

以軍事戰爭的視角來解讀前因後果對不對？德公遷都雍城，占卜結果是子孫將來可以「飲馬於河東」。河即黃河，德公聞此自是大悅，心想後代日後進軍東方定是天意。秦公本人眞這麼想嗎？如此高瞻遠矚？

對這些問題的解釋，仁者見仁智者見智。我想所謂東征不如說是東歸。中國人有非常強烈的族群認同感，爲了族群內部的維繫，增加凝聚力，顯示自己和異族人的不同，經常會選擇聚族而居、同族而葬。舊有習俗修族譜，給孩子起名得查族譜按輩分，皮特、彼得不能隨意叫，就是強調族群的概念。

秦族是華夏一脈，祖籍在今天的山東。西周時期在西陲養馬，與戎狄雜處，近同流放。比起「東征」一說，從族群構建的角度看，因「東歸」而不停地遷都更說得通。

經濟和社會地位稍微有點好轉，拿上周天子贈送的車票，他們啟程了。從甘肅天水地區翻越隴山進入陝西境內，先後在寶雞地區四處地點落腳。

今寶雞市鳳翔縣內的雍城爲都時間最久，稱得上是秦國的「聖都」，地位不亞於咸陽城。三百年間先後有十九位秦公在此厲兵秣馬，秦穆公時期更是打遍西戎無敵手，逼得中原諸侯國不得不接受他們重返大家庭。

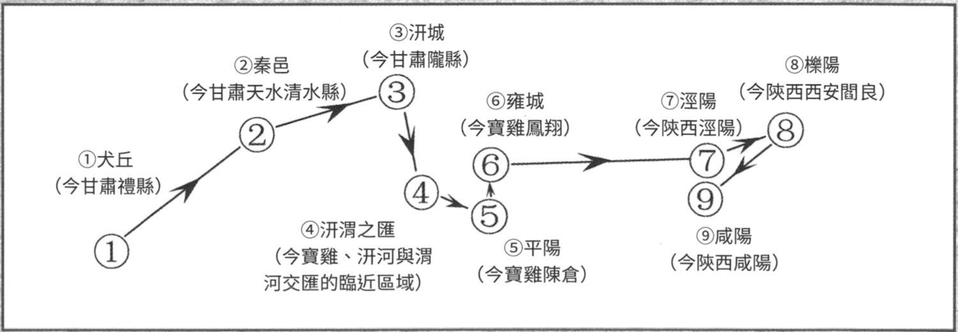

九都八遷圖（繪圖：狄明）

考古復原的雍城，縱橫水系穿城而過，臣民近水而居，城內有寬闊的地域可供種田。即使久被圍城也照樣有吃有喝不會受困。宮殿建築上使用大型青銅構件「金」套在木柱、木樑的兩端，既能起到加固的作用，又有美觀的效果。如果木頭塗色，就眞的是詩詞中說的「玉杵餘丹，金刀剩彩」了。

各個宮殿雕樑畫棟的絢麗和穩固，驚呆了戎狄國派遣的造訪者由餘。雍城西北郊外的雍山上，環溝、壇、壝、場、道路、建築、祭祀坑組成的秦漢兩朝國家大型祭天台，早於北京天壇兩千餘年。嬴政成人後正式執掌朝政，舉行大典儀式還得回雍城。

雍城經營了三百年，依然沒有打消他們回家的願望。異鄉再好不是家，他們心中的家在河東。按照一路向東的路線，又搬家到了涇陽、櫟陽、咸陽。人在囧途狀況頻出，七十年後，從東邊的櫟陽又退回到西邊的咸陽，沒能繼續東行。很多人都說是因爲東邊遇到以晉國爲主的阻力，除此之外是否還有其他原因呢？

三處新都選址，櫟陽「北卻戎狄」，咸陽「北倚九嵕」，都與北方有關係。今咸陽原窯店鎮向北直行可入九嵕山，即北山，北山沿線現涇陽縣口鎮附近有大量秦漢遺址，有可能是秦涇陽城的舊址；再向北，有秦始皇所修建的直道、蒙恬所築的長城；這些點可以南北連成一條直線。上線者，西北部有義渠戎，正北是林胡，再外圈即長城一線爲早期草原民族的雜亂聯盟。

三股勢力擰成的洪流從北部正在向秦國撲來。尤其是近鄰義渠戎，勢力中心在今甘肅慶陽市下轄的寧縣一帶，對秦國來說更是釘在心口上的楔子，若隱患不除，有可能被斬斷了後路。題外話，慶陽是我的第二故鄉，後面還會有這個地方的一些考古故事。

望夷宮是咸陽城最北邊的一座宮殿，指鹿為馬的故事就發生在此處。

秦末趙高把持朝政，二世完全被架空，只得在望夷宮醉生夢死。面對趙高顛倒黑白，非得指著拉車的鹿咬定是馬，大臣們保持緘默，甚至隨聲附和：「丞相說得對，這就是馬。」望夷宮在涇河南岸，是咸陽城了望北山區域的前哨，這個宮殿取名意思直截了當：夷，我要盯著你，別瞎折騰。

1 徐衛民：《秦都咸陽的幾個問題》，《咸陽師範專科學院學報》一九九九年十月總第十四卷第五期；徐衛民：《秦都城研究》，陝西人民教育出版社，二〇〇〇年；王子今：《秦定都咸陽的生態地理學與經濟地理學分析》，《秦都咸陽與秦文化研究》，陝西人民教育出版社，二〇〇三年。

03 天境與人間帝宮

確定了選址，咸陽城開始規劃。規劃宗旨據說貫穿「法天思想」「象天設都」。宮殿、交通一系列設置仿照天境，天空中的星宿投影到地下，渭河與銀河、帝宮與紫薇星宿、架橋與牛郎織女相會的鵲橋，相互呼應。

從最初《史記》寥寥數語，到今天能檢索到的各種記載[1]，法天思想雲山霧罩，越說越具體，越說越玄乎，和秦始皇陵選址貪戀藍田美玉是一個套路。

「法天思想」的城市設計理念，最早是春秋時期的越王勾踐提出的。勾踐和吳王闔閭打過仗，闔閭被殺，兒子夫差又替他報仇逮了勾踐。勾踐臥薪嚐膽重振越國，命大臣范蠡觀天象，準備按照天上紫宮星宿築建宮城[2]。考古沒有發現勾踐王城，傳說的情況是否屬實不可考，不過范蠡和西施泛舟五湖的愛情故事倒傳爲「佳話」。

按照西周禮制總綱，天子王城和諸侯國都城都是正方形。王城「方九里」，面積約十三·九平方公里；諸侯國都「方五里」，面積約四·三平方公里；其他次一級的卿大夫封邑或小的國家規模，面積只應是王城的五分之一和九分之一。以九、五這兩個數字確定標準，迎合「九五之尊」，超過了就是僭越。城市道路九縱九橫，路寬分級，市內寬，環城窄，城郊更窄。最寬的東西道路經塗九軌，並行九車道。

東周王城在洛陽，城呈方形，面積逾九平方公里；山東曲阜魯國故城，平面不規則，接近長方形，總面積約十平方公里。考古發現東周時期列國都城面積相差懸殊。整體外貌不一，有的國郭城大，圈圍小宮城；有的郭城和宮城並列甚至是舊城不廢，又建新城。可見周禮是理想化的規定，不僅是葬禮，五禮中的其他內容也會酌情而變。

城池建設一定受思想意識的影響。影響有多大？總抵不過政治、經濟、軍事、地理等自然條件和人力所能等方面。

法象莫大於天地，天地有尊卑，故人有貴賤，人道本乎天道，天地相應、人神一體。

（《周易》）

天地有尊卑，世人有貴賤，人道要遵從天道，天地相輔相成，人神合爲一體。法天思想再厲害，地上的現實情況不允許，咋辦？現實情況可行就是天意。附會天意，上嘴唇碰下嘴唇敞開說，這方面還是管子說得更實在：城市不必方方正正，道路可以不筆直；面積要足夠大；地勢不要太高，以免用水困難；不能靠河邊，有水患[3]。

隨情而變是人類取勝的祕訣，遇水架橋、逢山開路、逆水行舟、推石上山，秦國發展道路是如此，秦都建設過程亦是如此。

孝公初建咸陽城，先在渭河北部紮下營盤。從第一代業主秦惠文王開始，渭河北岸地皮面積不足，向南走；河礙事，建橋；房子不夠用了，擴建。建設首都副中心，興樂宮、甘泉宮、章台宮，一座座宮殿拔地而起。地產發展了，四通八達的路網、水網也得考慮，「煎餅」越攤越大，一步步慢慢來。

退一步講，秦都咸陽城規劃即便有法天思想，也不早於秦始皇人生的最後十年。經過六位業主「攤煎餅」，歷時近一百三十年的咸陽城建設還沒定型？

德不配位，必有禍殃。定型的咸陽城，屬西周諸侯國配位，再大也超不過十幾平方公里。兼併戰爭結束後，咸陽城成爲帝國中心，德行升格，地位升格。帝國級別的地位，如何定格相關配置？秦始皇必須拿出方案。

秦始皇並沒有完全改弦更張。城北，宮殿小，擴建，每滅一個諸侯國，仿建一座該國的宮室；城南，改信宮，新建朝宮阿房宮。擴建、改建、新建，是他的三步棋。

三步棋得有理論依據。最高祭祀用房的極廟，象徵天空的最遠端天極；阿房宮對應二十八星宿之一的室宿；建立交，建閣道，建快速幹道。終南山的缺口如「闕」，爲南大門，咸陽原上的北宮象徵天帝居住的紫微宮，渭水好比銀河，天帝可以從天極也就是極廟而出，經過閣道，橫渡天河而達於紫微宮、阿房宮。

有關咸陽城的事，以《三輔黃圖》演繹版本最精彩。此書最大特點是「三無」。作者、成書時間、爲何失傳、今本又是由誰纂輯，甚至原書名何意，一概不知。

《三輔黃圖》開始記錄西漢長安城是「斗城」。漢長安城是秦咸陽城的新區，秦宮漢葺，劉邦維修了已有的宮殿，大部分建築利用秦宮改、擴建，西漢王朝換湯不換藥。西漢第二代皇帝惠帝劉盈時期，立足既成事實修築城牆，圍出一個平面不規則的城。除東城牆以外，其餘三面城牆多有曲折，特別是北牆、南牆最爲突出。東牆之所以沒有曲折，因爲它是沿長樂宮的東牆規劃，與宮殿平行，南北伸延。

漢長安城所在是關中平原上地形最爲平坦的一塊，有地理優勢[4]。渭河南部的地形特點東南高、西北低，發源於秦嶺北麓的河流大都呈東南、西北走向，注入渭河。河流把平原切割成爲東南——西北向的長條形。漢長安城除未央宮和長樂宮位於龍首山上以外，其餘大部分都坐落於龍首山北麓。再低的地方靠近渭河，地下以沙子爲主，不能做房屋地基。這些實際是秦咸陽城南區選址的地理因素。

二〇一四年一月六日，國務院批復設立國家級新區西咸新區，轄區內房地產項目紛紛上馬。然而新城總規劃面積三〇二平方公里，其中建設用地五十平方公里，文物遺址保護區面積一〇四平方公里。這些遺址以秦都咸陽城、西漢帝陵爲主，新城也因此命名爲秦漢新城。文物保護區夾縫中的房地產開發前提，是必須遵守文物保護的底線。新建設中不僅夯土包不能挖，維持歷史風貌也是文物保護法的要求。

「現在人們的生活好了，就有改善住房的剛需。我們蓋高樓大廈、高檔社區，是想再造一座理想新城。」一有全國知名房地產企業的小負責人，希望我別再阻攔工程進度。

我回答說：「那也得想想這有沒空地。而且再造一座理想城，也大可不必中規中矩，道路不必筆直如繩。」我轉述管子城市規劃理論，管子的同門晚輩商鞅曾經在咸陽城威風凜凜、叱吒風雲。我又介紹了秦始皇建設新城的三步棋，不知道有沒有人能聽、能懂、能採納。

1 《史記．秦始皇本紀》：二十七年，焉作信宮渭南，已而更命信宮為極廟，象天極。三十五年……先作前殿阿房……周馳為閣道……為復道，自阿房渡渭，屬之咸陽，以象天極閣道絕漢抵營室。《三輔黃圖》：始皇窮極奢侈，築咸陽宮。因北陵營殿，端門四達，以制紫宮象帝居，渭水灌都以象天漢，橫橋南渡以法牽牛。《水經．渭水注》：秦始皇作離宮於渭水南北，以象天宮。

2 《吳越春秋．勾踐歸國外傳》：於是范蠡乃觀天文，擬法於紫宮築作小城，周千一百二十二步，一圓三方。

3 《管子．乘馬》：凡立國都，非於大山之下，必於廣川之上。高毋近旱而水用足，下毋近水而溝防省。因天材，就地利，故城郭不必中規矩，道路不必中準繩。

4 徐衛民：《漢長安城形狀形成原因新探》，《福建論壇（人文社會科學版）》二〇〇八年第二期。

04 項羽沒燒阿房宮

「基建狂魔」秦始皇擴建宮室之舉，以渭河之南的阿房宮最著名。這塊地界兒本來就屬於皇家，是後花園上林苑。作爲帝王威嚴的象徵，阿房宮與秦始皇陵成爲帝國時代的兩項「國家重點工程」。

新宮的規模大得不得了。前殿能容一萬人，廣場站十萬人不成問題[1]。一部分修陵，一部分修宮，兩個工地先後調動七十萬人次。相對而言，修陵進展快。待驪山「大事畢」，秦二世二年（前二〇八年）冬天，天下大亂，資金鏈斷裂，修宮陷入僵局。

「陛下，先停工緩建吧。」左、右丞相去疾、李斯一幫子文人聯合將軍馮劫向二世提議。二世很不爽：我做皇帝兩年來，你們無功無勞。阿房宮工程是我爹生前未竟事業，你們還要叫停，對得起我爹嗎？對得起我嗎？要你們幹啥，「殺」。話音未落，政局驟轉，西元前二〇七年，秦二世自殺。滿打滿算，阿房宮的修建只有短短的四、五年，秦始皇的麗山園未建成，阿房宮也成了爛尾。

阿房宮的半拉子工程沒人接盤。《漢書．東方朔傳》記載，漢武帝把「阿城以南」的土地擴入上林苑。《十六國春秋》記載，前秦苻堅在阿城種植了很多梧桐樹。《舊唐書・高祖本紀》記載，李世民入關也曾駐兵於阿城。

阿房宮的名氣是唐代詩人杜牧捧出來的。一篇《阿房宮賦》，從建設取材、建築規模、外觀風貌到週邊交通、宮內人物活動……有景、有物、有人、有事，熱鬧非常。賦文結尾，杜牧感慨道：「楚人一炬，可憐焦土！」這麼宏偉壯麗的宮殿建築群，被項羽的一把火燒得乾乾淨淨，實在是可惜！

土被火燒過就會變得又紅又硬，考古稱爲「紅燒土」。使用火標誌著人類不再茹毛飲血，從而成爲人，考古發現，燒土有時可比發現金銀器物更重要。二〇一九年在陝西秦嶺舊石器時代的洞穴裡，考古發現了距今約一萬五千到三萬年的紅燒土火塘，甚至確定用火時間最早在距今約五萬到七萬年。秦嶺深處有人家，陝西歷史悠久可見。

渭河以北的咸陽宮殿，經考古發掘，確實發現

秦・虎雁紋瓦當（陝西歷史博物館藏）

漢・萬歲瓦當（陝西歷史博物館藏）

了大量的灰燼和紅燒土，證明項羽確實縱火焚燒過秦宮室。西漢末年的漢長安城也被綠林赤眉軍燒過。考古發現遍地都是紅燒土，長樂宮遺址堆積尤其厚，殘存木柱全變成了黑炭。如果阿房宮眞的發生過「縱火案」，考古過程中一定能發現灰燼和紅燒土。然而並沒有。

再來看，瓦當是一種陶質的建築材料，與屋頂覆蓋的半圓形筒瓦相連保護木椽頭。戰國時期大量使用圓瓦當。久負盛名的秦磚漢瓦的「瓦」，所指即瓦當。瓦當製作精美，整齊排列，組成了屋簷下一道風景線。高等級建築遺址必有瓦當，如果阿房宮眞的建成，考古發掘肯定能發現。然而並沒有。

遺址中根本不見火燒的土層，火燒阿房宮沒有證據；發掘中沒有見到高等級的建築材料瓦當，說明阿房宮遺址上沒有大的像樣建築。阿房宮考古領隊李毓芳老師介紹工作經過時說：「幾個發掘點，找不到對應的證據，我的血壓高到一百六，急的。」

阿房宮根本就沒建成，只有三面圍牆和部分台基，項羽此處縱火並沒有證據。

1 《史記・秦始皇本紀》：先作前殿阿房，東西五百步，南北五十丈，上可以坐萬人，下可以建五丈旗。

05 咸陽城建造的「天意」

中國人講究中心、中軸對稱。中軸是一條線，中心是線上的點。脊柱是人身體的中軸線，居中點有中樞穴，屬督脈。督脈不通，人渾身不暢。

朝堂是一個國家的中樞。按常理，新建阿房宮，秦始皇肯定要找一處高地，如此才能居高臨下彰顯氣勢，襯托統一王朝的偉大。他卻沒有按常理出牌。二〇一五年，中國社會科學院考古研究所劉瑞博士對外宣布：阿房宮台基下原本是一個大池沼。

這個發現意味著阿房宮開建之前，秦始皇先得派人處理池沼，改造原有水網，進行大量的地基處理。如此勞人費事，為何非要在一個不適於建設大型宮殿的地方，規劃和營建帝國的朝宮，是任性還是另有隱情？

劉瑞博士按照司馬遷給出的關鍵字，在地圖上從阿房宮北牆中部出發，開始了南北、東西兩條路線的解謎之旅。

南北行即向南直行到了秦嶺山灃峪口，向北直奔嵯峨山。灃峪口、阿房宮、嵯峨山，三點一線，總長七十九．三公里；直線上，阿房宮北距嵯峨山五十一．五公里、南距灃峪口

二十七．八公里，阿房宮至灃峪口相當於全軸線的〇．三五，接近黃金分割比例1。再繼續走，南接欽州灣口，北至內蒙古包頭。

據說起源於古希臘的黃金分割比例，竟然在秦帝國中樞阿房宮中出現；而欽州灣口和包頭，分別是秦帝國邊境線上的南海之濱與高闕。

東西行即向西直達汧河入渭河的河口，向東迎面與渭河入黃河的河口相遇。東、西旅程一個是一百三十五．六公里，一個是一百三十七公里。再走，西方終點是甘肅西和縣；東方終點是連雲港，分別是秦人的老家和文獻記載的國門東海上朐界。

原來，以阿房宮為原點，在秦國的版圖上有南北、東西兩條延伸直線，構成了咸陽城和秦帝國的「脊柱」，在軸線上阿房宮居中。

劉瑞博士解釋說：「阿房宮是當時人為的、具有強烈軸線意識的選址，這條軸線看來應該是秦始皇給統一後的秦帝國都城咸陽所定的軸線。」

阿房宮選址的大規劃，也許才是秦始皇時期咸陽城建造的「天意」。不用懷疑秦代是否有如此大範圍的地理測量水準。在秦始皇陵園，從陵園北門到地宮，再到驪山望峰，也有南北軸線，也許只是測繪圖方位和今天不一樣。現在地圖是上北下南，左西右東，中國古代地圖一般是上南下北，左東右西。插一句，因為這個傳統，電視劇《琅琊榜》主人公梅長蘇號稱江左梅郎，江左的意思就是長江以東。

漢長安城也有南北軸線，朝殿未央宮出發延長軸線，南有秦嶺山脈的子午峪口，北有漢

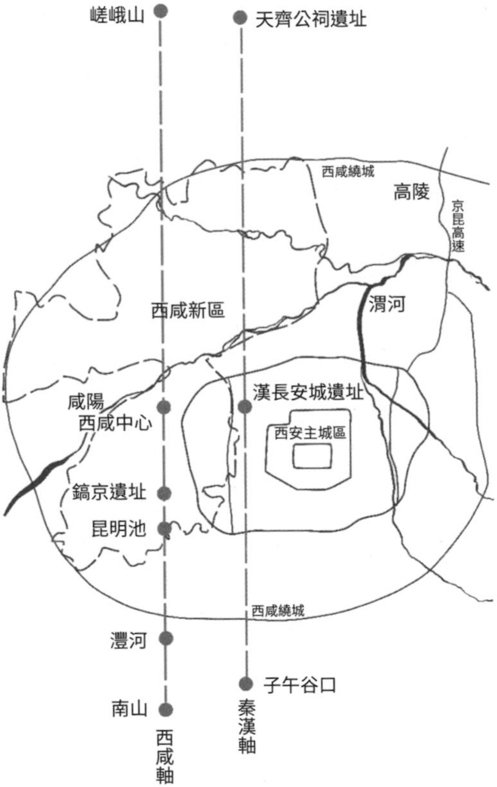

大西安發展規劃圖（繪圖：狄明）

高祖長陵、天臍，總長七十四公里。天臍即天地的肚臍，人爲有意挖成，從衛星地圖上看是一個圓形深坑，直徑約二百公尺，深度約四十公尺。據考古新成果顯示，這裡在西漢晚期可能還是一處觀測星象的地平式日晷，立表測影來實現時間的計數。

秦始皇陵之西，現在驪山腳下有中國科學院國家授時中心，北京時間準點報時即從這裡發出；在咸陽原東北涇陽縣境內，有中國大地原點，這是國家地理座標經緯度的起算點和基準點[2]。從秦帝國的軸線、漢代天臍坑到大地原點，從地平式日晷到天文授時中心，歷史就這樣在陝西跨過了兩千年。

兩千多年後，一份新西安整體發展規劃圖上，歷史的影子拖得很長。

1 黃金比又稱黃金律，是指事物各部分間一定的數學比例關係，即將整體一分為二，較大部分與較小部分之比等於整體與較大部分之比，其比值約為1：0.618，即長段為全段的0.618。0.618被公認為最具有審美意義的比例數字。

2 大地圓點整個設施由中心標誌、儀器台、主體建築、投影台等四大部分組成。高出地面二十五公尺多的立體建築共七層，頂層為觀察室，內設儀器台；建築的頂部是玻璃鋼製成的整體半圓形屋頂，可用電控翻開以便觀測天體；中心標誌埋設於主題建築的地下室中央。它在我國經濟建設、國防建設和社會發展等方面發揮著重要作用。

06 《阿房宮賦》內容不假

《阿房宮賦》是一篇文學作品，文中內容不可全信，也不可不信。依賦索驥，咸陽城的城市規模、建築形式、道路交通、被毀原因，甚至城內的生活場景，都可以一一對應。

覆壓三百餘里，隔離天日——從寶雞到渭南潼關，城區建築、遠郊離宮別館，規模真的很大；

驪山北構而西折，直走咸陽——都城東有芷陽陵區、南有夏太后陵園、秦二世墓；

廊腰縵迴，簷牙高啄。各抱地勢，鉤心鬥角——咸陽原上數十處高低錯落的夯土建築；

長橋臥波，未雲何龍？——渭河上架橋，如巨龍橫臥，天塹變通途。

二〇一三年，渭河故道屢禁不絕的盜沙使得大量木橋樁暴露出來，多家考古單位伴隨集結號聲，又一次開始了搶救性工作。在位於西安市灃東新城六村堡街道西席村北的沙堆下，他們發現了大量木質橋樁和一艘木船。橋樁分別屬於不同時期的五座古橋，橋體南北向，南一千兩百公尺左右為西漢長安城門之一的廚城門，西北六千八百公尺左右為咸陽原宮殿群。其中測年時代最早的一號橋正是咸陽為都城的戰國晚期。

古橋橋面寬十八．四公尺，合漢代八丈，相當於今天的四車道。根根樁與木樑、加固橋體的大石塊、河床北岸橫七豎八固堤的埽，被河沙掩埋了兩千餘年。它們曾經承接了大駕光臨的浩蕩車隊，也迎接過美貌的妃嬪媵嬙、落魄的六國王子皇孫。隨著渭河改道北移，宮車經過時如雷霆般的轟鳴聲漸行漸遠……

古渭河北岸用來固堤的埽

帝國大道發掘現場

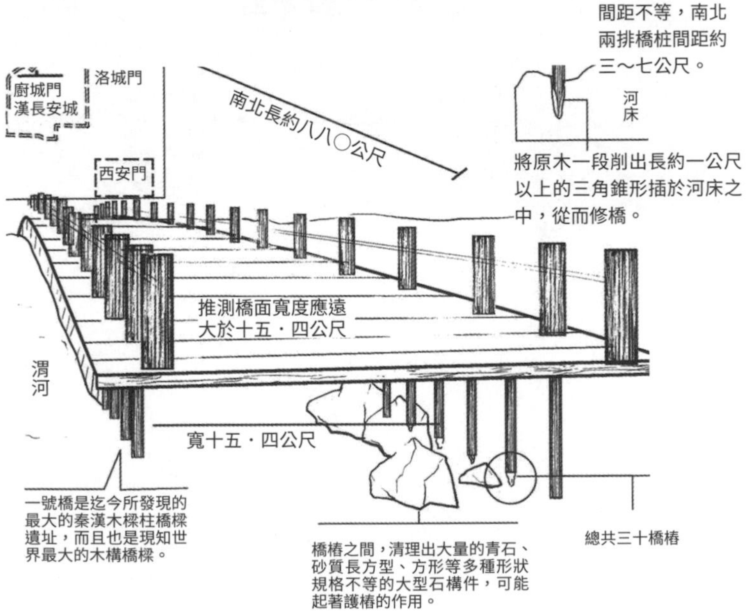
間距不等，南北
兩排橋桩間距約
三～七公尺。
河
床
將原木一段削出長約一公尺
以上的三角錐形插於河床之
中，從而修橋。
廚城門
漢長安城
洛城門
西安門
南北長約八八〇公尺
推測橋面寬度應遠
大於十五・四公尺
渭
河
寬十五・四公尺
一號橋是迄今所發現的
最大的秦漢木樑柱橋樑
遺址，而且也是現知世
界最大的木構橋樑。
橋樁之間，清理出大量的青石、
砂質長方型、方形等多種形狀
規格不等的大型石構件，可能
起著護樁的作用。
總共三十橋樁

廚城門古橋結構示意圖（繪圖：狄明）

橋的溝通作用對咸陽城而言，最初是連接南、北二區；再後到了漢長安城時期，成為對外交通線上的節點。漢文帝入京繼位大統、南匈奴單于歸順入京……重要大事常發生於渭橋之上，渭橋成為無可替代的交通樞紐。

從南宮過橋到咸陽北宮，還得有大路。

二〇一六年十一月二十六日，週六，近下午六點，我突然接到一個電話。

「你來看一下，這裡修路挖土，挖上來一些瓦片。」打電話的人是陝西文保有限公司的勘探技工。

速至現場後，我看到了秦漢時期的陶器殘塊、筒瓦、板瓦等建築材料，還有成片的「踩踏土」。這種土意味著有道路。由於車輛、人員的長期、反覆碾壓，車輪和人的鞋底又難免沾有各種汙物，就會形成瓷實、顏色黑、雜質多的土層。土層的結構像油酥餅，不成大片的層理，和建築夯打土不同。

我心裡一陣慌亂，手心有點冒汗。從修路地點向南眺望，是廚城門對應的古橋位置；向北望，咸陽宮殿最大的夯土高台建築近在咫尺。

事有點大。定定神，鼓足勇氣，我站在了挖掘機鐵臂前喊道：「師傅能停下來嗎？給我半個小時。」師傅熄了火，接過勘探工人遞上的香菸，回答說：「能行，你讓老闆給我打個電話，說一下耽誤的時間咋算錢就行。」

一通電話協調後，各方面人員在一小時之內聚齊。當日轄區停電，大家餓著肚子，借助微弱的應急燈光趕緊商議辦法。日記中，我記錄了咸陽市文物局龐聯昌副局長當時說的話。他說：「考古隊今天叫停施工，是給我們在止損，我們必須要把新建設對文物損害降到最低。」

咸陽城本身城市面貌複雜，考古工作又停滯多年，至今面臨的文物保護困境可謂冰凍三尺非一日之寒。考古人有時缺乏和建設者接觸的主動性；在文物密集區實施新城建設，有關部門缺乏文物保護的意識；具體建設者，因客觀上對文物價值的認識不夠，甚至主觀有逐利心理。慶幸的是，各方都在向良性的方向發展而努力，包括開挖掘機的師傅。

探班的申先生第二天在現場連連感歎：「太重要，太重要了。」接下來二十餘天，儘管因霧霾嚴重政府發文禁止進行野外作業，考古隊卻一直在「逆行」。形勢不等人，必須迅速開展搶救試掘。陝西文保有限公司賀建宏總經理也積極協助勘探。對於一家民企來說，積極協助，意味著勘探利潤空間縮水，還要承受一些抱怨：「瞞下來，啥事沒有，偏要告訴給考古隊。」

這是帝國大道。上、下疊壓的兩條道路，路面寬超過五十公尺，南北走向。多次修整，反覆利用。根據路面和路基墊土中夾雜銅錢和陶器殘片來判斷，道路為秦漢時期的。

文獻記載，秦始皇修建馳道（快速幹道），規定路面寬五十步，合六十多公尺，大約每隔七公尺種一棵青松，厚土鋪墊，用鐵夯捶打加固。現在發現的帝國大道，路面寬超過五十公尺，和老北京城的長安大街相似。路基使用沙、土摻雜的混合土夯打加固，不僅增大了路基的滲水性，乾燥環境下路面越發堅硬，完全符合行業標準。再和協助發掘的村民一聊，他們說從發掘的地點再向北有一條深溝，民間稱「官道」。

廚城門古橋、帝國大道連接了秦都咸陽南、北城區。再讀《阿房宮賦》，我的腦海中突然蹦出一個詞：地標。

人們提天安門能想到北京，提東方明珠就知道在上海。故宮、東方明珠是地標。那麼，在杜牧生活的時代，阿房宮不就是秦都咸陽城的地標嗎？

阿房宮沒建成，所謂項羽火燒是烏龍。秦始皇陵園的地面建築、兵馬俑坑在內的很多陪葬坑、咸陽北區宮殿處處可見的燒土和黑炭，對於整體城市來說「楚人一炬，可憐焦土」，杜牧沒說錯。

羅馬城不是一天建成的，咸陽城也是如此。最終，「咸陽宮闕鬱嵯峨，六國樓台豔綺羅。自是當時天帝醉，不關秦地有山河」。不論有沒有週邊的城牆，經歷了一百多年的營建，一座國際化大都市出現在世界東方。

第九章

咸陽城裡找人

秦始皇時期的咸陽城，作為政治中心對國內的影響力不用多說。但每當我和來訪者說咸陽城是一座「國際化」大都市的時候，很多人都笑。也許他們覺得我吹牛。

所謂一座城市的面貌，其實就是居住在城裡的人的面貌。無論是哪種影響力都需要人來實現。咸陽究竟是不是國際化大都市？先看看咸陽城裡的人。

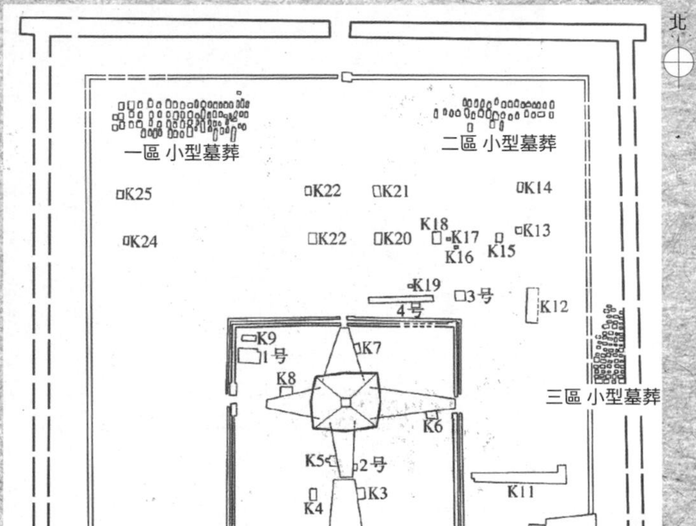

K：陪葬坑

1~5 号：地上建築

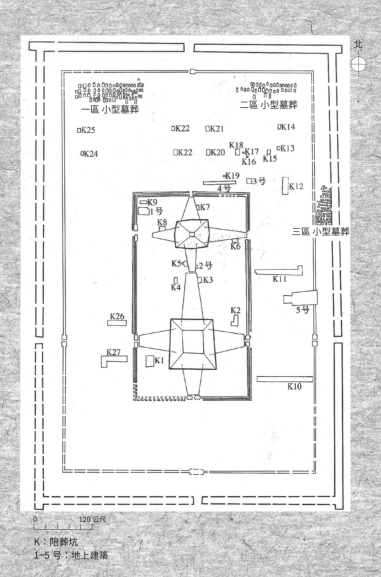

◀秦咸陽「周王陵」布局圖*（繪圖·狄明）

＊ 引自《咸陽「周王陵」考古調查、勘探簡報》圖三。

01 挖座秦陵行不行

尋找咸陽城裡的人，發掘墓葬是途徑之一。在咸陽原上級別最高的秦王公陵園有三處，分別位於今天的西咸新區嚴家溝、周陵、司家莊，總涉及範圍東西長近十公里、南北寬約七公里。

周陵鎮的兩座大墓，傳說是西周時期的文王陵和武王陵，清代陝西巡撫（相當於省長）畢沅曾親筆題書立碑。經過考古勘探，發現了內、外兩層牆垣、圍溝及門闕圍出的平面長方形陵園，圍圈裡有南北並列的兩座墓葬，四個方向都有墓道；南邊的一座規格大，封土外形覆斗狀，北邊的一座規格稍小，封土外形截錐狀；陵區邊緣有三組排列整齊的陪葬墓，靠近主陵分布有陪葬坑；此外陵園內還有地面建築[1]。這些情況不符合墓葬不堆墳包、不設標識的西周制度，與雍城、芷陽、秦始皇帝陵有延續性，所謂周陵實爲秦陵已經成爲共識。

城陵相依，陵隨城移。孝公遷都咸陽，死後葬地可能回到了咸陽之前的櫟陽城附近[2]，接下來按照輩分，咸陽原上的三座秦陵從早到晚的次序是惠文王（王后爲魏國女）公陵—武王永陵（王后回魏國）—孝文王壽陵（王后華陽）。畢沅所立之碑對陵主的認識不對，但具體哪座陵埋了誰，考古專家們你一言我一語也給不出結論。

爲了配合建設司家莊秦陵，有關部門曾組織過小面積發掘，有殉馬坑、圍溝、建築基址、墓葬和馬車坑，出土鑄銘「公」字的銅車軎，另外還有銅扁壺以及大量建築材料[3]。有學者根據僅有的發掘成果進一步推測此陵應爲悼武王永陵，「周王陵」應當爲孝文王和華陽後合葬的壽陵，嚴家溝秦陵爲惠文王和惠文後合葬的公陵[4]。

有人說：「挖開看看唄，猜來猜去多麻煩。」如果沒有可靠的帶有文字的實物，即使發掘也很難形成定論。

二〇〇四年因西安文理學院新校區擴建，發現一處古代陵園——神禾原大墓。整體占地十六萬平方公尺，有一座四條墓道的主陵和壕溝、陵牆及十三個陪葬坑，出土金、銀、銅、陶、原始玻璃器上千件，發掘歷時四年。大部分學者認爲墓主是夏太后，也有人

嚴家溝秦陵封土

認爲是秦二世、一位失名失載的秦皇子、西周赧王或者西漢惠帝皇后張嫣等[5]。

夏太后是孝文王的妾室夏姬，莊襄王子楚的「眞」母，秦始皇的祖母。

秦王立一年，薨，諡爲孝文王。太子子楚代立，是爲莊襄王。莊襄王所母華陽后爲華陽太后，眞母夏姬尊以爲夏太后。（《史記．呂不韋列傳》）

「眞」字弄得人有點心酸。子楚政治投機投靠華陽太后，最終如願做了太子直至秦王，夏姬守得雲開見明月。常言道「兒不嫌母醜」，被親生兒子放棄，心裡的滋味自是五味雜陳，「太后」名銜未必能彌補一位母親心靈上受到的創傷。

其夫孝文王與華陽太后合葬咸陽原西北的壽陵，其子莊襄王葬咸陽東南的芷陽，爲了給自己留下最後的一點尊嚴，夏太后留下遺言，百年之後她的葬地要能「東望吾子，西望吾夫」，獨別葬杜東。最終，她做回了她自己。

都說隔輩親，夏太后和嬴政也不例外。在孫子主政時代，夏太后的遺願得以實現。她獨葬一處，陵園配置達到定格，墓穴以王的標準設定四條墓道，隨葬挽六匹馬安車——「天子駕六」。繼位七年後，時年二十歲的嬴政安排了祖母的後事。陵園中出土了帶有「北宮樂府」刻字的石磬和大量珍貴的動物遺骸。二〇一八年六月，美國《科學》雜誌官網發布消息稱，中英兩國學者經過多年對比研究發現，墓葬中的動物除了熊、豹子、猞猁之外，還有一種現在已經滅絕的靈長類物種。因爲夏太后和秦始皇的關係，此物種被命名爲「帝國君子長臂猿」。

確實也有人這樣說：「這三座秦陵擺在那兒就是一個土包，挖一下出點東西也能帶動一下地方經濟。」實際上，因司家莊區域發掘涉及秦陵，縱使萬般不捨，考古工作者和地產開發商都克制住了各自的欲望，最終以「咸陽秦王陵」之名將之申報成爲第八批全國重點文物保護單位。

「挖」與「不挖」不用糾結，考古之「挖」，科研價值大於帶動地方經濟。文化遺產提倡合理利用，「合理」尤爲重要。二〇一七年十月十八日，習近平同志在黨的十九大報告中指出，要加強文化遺產保護傳承。根據《保護世界文化和自然遺產公約》，古墓葬屬於物質文化遺產的一部分，其保護和傳承的方式，首先應該遵守世界文化和自然遺產公約——保存現狀、恢復原狀、可逆性、可識別和最小干預。

---

1 陝西省考古研究院等：《咸陽「周王陵」考古調查、勘探簡報》，《考古與文物》二〇一一年第一期。

2 劉慶柱先生推測是在櫟陽城附近，具體位置應在今西安市閻良區康橋和關山鎮以東，渭南市臨渭區下邽鎮以西。參見《秦漢櫟陽城遺址的勘探和試掘》，《考古學報》一九八五年第三期。

3 陝西省考古研究院：《陝西咸陽閆家寨戰國秦遺址、墓葬發掘簡報》，《考古與文物》二〇一八年第四期。

4 耿慶剛、曹龍、趙汗青：《咸陽原三座秦陵墓主考》，《考古與文物》二〇一八年第四期。

5 詳見丁岩：《神禾原戰國秦陵園主人試探》；段清波：《關於神禾原大墓墓主及相關問題的討論》，《考古與文物》二〇〇九年第四期。

02 我看到了奇蹟

考古發掘經常是為了配合地方經濟建設。二〇一七年冬，剛結束一項非常煩人的此類任務之後，我對大家承諾：「最近一定安排休整，一定。」其實休整只不過是節奏放慢，並不是眞的可以放大假。

在咸陽城的這些年，撒腿跑都來不及，休假更是奢望；況且技工師傅基本以出勤天數計酬，放假也影響收入。不料我的話音剛落，卻接到邢福來師兄的電話，他說：「我在咸陽城西邊發掘，有兩座墓好像是秦墓，你帶人來不？」

體乏，心動，糾結。佯裝漫不經心、吞吞吐吐地和張楊聊天：「邢老師自帶福氣，挖過北周粟特人的安伽墓，挖過榆林西夏統萬城，運氣一貫好。」有點像下套，然後說了邢老師這次發掘墓葬的具體位置。

「去啊！那個位置的秦墓肯定和咸陽城裡的人有關係，去！」我對張楊的工作熱情和思想覺悟心裡有底，只是對自己又一次食言心有愧疚。任何一項考古發掘都需要團隊，靠領隊一個人做不成。簡短動員之後，沒人再提休假，我們開始「友情串場」。

墓葬一南一北並列分布，分別編號M2、M3，人員分組齊頭並進，有條不紊。墓穴填土全部經過人工夯打，非常堅硬，進入冬季又有一點上凍，咚咚的钁頭聲，每挖一下就增加一份希望和忐忑——土硬說明沒有受到後期的盜擾。幽深的墓坑越來越潮濕冰冷，墓穴中會埋藏著什麼呢？這個時期的墓葬只要沒被後期盜擾，一定會有漆木器、織物、青銅器和玉器，運氣再好點，人骨也許還能檢測出年齡和性別，那可就是天上掉餡餅了。

兩公尺、五公尺、七公尺直到接近九公尺，開始墓室清理。我趴在墓坑邊指導深坑下具體的清理步驟。中先生恐高，不敢靠近：「你看到了什麼？都有什麼？」「我看到了奇蹟。」此刻的心情只有兩個字：燃爆！

墓底清理

M2位於北側，平面長方形，深九・三七公尺。葬具爲一棺一槨。M3位於南側，規格比M2大，整體平面近「凸」字形，深八．九五公尺。東部爲墓室，放置二槨一棺多重葬具，葬具最外層還覆蓋有荒帷織物。

天子棺槨七重，諸侯五重，大夫三重，士再重。（《莊子．雜篇．天下》）棺、槨葬具象徵地下世界的居所，保護死者的屍體，這是「事死如事生」。一個人的吃穿用度都有次序級別，葬具使用情況也是如此，不同等級的人使用葬具數量要符合身分，這也是「事死如事生」。一棺二槨和一棺一槨符合大夫三重、士二重的等級，又覆蓋編織席和織物的荒帷，無疑是權貴階級。

「考古隊挖出好貨」的消息不脛而走，「愛好者」開始聚集在警戒線外圍觀，不停地在竊竊私語，「唉，當年咋把這裡給漏了」，「考古隊這回咥著大活了」。咸陽原上的盜墓賊曾經如過江之鯽，兩座墓幸運地保存完好沒被盜，也算是奇蹟。

根據對牙齒磨損度、骨縫癒合度、顱骨和盆骨形態的一番分析，另一位友情串場的體質人類學老師得出了初步結果。M3墓主爲男性，年齡在四十五到五十歲之間；M2墓主可能是男性，年齡特徵已經無法分辨，骨骼已經完全腐朽。

生同衾，死同穴。墓穴並列在一起稱爲並穴合葬，一般多見於男女異性之間。同性之間的並穴合葬也許是一種人身依附、從屬或者血親的關係，父子、兄弟、主僕，「或者是斷袖之戀」——這個觀點也不是沒有可能。M3的墓壙規格、葬具配置以及隨葬品數量都更大、更好、更多，墓主地位顯然高於M2，是主墓；M2是附葬從屬，墓主地位稍低。

我敢打賭，能發掘出驚鴻一瞥的寶貝是所有考古人的心願，只不過爲了避嫌都不明說罷了。兩座墓葬的墓道填土與墓室內共出土遺物一百五十五件（組），質地包括銀、銅、鐵、鉛、陶、玉石、骨牙、低溫燒製的帶釉料器、髹漆竹木器，器類包括日用器、禮器、兵器、裝飾品、工具。如此豐富，極大地刺激了所有人。

十二件玉璧有十件直徑在十四公分以上，覆蓋在兩位墓主身上，屬於葬玉，目的是保護屍身不腐。負責現場安全的「虎牙」比畫著說：「這麼大個，刷子掃去泥土，我手直哆嗦。」他帶著夥伴們友情串場，值守了兩天兩夜。友情串場的人還包括特邀專業攝影師，在整理間拍玉璧特寫，燈光投下的瞬間，

秦墓出土玉璧

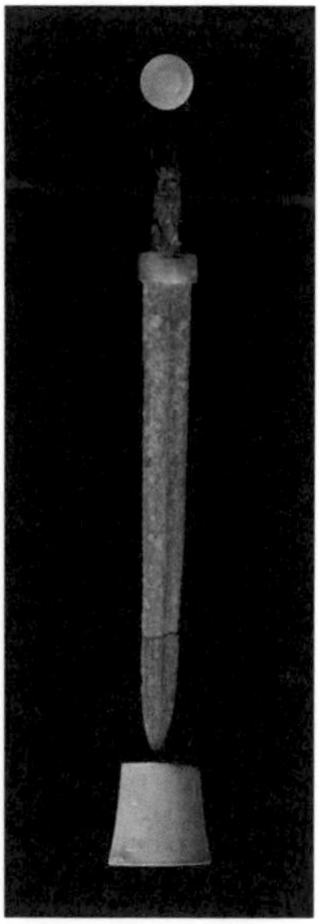

玉具劍（攝影：張楊力錚）

青綠中的乳白色沁漸漸暈染散開，頂端一抹似暮色晚霞的乳黃，背影是若隱若現的穀紋乳突和菱形格線，就像一幅水墨畫。空氣彷彿也凝重了起來，只剩下哢哢的快門聲。

兩座墓都有玉具劍和兵器。玉具劍屬於男士頂級奢侈品。經侯是戰國時期的一名暴發戶，他曾經左邊帶著玉具劍，右邊帶著玉佩環，藉故找魏太子炫富。可是兩人乾坐了半天，魏太子對經侯這種土豪打扮熟視無睹。經侯實在憋不住了，主動拉話說：「魏國有寶物嗎？」魏太子不卑不亢地回答：「國君誠信，臣子盡忠，百姓擁戴，和諧的氣象是魏國的寶物。」懟得經侯半天沒吭氣，最後他解劍去佩，羞愧萬分。這個故事從側面體現了當時貴族階層對玉具

M3 出土玉環

劍的追捧[1]。

「解劍去佩」，玉具劍必有與之相配的玉佩環。想到經侯的故事，我馬上查師傅們的發掘日記，果不其然。除了青銅劍身，玉具劍的劍首、劍格和劍鞘上的珌、璏，以羊脂玉做成，玉質的圓潤與金屬的殺氣一剛一柔如英雄與美人。摩挲著圓圓的羊脂玉劍首，申先生再一次提起兵馬俑坑銅劍的等級分類標準：劍首圓形級別高於菱形，將軍俑和銅車馬御手佩劍都是圓形劍首，鞘上的珌和璏體形更大。

無疑，墓主是武將出身並擁有一定爵位的秦貴族。他們是誰？

1 《說苑·反質》：經侯過魏太子，左服玉具劍，右帶佩環，左光照右，右光照左。太子不視。經侯曰：魏國亦有寶乎？太子曰：主信臣忠，百姓戴上，此魏國寶也。經侯應聲解劍而去佩。

03 有漏洞的腦洞

M3出土的銅鑒上腹部有一段金文，三豎行，共計十六個字。我最怕認金文，只好廣泛求助國內大咖，最終釐定內容是：十九年蜀守斯離造工師狢丞求乘工耐。行文格式爲戰國秦器風格，內容包括製作器物的時間、具體監製人、工師、工匠，意思是在某一位秦王十九年的時候，蜀地一名叫斯離的長官督造了這件器物。居然，《史記》中還真記載有這麼個人：（秦昭襄王）二十三年，尉斯離與三晉、燕伐齊，破之濟西。斯離是秦昭襄王時期的一名軍官，二十三年即西元前二八三年在多國聯合發兵伐齊事件中，他以「尉」的身分率兵參戰。這和墓葬中出土玉具劍、兵器、多層棺槨、墓主年齡和性別都吻合。

秦國與「尉」有關的官職有國尉、校尉、郡尉、都尉等等。國尉是中央直屬官職，負責劃分作戰區，是全國最高的軍事長官，即戰事總指揮。秦國曾任國尉的僅兩人，一個是昭襄王時期的白起，一個是秦始皇時期的尉繚。

地方軍事長官是郡尉或都尉，平時負責訓練地方部隊和壯丁，維護治安，戰時領兵打仗。斯離伐齊時的官職，我推測應該是郡尉，根據有三個：一是《史記正義》明確解釋「尉，都

銅鑒及銘文（攝影：張楊力錚）

尉」；二是這個時期國尉是白起；三是銅鑒銘文寫著他是巴蜀地區的地方長官「蜀守」。但是消息公布後，有些研究古文獻的學者認為尉應該「理解為『國尉』為宜。即昭襄王十九年斯離為蜀郡守，至遲二十三年時已經升任國尉，成為中央武官，如此率軍出征齊國更為合理」[1]。但細想想，誰說地方兵就不能代表國家外出打仗呢？秦國攻打楚國，可沒少派川軍團。

關於秦始皇陵兵馬俑一、二號坑，已經有很多文章考證，二者分別象徵地方軍和中央軍，「將軍俑」的真實身分是校尉和郡尉。不知不覺間，我眼前飄過斯離的身影：頭戴鶡冠，身披彩色魚鱗甲，體態魁梧，額頭布滿皺紋，雙手交於腹前，氣宇軒昂，淡定自若。這不正是我發掘過的那個「老九」嗎？

官職和爵位是兩套相結合的身分標誌，爵位共有二十級。尉是斯離的官職，他的爵級是多少？這是我平生第一次遇到秦貴族，激動之下不斷給張楊發任務單：查。這下不僅休假兌現不了，又得連夜加班。

文獻檢索顯示，秦國能獨立率隊打仗的人先後有白起、王賁和王陵。白起自昭襄王十三年為左更或左庶長，獨自領軍攻打新城，左庶長屬於十級；四十五年五大夫王賁攻韓取十城，四十九年十月五大夫王陵攻趙邯鄲，五大夫是第九級。再低的級別沒有獨立領兵的文獻記載，斯離爵位應當不低於五大夫。蜀守、秦尉，督造銅器、帶兵打仗，考古實物和史書記載如電影鏡頭來回切換，夜深人靜的時候，我不由自主地又腦洞大開了。

文獻記載，斯姓是蜀之西南夷種[2]，西南地區有「斯族」這樣的一個少數民族部落；昭襄王期間張若是蜀地非常重要的外派京官；斯離帶兵打仗，五大夫以上級別。

考古發現，文字刻在銅鑒上，鑒可以沐浴又可以鑒容，以史爲鑒可以知興衰，有警示的寓意，銅鏡與銅鑒是一回事；M2出土耳部刻有「張氏」的銅鼎；斯離督造了銅器，M3墓主性別男性，M3年齡四十五到五十歲，身分高貴，曾爲武士。

驚天祕密！原來帶兵打仗的秦尉斯離是巴蜀地區的舊貴族。他在曆次蜀地叛亂中保持了歸順中央的堅定立場，專門鑄造銅鑒表明心跡。張若與斯離是搭檔，一個任郡守，省長；一個任郡尉，武裝部部長。珠聯璧合。M3墓主是斯離，率郡縣兵伐齊之後留在了咸陽城。

演繹合情合理，心中小有得意，一大早興沖沖地追著申先生和張楊，分享「深思熟慮」的成果，不料他們二人冷靜地聽完，不約而同地掄起了「大棒」——器物的督造者≠最後的擁有者。督造者反映的是物勒工名制度，非物勒屬名。

我自是不認輸，腦洞有漏洞並不是錯誤。惠文王初併巴中地區，以土著貴族任蠻夷君長，又嫁秦族女子和親，給不低於四等不更的爵位。秦昭王與巴人盟誓「秦犯夷，罰黃龍一雙；夷犯秦，輸清酒一鐘」。在不鬧獨立的前提條件下，少數民族地區實行自治，斯離是巴蜀土著出任郡守又有何不可？況且秦國有招賢納士的傳統，專門爲引進的人才設「客卿」職位，百里奚、商鞅、李斯，外來人在秦國統治階層有一席之地。但是，客卿畢竟是客，不可能一點兒都不防範。

有一位和斯離官職相同的人，秦尉錯，他爲客卿時與白起是搭檔。白起是誰？戰神，昭襄王時期王室的肱股之臣，尤其受昭襄王之母宣太後和國舅魏冉的信任和重用。白起就像是秦尉錯的影子，以致史書將二人的事蹟張冠李戴，他倆的搭配組合體現了秦王政治手腕的絕妙——監管和拉攏。這樣一想，我覺得土著人斯離和空降大員張若在蜀地搭班子不是不可能。

關於M3墓主是誰，我和兩位先生爭辯得面紅耳赤，鑒於蜀守斯離、秦尉斯離是國之棟樑的共識，我們又握手言和了。

1 但昌武：《「十九年蜀守斯離」銅器銘文及相關史事考析》，武漢大學簡帛網，二〇一九年十一月九日發布，http://www.bsm.org.cn/show_article.php?id=3449.

2 參見《資治通鑒》、《史記·西南夷傳》《史記·司馬相如列傳》。

▲寧夏出土銅牌飾（寧夏回族自治區文物考古研究所藏）

04 城中普通人

貴族畢竟是少數，城中大部分居民是「黔首」，他們「大安」了嗎？這些人在咸陽城修陵、蓋殿、經商、務農，或定居或暫住或服刑，死後葬在郊外公墓。他們是誰？來自何方？了解這些名不見經傳的小人物，只能依靠發掘墓葬。

與宮殿區一樣，平民墓地也依渭河分爲南、北兩部分。也許是發掘過骨質帶具，也許是眞心喜歡銅帶鉤，渭南區八百二十餘座墓葬出土的器物中，我偏愛樂百氏食品有限公司項目的五件陶模具[1]。模具對應的是草原民族腰帶上使用的金屬裝飾。

這種金屬裝飾片，紋飾有動物之間殊死搏鬥的扭打場面，分布地區在境內遍布於長城沿線，在境外有蒙古人民共和國和俄羅斯外貝加爾、葉尼塞河中游地區。從族屬方面說，匈奴、東胡後裔烏桓和鮮卑都用。這是屬於「北方青銅文化」的典型器，與秦人「混血」的三叉護手劍、小金怪獸甚至秦始皇陵旁的金駱駝一樣，是研究歐亞大陸交流通道的物證[2]。

我曾經給研學的孩子們展示模具圖片，其中有相擁而坐的一婦一童人物。婦人纏有飄帶的頭巾，上穿圓領窄袖衣，下套百褶長裙，面帶微笑，慈祥如祖母。她側身摟抱的兒童

陶模上的暖情圖案[3]

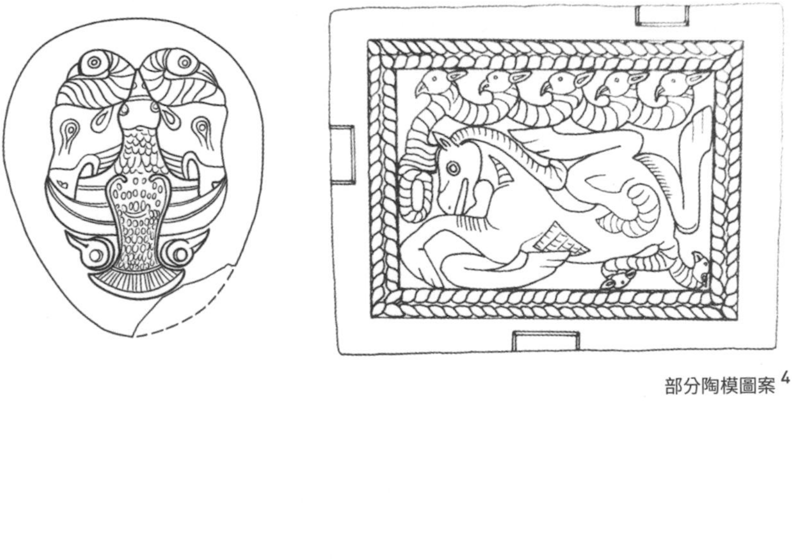

部分陶模圖案[4]

身穿緊身衣褲，腿邊放著一個玩具毛球，畫面溫馨。我問學生，覺得這個婦人像誰，「烏蘭托婭」（現代一位蒙古族女歌手），有人答道，引起一陣哄堂大笑，我也覺得像大草原上的額吉。

既然能在咸陽城中生產這種特殊人群使用的器具，說明這些人在此地是長期居住，並且有相當的數量，滿足消費群體穩定的供給條件。若不如此，缺乏銷路，沒必要在咸陽城組織生產。顯然長城的高牆攔不住也不可能擋住草原文化對中原地區的衝擊，而秦始皇修建的直道和國家的統一，更

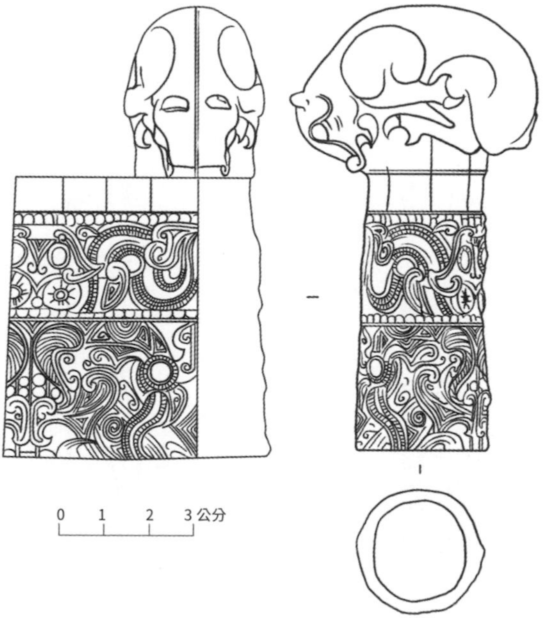

杖首[5]（繪圖：狄明）

加快了秦帝國與世界各地間融合的步伐。渭南區東部還有滻河兩岸的半坡、馬騰空等墓地。查閱枯燥的考古發掘簡報或者報告，我依舊是從翻看線圖開始，很快就被一件精美的銅杖首所吸引。這件杖首合範鑄造，上端跪息一小動物。

豬？熊？都不是。額寬大，珠目突出，兩耳外張，前肢往後屈舉，後肢向前蜷屈，爪子尖尖的有點像禽類。套裝杖杆的銅管表面有雲朵、放射著光芒的太陽、八爪爬行動物、曲曲彎彎的龍……杖木已朽，唯外表仍留有髹漆的殘痕，出土時放置於人骨架的左側，全長六十六公分[6]。

全長只有六十六公分，用作助行有點短。是權杖嗎？滻河邊，一位老者右手舉起權杖——他是這個聚落的族長，擁有德高望重的地位——左手橫劈狀朝外一揮，將來自秦王的命令傳達下去。也許確實只是一件拐杖。傳說劉邦與項羽打仗蒙鳩鳥相救，得勝後以鳩杖賜行走不便的老人，「七十賜杖」。又詔令天下各地都要對五十歲以上的老人予以照顧，推舉「鄉三老」和「縣三老」。三老的地位相當於縣令、丞尉，不僅不征傜役還要賜給酒肉。

八十、九十曰耄，七年曰悼。悼與耄雖有罪，不加刑焉。（《禮記・曲禮上》）五十非帛不暖，七十非肉不飽。不暖不飽，謂之凍餒。（《孟子・盡心上》）

中國人擁有尊老敬老的傳統。老人過了七十歲即使犯罪也不追究刑事責任，五十歲以上要保證能穿上絲織衣服，七十歲以上要保證能吃上肉。也許是漢承秦制的考古發現太多，我不自覺地總是想這件獸首杖會不會也是「賜杖」。秦王嬴政遵從祖母的意願爲其安排陵園，秦末劉邦入咸陽拜三老，三老群體和敬老的孝道習俗在咸陽城原本就有。

一九五七年進行的半坡墓地發掘緣起是配合建設。二〇一六—二〇一八年在滻河西岸又有馬騰空遺址的發掘，我重點關注了與秦有關的居址和墓葬情況[7]。

報導顯示，居址早期與墓地南北分開；半地穴房址最具特點；推測當時房址鋪有懸空的圓木或木板；墓地由早到晚分布，清理二百七十餘座秦墓，葬式、隨葬品與關中西部秦墓基本相同，時代最早的墓葬可到春秋中期。有一定數量的春秋楚式杜足鬲，在一座房址的窖藏裡埋了鼎、浴缸、盆共計三件戰國楚式青銅器。

秦武公十一年（西元前六八七年），初縣杜、鄭，滅小虢。（《史記．秦本紀》）

早在西元前三五〇年孝公遷都之前，已經有秦國人在滻河岸邊眼巴巴地等待母國的大旗飄揚在大咸陽的上空，他們既是秦國統一天下的先遣軍，也是咸陽城的首批拓荒牛。在此基礎上，戰國時期又有楚國人融入這個社區。涓涓細流的彙集才有了後來的咸陽城和秦帝國。

「你看看，你看看，做咸陽城考古確實需要空間大一點，時間線拉長一些。」提起咸陽考古涉及的時空範圍，張楊同學總是撓撓滿頭的自來鬈面有難色，我又何嘗不知其難！

相對於渭南區，渭河北的平民墓葬分布更集中，保守估計數量超過二千座，千餘座在配合建設中進行了發掘。墓主來自全國，甚至更遠。移民時間集中在戰國晚期至秦代。塔兒坡墓地在短短十幾年內集中埋葬三百餘人，而與之相鄰的任家咀墓地自春秋中期至秦統一數百年間只有二百餘座墓。

巴蜀人・鍪

楚人・鬲

戎人・鬲

秦人・鬲

各式炊具（陝西省考古研究院藏）

渭河北區出土的「外來」的器物，有五件騎馬俑非常著名，其裝束和人物面部特徵明顯與草原民族有關[8]。二〇〇七年柏林舉行了斯基泰文化展，有一件被稱爲「哈薩克武弁」的青銅風帽，與騎馬陶俑的形象幾無差異。這正好與渭河南草原文化風格的陶模相呼應。

除此之外，「外來」的器物還包括各式做飯的鍋，有土著人的鬲及釜，有巴蜀人的鍪，有西戎人的帶足鬲和楚人的柱足鬲[9]，各地特色美食的香氣飄蕩在咸陽城宮殿及閭裡。

1 陝西省考古研究院：《西安張家堡秦墓發掘報告》，陝西科學技術出版社，二〇一八年；《西安北郊秦墓》，三秦出版社，二〇〇六年；《西安尤家莊秦墓》，陝西科學技術出版社，二〇〇八年等。

2 北方青銅文化，源於夏商時期，商代晚期至西周初具規模，西周晚期至春秋早期得到了長足發展，春秋中期至戰國達到鼎盛。在漫長的發展歷程中，融合了中原地區及歐亞草原地區的文化因素，形成了自身特色。

3 引自《西安北郊秦墓》彩版一，一。

4 引自《西安北郊秦墓》圖八四、八五。

5 引自《西安半坡的戰國墓葬》圖十五。

6 金學山：《西安半坡的戰國墓葬》，《考古學報》一九五七年第三期。

7 陝西省考古研究院：《陝西西安馬騰空遺址考古發掘獲得新成果——首次發現關中地區仰韶文化晚期環壕聚落、秦人聚落與墓地以及秦末漢初青銅器窖藏》，《中國文物報》二〇一九年七月十九日第〇〇八版。

8 李雲：《三件相似的戰國騎馬俑》，《中國文物報》二〇二〇年一月七日第〇〇八版。

9 咸陽市文物考古研究所：《塔兒坡秦墓》，三秦出版社，一九九八年；《任家咀秦墓》，科學出版社，二〇〇五年；陝西省考古研究院：《咸陽東郊秦墓》，科學出版社，二〇一八年。

05 咸陽是座移民城

我不想對秦都咸陽城過度粉飾太平，現實確存悲慘的弱勢群體。按照秦律「五人爲伍，十家爲什」的管理規定，百姓入籍，居住在閭裡。一家犯法十家連坐，如果主動舉報則可以免除刑罰，如果隱瞞包庇則會加重刑罰。

僅渭南區的尤家莊明珠花園項目內，五十九座秦墓中有十九座亂葬，狹小的墓壙內一次埋葬數人，墓主年齡偏小，二十歲以下占大多數，並且女性居多，身體沒有明顯外傷，這可能是一群或過勞死或染疫而亡的貲人。與之相鄰的翁家莊有七座刑徒墓，共計三十一具屍骨，最多的一座葬埋了七人。他們有的頭部被擊打過，有的沒有腳趾，有的腓骨骨折，有的身首異處，有的俯身做掙扎狀，顯然是被殺戮或活埋，個別的還戴有刑具。

二〇〇三年春，在秦始皇陵區外發現一座修陵人的亂葬坑，一百二十一具男性人骨凌亂地堆埋在一座廢棄的陶窯遺址內，死者均屬重體力勞動者。該批人骨經取樣進行DNA檢測，第一次檢測時發現有一具人骨屬「洋勞工」，屬於歐羅巴西部人種。後來進行重複檢測認爲，這十九個勞工屬於東亞人群的混雜群體，相比於三十二個現代中國人，他們具有更明顯的多樣性。修陵人骨檢測結果之間的差異，雖然還不能爲亂葬坑中人骨種族屬性下最終的結論，但也爲我們推測這些重體力勞動者的來源地提供了想像的空間[1]。

從一九五七年到二〇一六年，考古發掘墓葬都是爲了配合建設。墓葬畢竟還有隨葬品屬於可移動文物，而如馬騰空鋪木板的半地穴式房屋等等不可移動文物，全部隨著樓盤別墅開發而灰飛煙滅。面對建設古遺址，難道就只有「一挖了之」？我深知，要解決這個問題更是難上加難。

想了解咸陽城裡的人，我們真不必去挖一座秦陵。在秦統一的過程中，咸陽城中的人逐漸多了起來。他們是咸陽城的一分子，是秦帝國的一分子。咸陽城裡的貴族、平民、刑徒，馬背民族、戎人、楚人、巴蜀人，還有秦始皇陵裡可能含歐羅巴人種DNA的洋勞工，以上的考古學成果已經能說明，咸陽是一座國際化的大都市，這裡濃縮了中華民族滾雪球般壯大的過程。吃透考古工作結果，一樣可以實現文化遺產的有效利用。

不管願不願意，考古人都要發掘一些墓葬。本來它們安息於地下，作爲第一個對它們的「打擾者」，我們有責任忠實地保護和保存它們的每一種資訊，盡力去理解它們可能承擔的意義。對咸陽城裡與人有關的發現，我想做一個揭示者、傳播者和欣賞者，揭示每位墓主的曾經，傳播秦帝國的精華，欣賞中國文化傳統的博大。

1 段清波：《從秦始皇陵考古看中西文化交流（二）》，《西北大學學報（哲學社會科學版）》二〇一五年第四五卷第一期。

第十章

「爛土」裡的皇宮

通常來說，城市考古的模式，是先找城牆，把城市的範圍圈起來；再根據城牆的豁口，確定城門；沿著城門找主幹大街確定路網結構；最後確定城內功能分布。穩紮穩打地走好四個步驟，城市面貌躍然紙上。

但是，秦都咸陽城跨渭河南北兩岸，城牆咋修？作為第一個東方帝國的首都，一座從王國都城轉變到帝國的首都，規模多大合適？空間如何設計得合理？

01 夯築技術創造世界奇蹟

萬萬沒想到，初涉咸陽城考古工作，我首先面對的竟然是建設施工的挖掘機。「不能在這挖，停下來，這是秦宮殿建築的夯土。」挖掘司機打電話給專案建設方，「施工被文物上的人叉攔了」。他們不明白，咋挖點土也不行。

暑熱的夜晚，坐在露台上難以入睡，許廣健照料著野兔和宿舍裡逮到的幼蠍子，段育紅師傅傾其所知向我介紹之前咸陽的工作情況。我看著渭河岸邊燈火通明的建設場景，想起了曹植《送應氏・步登北邙阪》：步登北邙阪，遙望洛陽山。洛陽何寂寞，宮室盡燒焚。垣牆皆頓擗，荊棘上參天。不見舊耆老，但睹新少年。側足無行徑，荒疇不復田。遊子久不歸，不識陌與阡。中野何蕭條，千里無人煙。念我平常居，氣結不能言。

北邙阪是東漢都城洛陽北側的高地，曹植站在這裡，遙望洛陽，感慨萬千。昔日的繁華不再，殘垣斷壁長滿荒草，側身走都沒有可以腳踩的地方，人也都是生面孔，這裡是我以前的家啊，心痛。

我此時看到的帝都咸陽城遺址正如曹植看到的北邙阪。這一堆堆的「爛土」，曾是秦王公、皇帝的後宮和朝堂。兩千年來，人們列數秦始皇的大宗原罪，大興土木必居首位。土即所謂的「爛土」，實際是版築夯土，木爲木柱和木樑。

中國古代建築，石、磚、瓦爲配角。作爲建築不可或缺的原材料，版築夯土是把自然土壤經過捶打壓實即成。這項技術是了解中國古代建築的一把鑰匙。西元前三三〇〇至西元前二八〇〇年，鄭州西山仰韶晚期城址使用了版築技術，此後經歷王朝更替，建築外殼有變，內質核心一直頑強地保留著。皇宮大院的重要建築由夯土築成，老百姓普通的茅屋也是夯土築成。不大量使用磚、石，不是因爲中國人窮，而是因爲民族傳統有別於以龐貝古城、埃及金字塔爲代表的西方建築。現今鋼筋水泥取代了土、木，版築技術逐漸被遺忘。

夯土取材廣泛，經過重力捶壓，自然土壤的孔隙被擠縮，土質結構緊密、堅硬，用作建築的承重牆和地基可以達到堅固、不容易垮塌的效果。鋪一層土用夯打的工具砸實一遍，再鋪一層土用夯打的工具再砸實一遍，這樣一層層砸實，直到滿足所需要的高度。一截一截地接起來，最終完成建築。一截一截，就是我們現在說的「一堵牆」。夯土的計量單位是「堵」，百堵皆興意味工程竣工。

夯打的工程修建是高強度體力勞動，需要動用的人力少則數千，多則數萬，能夠聚集眾多勞動力的組織或個人，只有國家和王公貴族。中國第一部詩歌總集《詩經》就記錄了這些勞動的場景。按當初所配樂曲的性質，《詩經》分爲風、雅、頌三類。雅是正聲雅樂，屬正統的官方樂曲，類似現在的紅歌。

其繩則直，縮版以載，作廟翼翼。捄之陾陾，度之薨薨，築之登登，削屢馮馮。百堵皆興，鼛鼓弗勝。（《詩經．大雅．綿》）這是一幅歡樂的勞動場景。「呼兒嗨呦」的勞動號子響徹雲霄，眾人齊心協力，夾上兩邊木版，挖土、運土、砸夯，最後「嚓嚓」地修理整齊，工程順利竣工，鑼鼓震天，一片歡騰。

這種工程包括萬里長城的修建。這條盤亙延綿的軍事防線，在西北大部分地區就是夯土牆。長城的修建始於戰國時期，當時中原各國紛爭不斷，又面臨北方草原民族的侵擾，燕、趙、齊、楚、秦都修建了這樣的牆。直到宋朝抵抗蒙古、明朝抵抗滿族，在歷時一千餘年的時間裡，萬里長城永不倒成爲一項世界奇蹟。

咸陽城遺址屬於國家重點文物保護單位，夯土也是被保護內容的一部分。自一九五九年以來，考古發現的夯土連綿不絕，以「遍地」來形容也不爲過。雖然對於一般公眾來說，它們不「養眼」，但擅自破壞卻絕對不行。

如果說兵馬俑爲我開啟了認識秦朝的一扇窗，那麼打開秦朝的那扇大門，就從「爛土」開始吧。

02 田野考古祕籍

尋找古代建築的祕笈就是找夯土，有夯土預示著不是有墓就是有建築。夯土範圍越大，建築或者墓葬的體量就越大，等級越高。能「認土」非常重要，這項技能屬於考古人的「童子功」。田野調查中發現一片夯土，對考古人來講就是發現了金礦。

一層層砸實的夯土，上下層之間會形成一個光滑、堅硬的平面，也就是夯面，有時候夯面上可以看出夯打工具留下的淺窩——「夯窩」。據此可以判斷夯具的大小、形狀。

不同時代夯窩的形狀並不一樣，比如現代建築工地使用的電動夯，夯打過後留下的痕跡是一個個的長方形平面。秦代夯打工具一般是石或鐵質，一個人或兩個人抬著捶打，夯頭比較小，形成的夯窩一般是圓形，直徑大約五公分。這樣的夯具頭在內蒙古卓資縣戰國至西漢城遺址一次就出土了一百餘件，比人的拳頭稍大，一個人完全能拎得動。由於夯具小，要想保證夯土的品質，每層土就不能太厚，一般是三到五公分。

拳頭大小的夯頭並不是當時唯一的夯具。物理學常識告訴我們，面積越大，產生的壓強越小，所以夯具面積大，產生的壓強小，夯土砸不瓷實。古人早就明白這個道理，不斷對夯具進行改進，儘量減少接地面積，最常見的辦法就是用荊條或細木條捆成一束用來捶打夯土，由於每股荊條或木棍都很細，更容易將土夯實。這樣的夯具留下的夯窩猶如點點梅花。一號兵馬俑坑發掘發現了梅花夯的痕跡，但對記者說這些，他們都不太感興趣，總是問「出土了多少件彩繪俑」。

另一個更準確判斷夯土時代的辦法是根據夯土中的雜物。萬里長城也好，高大巍峨的宮殿建築也好，夯打原料中難免會夾雜一些和修建活動同時代、甚至是時代更早的雜物，比如陶器殘片，甚至說不定有當時工匠衣服口袋裡掉出的銅錢，這些物件往往是判斷修牆蓋房時間的參考。

只能說是參考。在咸陽城遺址東部三義村，衛星圖上有兩圈閉合的夯土牆，大

叢夯夯窩

家帶上手鏟、扛上探鏟（一種提取地下土樣的工具）去核實。小許掘出夯土牆體裡秦漢時期的陶片，顛顛地跑過來給我「獻寶」；老方幾探鏟鑽下去，一副失望的表情，土樣裡竟然有青花瓷片。瓷片和陶片撇清了夯土牆與秦咸陽城的關係。再一查地方文物檔案，這個遺址屬於清代。清代同治年間回、漢兩族起了糾紛，回族軍隊在咸陽原駐紮有軍營，設「回回城」。晚期單位包含早期文物的現象常有，「回回城」夯土牆的夯築時代與瓷片屬於同一時期，比陶片晚了兩千餘年。

找夯土的具體方式：一跑、二看、三聊天。

由於夯土是一層層砸實，它最明顯的特點是能分層，跑到就能碰到。又由於結構密實，透水、透氣性差，有夯土的地方

夯土

地表植物的長勢難免會受到影響，翻看一個地區的衛星影像圖，尋找植物生長異常的區域，多看就能發現問題。走訪當地老鄉，和他們閒聊，不經意間也許有大收穫。

二〇一四年七月二十二日，熱。

調查

在地裡一陣「瞎」跑，我和搭檔躲在老鄉家屋簷下小憩。老鄉見狀，端出兩杯綠豆湯，問道：「你們是新城管委會的人嗎？我們這裡啥時候拆遷？」新區大規模的建設已經家喻戶曉，她把我們當成國土資源或者規劃局的人了。

「我們是考古隊的。」「你家周邊的地裡，莊稼長得好不好？」我們開始閒聊，「澆地的時候，水下滲程度如何？」我非常想聽她抱怨自家的莊稼長得不好，澆水下滲不順利，這樣的回答可是個好兆頭，說明地裡一定有夯土。

「考古隊滴（的）？知道我們這兒啥時候拆遷嗎？咋補償呀？」婦女並沒有接我的話茬，只是追問拆遷。

就在這一瞬間，清涼的綠豆湯竟然有點燙嘴。來不及了，來不及了。大規模的建設已經開始，咸陽城遺址的分布面貌尚不清楚，文物保護進度必須提速、全速。

調查發現，咸陽城的夯土質量非常好。土質乾淨，層次分明，可真是良心工程。調查發現夯土之後，就要用考古探鏟確定具體範圍，這讓師傅們既愛又怕。夯土太堅硬，鑽探的時候震得虎口發麻，幾鏟子打下去，手上就打了泡。

勘探

▲一號建築復原圖*（繪圖：狄明）

▲ 1974 年一號建築遺址發掘（陝西省考古研究院供圖）

* 引自《秦咸陽宮第一號遺址復原問題的初步探討》圖一。

03 複式結構的小高層

秦始皇家的房子很多。聯排、獨棟、疊拼，夯土建築按照發現順序被依次編號，登記數量已經有三十餘處。一九七五年後，前輩們對一到四號建築進行了發掘。它們之間勾連相屬，組成一個建築群。原發掘者認爲一號處於核心地位，爲主殿。

陪同某節目組拍攝，站在一號建築的台頂，我滔滔不絕地講：「類似這樣的建築，咸陽原上有數十處，想當年秦舞陽陪同荊軻來咸陽刺殺秦王，剛踏上大殿台階，宏偉的建築直接把他嚇尿了。」

「在哪呢？在哪呢？」攝像師滿臉疑惑地問。

包括一號建築在內，這些夯土外觀貞是其貌不揚，經常被誤認爲是墓塚。表面雜草叢生，實質內核很硬。一號建築寬闊、高大的夯土台基占地範圍長一百十七公尺，寬四十五公尺，面積約五二六五平方公尺。歷經二千餘年風雨蠶食，僅高出現地表的部分還殘餘有六公尺，接近今天的兩層樓。向下還有五公尺多深。初步估算，這個建築需要的夯土總量約有六萬多立方公尺。台基上再搭屋頂，至少還得再加上一個成年人的身高。最後形成的建築總高度至少有九公尺了。

夯土台基上營建有大小不同、高低錯落的單間或套間房舍。台基頂層中心有主殿，套內面積一百六十多平方公尺，地面塗紅漆，中心的大木柱直徑六十公分，成年男子雙手抱攏恐怕也有點困難；台基中部環繞一些小面積房間；最底層是長長的走廊[1]。整個建築在使用功能、通風、採光和排水等方面都有相當合理的安排，最終形成一個具有多種功能的建築集合體，彷彿現今的「複式小高層」。

複式小樓的屋內設施從實用出發，以人爲本，附屬設施及裝修選材體貼入微。中間一層的房間中，我最喜歡Ｆ8。Ｆ是房屋的縮寫，8是次序編號。這座房屋的東北角有壁爐，西北角有儲藏物品的窖，東南角有三面略高、一面略低的排水池，排水池上部有木槽，下部中心位置接陶質地漏和彎管。具體功能推測是一間「洗浴室」。

政務廳不需要有洗浴室。儘管站在台頂上，我們可以想像當時類似建築的雄偉壯麗、秦舞陽的狼狽不堪，但一號建築不是荊軻刺秦王的事發地。沒有出土帶文字的實物，不能這樣下結論。Ｆ8雖是一間洗浴室，卻充滿了土豪氣。使用面積四十一平方公尺，相當於現在的一居室；室溫要暖和，裝了「浴霸」壁爐；濕度大，地面鋪磚，磚下墊火燒的土渣，鋪了「防水層」；水池上架木條，洗澡方式是淋浴，比湯池要衛生一些；洗澡水四濺，水池牆壁貼壁磚。泥土燒製的陶地漏、排水彎管與現代人們所用相比，只是材料不同而已。整個房屋的地平四周高，水池中心最低，也和現代的洗浴房沒有差別。

一號建築模型

寬敞、保暖、防潮、隔水，設計考慮周全，施工一絲不苟。夯土內核裡的房間精巧、精緻。複式小高層的主人一定擁有優渥、舒適的生活。

琢磨著F8的房間設施和人性化設計，我想起秦始皇洗澡的故事。

秦始皇陵西側的驪山上有娘娘廟，供奉有女媧神。山下的溫泉久負盛名，因富含硫黃，對治療皮膚病極好。據說有一天秦始皇來驪山遊玩就遇見了神女，因其輕浮之舉被女神吐了一臉唾沫，後來被唾的地方竟然生起瘡來。賠禮道歉後，女神原諒了秦始皇的冒犯，開處方讓他用湯泉洗痂。秦始皇按方用藥，用驪山溫泉沖洗，瘡痂才漸漸好了。

考古發現，驪山下的唐華清宮遺址內陳列有很多根完整的木枋，是考古發掘出的秦、漢時期的建材[2]，秦始皇確實曾在這裡「砌石起宇」，修建「驪山湯」，漢武帝又治繕離宮別館和樓台亭榭。

秦始皇的驪山湯不如唐代華清宮有名。華清

宮是唐代皇家的溫泉度假山莊，除了一些宮殿建築之外，「御湯」、「海棠湯」、「太子湯」、「星辰湯」和「尚食湯」，這些天子、貴妃、太子、皇子和大臣的專用洗澡池至今還保存著。海棠湯是唐玄宗賜給楊貴妃的禮物，澡池平面像一朵盛開的海棠花。池壁由青石拼砌而成，池中有供楊貴妃沐浴時的長條坐石，池底中間進水口安置有漢白玉雕刻的蓮花和蓬頭。溫泉水從蓮花蓬頭四散噴出，灑落下來的水霧帶有淡淡的硫磺氣，也帶有甜甜的愛情。

春寒賜浴華清池，溫泉水滑洗凝脂。侍兒扶起嬌無力，始是新承恩澤時。

白居易的一首《長恨歌》演繹了驪山溫泉霧氣籠罩中的忘年戀。溫泉沐浴之後，貴妃的肌膚水嫩柔滑，獨享唐明皇的恩寵。對咸陽城一號建築的F8，我想文人墨客以後也許能演繹出類似淒美的故事。

1 陶復：《秦咸陽宮第一號遺址復原問題的初步探討》，《文物》一九七六年第十一期。

2 唐華清宮考古隊：《唐華清宮湯池遺址第一期發掘簡報》，《文物》一九〇〇年第五期。

04 宮殿精裝修

咸陽城內的建築，大段大段的夯土是主體，有的局部也使用土坯。土坯又叫土墼，是利用模具加工成的規整夯土塊[1]，它的來歷可不一般。

西北地方方言稱土坯爲胡墼。在中原漢人把西域民族統統看作是「胡人」的時候，外來的東西都要加一個「胡」字，比如騎兵軍裝有胡服，樂器有胡琴，食物有胡餅，傢俱有胡床。被稱爲胡墼的土坯，更多、更早的考古實物發現於埃及古王國、兩河流域亞述帝國、波斯帝國、中亞和中國新疆等地區。其貌不揚的夯打胡墼背後，隱藏的是外來文明的遺傳基因。

土坯和秦始皇陵的水禽鳥、金駱駝，甚至是更早的秦式豪華寶劍一樣，總是坦蕩地顯示秦國對外來文明的兼收併用。不過，和中國北方商末周初的情況一樣，咸陽城裡的建築使用土坯的數量很少，僅限於局部，以夯土爲主的特點更時時刻刻在強調自身的建築傳統。現在提倡低碳環保，夯土建築由於無甲醛污染再次成爲時尚。傳統的一些東西往往就在不經意間傳承發揚了下來。

夯土取源於自然黃土，僅僅是建築體量宏偉，總體上缺乏一些美感。夯土建築的外表除了普遍塗抹白灰進行初步裝修之外，重要的地方還進行了「精裝」。按照現代裝修分類，精裝也包括硬包和軟包兩部分。

「暖屋繡簾紅地爐，織成壁衣花氍毹」。軟包有「錦繡被堂」，掛絲織物帷幕，又稱壁衣，類同今天的「壁紙」，這在影視劇中是很常見的布景。硬包有地面塗紅漆、鋪花磚以及「宮牆文畫」。

咸陽城的建築壁畫是迄今僅見的秦代繪畫原作，在中國古代美術史研究中具有重大的價值。色彩有紅、黑、紫、黃、綠、白、藍等等。使用的顏料有朱砂、石綠、石黃、赭石，甚至是金粉。經檢測，大部分爲礦物質顏料，也有少量的白色是蛤蜊粉，出土時顏色依然非常鮮豔。圖案包括建築、車馬、人物、游獵場

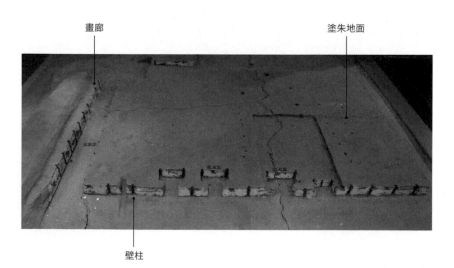

三號建築模型俯視

景、鳥獸、植物、鬼怪等，變化多樣，內容十分豐富。

壁畫以三號建築殘存面積最多。這個建築位於一號建築的西南角，彼此之間有夯土接連。三號建築也是巨大的夯土築成，總建築面積約七〇二〇平方公尺。西側過廊總長三十二．四公尺，留存有高〇．二到一．〇八公尺的夯土牆，兩壁裝飾壁畫保存相對完整。

壁畫內容有開屏的孔雀、金色的猛虎、依依垂柳，也有碩果累累的桑樹和含苞待放的花朵。一隻怪獸，高冠，長尖嘴，健碩的肢體，下面是白色的利爪，至今也沒有合適的對應種屬，大量黑色和局部的白色搭配塗抹，視覺感官衝擊力很強。

壁畫彌補了夯土建築視覺美感的不足，但這只是裝修之舉的表相。在中西方，從古至今，壁畫都具有教化和宣傳之用，咸陽城也不

壁畫摹本 2

例外。廊，連接建築內外，人流量大，採光通透，屬黃金廣告位。我突發奇想，現代社會的畫廊似乎可以從這裡追溯……

殘塊傳到考古人的手裡，有圖有眞相，再現了很多當時的場景和制度。比如車馬圖，每乘車有並駕齊驅的四匹馬，馬色有棗紅、黃和黑三種，系駕方式與秦始皇陵銅車馬、兵馬俑坑木車相似。畫面上駟馬揚蹄，風馳電掣般的速度想必正是「君子一言，駟馬難追」的來源。

再比如人物形象圖。所有人物著裝都是外衣長拖掃地，衣服質料輕薄，有隨風飄曳的動感，這種衣服實際上並不能稱爲袍服。袍服有夾層，要內穿（《釋名・釋衣服》）。內衣不能外穿《詩經・秦風・無衣》。詩句「與子同袍」「與子同澤」，「袍」與「澤」都指內衣，君王和

秦都咸陽三號宮殿遺址出土壁畫二馬一車

國民同仇敵愾，關係鐵到內衣都不分彼此。

壁畫人物所穿服裝也是五顏六色，有的地方還可以看到白色鑲邊，胸部留白，像極了後代官服上的「補子」。秦始皇規定，三品以上綠袍深衣，庶人白袍，皆以絹爲之。黑色衣服不是誰都能穿。有的影視劇編導對古代服飾禮制一知半解，自作聰明地把秦國弄得上下一片黑，這在當時要被問罪。

有人介紹說壁畫的植物類圖案有麥穗。我沒親眼見過，眞實性不能確定，但麥穗二字卻盤旋在腦海很久。因爲這與一位潛伏在咸陽城的老牌間諜和水利工程的壯舉有關。

1 土坯一般有兩種製作方法。一是把黏土和成泥放在模型裡製成土塊；一種直接取濕潤的自然土夯打。西北地方的胡墼是第二種製法。兩種土坯均需自然陰乾，與磚的區別是不燒製。

2 引自《秦都咸陽考古報告》彩版五、一〇、一九。

05 壞事變好事

甲骨文「麥」

西元前二四六年，韓國水利專家鄭國來到咸陽城，遊說還是秦王的嬴政幹一票大事：修一條長達三百里的人工渠，西引涇水東注渭水支流的洛水，號稱功成將可灌溉面積四萬頃。秦族是農業民族，種地是本業，早年間在甘肅地區養馬是不得已而爲之。東遷到關中平原，一方面征戰，一方面發展本業，修渠澆地是好事。

這一年是秦王政元年，他十三歲，不僅開始在驪山下修陵，還同意了水渠修建的立項。工程師鄭國來自韓國，韓國是秦國的東鄰，鄭國實際是韓王派遣的臥底，協助修渠的目的是「疲秦」。戰場上正面交鋒，韓國打不過，就給秦國找點活幹，消耗秦國的人力、物力。穿鑿一條大型灌溉渠，即便是機械化程度如此之高的今天也非易事。

鄭國出任專案經理。隨著「疲秦」陰謀的敗露，秦王大怒要殺鄭國。鄭國說：始臣爲間，然渠成亦秦之利也。臣爲韓延數歲之命，而爲秦建萬世之功。（《漢書・溝洫志》）

大意是說，我承認開始的時候我是間諜，但事實是我爲秦國做了一件功在千秋的好事。白貓黑貓，抓住老鼠就是好貓。

十三歲的秦王本人真的能理解修渠的偉大意義嗎？我看未必。呂不韋作爲嬴政義父，鄭國渠終成功不可沒。經過十多年的努力，全渠完工，關中涇、洛、渭三條水域之間構成密如蛛網的灌溉系統，使高旱缺雨的關中平原得以灌溉。這是鄭國渠的作用之一。作用之二，含泥沙量較大的涇水灌溉後增加了土壤的肥力，改造了鹽鹼灘。一向落後的關中農業迅速發展起來，雨量稀少、土地貧瘠的關中變得富庶甲天下。

古人有五穀。具體五種都是什麼說法不一，大體是粟、豆、麻、麥、稻或黍。北方地區是粟種農業經濟，特產是粟黍，類似小米、黃米。小麥是引進品種，在甲骨文中麥字上部是「來」，一路東傳才得以普遍種植。

哪裡「來」？考古發現新疆孔雀河流域、甘肅民樂縣等西部地區出土炭化小麥時間最早，距今在四千年左右，西周時小麥栽培傳播到淮北平原，西漢時期小麥種植更加普遍。西漢農書《氾勝之書》記錄有麥子的種植方法，「夏至後七十日，可種宿麥」，「春凍解，耕和土，種旋麥」，已經有了冬小麥和春小麥的區分。

我不懂麥子種植，看有文章說咸陽城壁畫上有麥穗圖案，便向師傅們請教。他們說：「蓄水保墒很重要」，「春季水跟不上，那就完蛋了」。

十三歲的秦王對鄭國渠的修建意義很難說有能力完全理解，但是如果宮殿壁畫中真有麥穗的圖案，不僅反映了關中地區農業發展，更體現了麥子種植的普及。鄭國渠的修建可謂壞事變好事，的確功在千秋。

要證實猜測，唯有進行植物浮選，找到炭化顆粒進行數量統計和對比。植物浮選原理很簡單，炭化植物比一般的土壤顆粒輕，比重略小於水，將土樣品放入水中，炭化植物就能浮出水面被撈出來。我把土樣浮選工作交給志願者們來做。他們一絲不苟地按程式操作，體驗著參與考古的快樂。

06 新城與舊都，且行且珍惜

不論還有多少迷霧沒有解開，夯土都是咸陽城的載體。夯土不是一堆「爛土」，必須要不惜代價加以保護，否則千古帝都眞成了空中樓閣般的泡影。

夯土屬於「不可移動文物」，只能保留在本地，因爲數量大，涉及範圍廣，實施非常有效的人爲保護手段並不容易。正因爲不可移動，就攜帶了這個地域獨一無二的歷史特色，對地方發展有促進作用。

事情都有利弊兩面，促進的反義是阻礙。咸陽城遺址重點保護範圍二十三平方公里，加上環境控制等限制，也就縮小了新時期經濟建設的可開發用地。遍布的「爛土」是考古工作者的金礦，這個時候卻成了新城建設的攔路虎。「施工又被文物上的人擋住了」，「施工又挖到遺址了」，來自兩方面對立的聲音不停地打架，誰都不容易。

這種現象並非咸陽城獨有。河南安陽殷墟是商代晚期的都城，出土文物有中國文字鼻祖的甲骨文、幾乎家喻戶曉的后母戊方鼎、叱吒風雲的婦好墓，殷墟承載了太多的中國記憶。

二〇〇六年七月十三日，殷墟遺址被列入世界文化遺產名錄，申遺成功了反而更加陷入遺產保護和經濟發展矛盾的旋渦。

都城遺址可觀賞性不強，旅遊價值短期難以體現。大遺址的存在和堅定的保護舉措就像是經濟開發的「緊箍咒」。如何解開緊箍咒？國際方面有世界遺產保護組織的古跡遺址理事會，簡稱ICOMOS，中國是成員國。理事會發表過各種古遺址保護宣言，比如《威尼斯章程》提出文化遺產價值的體現與周圍環境有重大關係。國內方面提倡建立遺址考古公園，具體到咸陽城遺址也不乏真知灼見[1]。總之，任重而道遠，不要期許短期內咸陽城遺址有和秦始皇陵兵馬俑一樣的生錢能力。

我們只是事業單位下派的一支考古隊，又能做什麼？

考古是人民的事業，這是一九五〇年考古界的前輩蘇秉琦先生說過的話。出於安全考慮，考古隊大門常年緊閉。二〇一六年開始，我非常正式地通知後勤老李：白天拴起三隻懶洋洋的狗警衛，敞開大門。考古是社會化工作，「不能躲進小樓成一統，任爾東西南北風」。再面對挖掘機，我要求大家先亮出一張牌：「這是秦始皇的家產，您知道秦始皇是誰吧？」

在咸陽城的考古工作逐漸順暢了，與四鄰八舍的老鄉之間有了走動。夏季夕陽西下，我坐在農家小院聽他們抱怨說，「俺村都是吃了秦遺址的虧，新房蓋不成」；又聽他們炫耀說，「俺家窯洞上面就是宮殿，都是夯土」。更多的時候，老鄉說自己家在「天子腳下」，是秦始皇的鄰居。聽他們的抱怨和炫耀，我覺得現代人和那個遙遠的兩千年神奇地相會在一起。

二〇一〇年，咸陽城遺址被列入首批國家考古遺址公園立項名單，遺址周邊的村落面臨大規模拆遷，村民逐漸搬進安置樓，又遷葬了祖墳，這些咸陽城的現代人為保護文化遺產做出了犧牲。但願咸陽城裡的殘垣斷壁不是曹植感慨的「何寂寞」，而是越來越多地成為一份中國記憶，一種鄉情與鄉愁的寄託。然而文化遺產和遺址會不會被過度包裝，最後變成某些利益群體的犧牲品？

我的心中隱隱不安。

大片的夯土，相連成片。到底總範圍有多大？至今仍不清楚。但我清楚，它們默默地矗立在黃土原上，成就了咸陽帝都高大宏偉的總體氣勢，更用一種「此處無聲勝有聲」的沉默，述說著秦帝國的真實面貌。從建築工藝、壁畫圖案反映的細微，到「畫廊」一詞的緣起，無不映襯中華文明的傳承和發展。希望能記得起歷史滄桑，看得見歲月留痕，留得住文化根脈吧。

1 陝西省文化遺產研究院：《新型城鎮化下的大遺址保護工作研究——以西鹹新區為例》，陝西人民出版社，二〇一八年。

第十一章

殘磚也是寶

咸陽原上秦宮連綿，殘磚碎瓦隨處可見，老鄉稱之為「爛瓦渣」，很影響種地。他們不理解，我們撿拾這些有啥用。秦磚只用於台階、鋪地和貼牆，是土木建築主體之外的輔料，但見微知著，一葉知秋。這些磚紋飾內含寓意，製法源自中國傳統，文字體現君子之德。它們是研究咸陽城建築規模、秦始皇治國理念、秦人審美和道德風尚的依據，是寶貝。

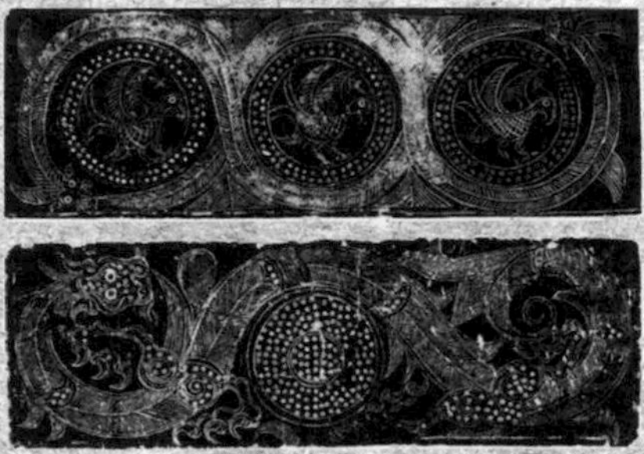

▲龍紋空心磚圖案*

▲龍紋空心磚（國家博物館藏）

* 引自《秦都咸陽考古報告》圖四〇二、三二一。

01 磚上紋飾與國運

考古工作就是挖寶。寶就是價值大，不過價值不以金錢多少來衡量。咸陽城野外考古調查，隨處可見殘磚碎瓦，龍紋空心磚殘塊是我們尋寶的重點。

這種磚的規格和長條形桌差不多，作爲建築台階之用。顧名思義，磚體內部空心，兩面有以龍爲主體的紋飾。紋飾堪稱一幅藝術畫。兩條首尾相銜、相互交織的巨龍，懷抱三個圓形的玉璧，再加上一些卷雲和水渦一類的輔助紋飾點綴。有的更精緻，在圓形玉璧的中間正是展翅飛翔的雀鳥。打眼一看龍沖天入地，一副駕雲行海、叱吒風雲的神威。

入藏於國家博物館的一塊龍紋空心磚，一九七五年出土於一號建築遺址。建築整體結構分三層，最底層是廊道，最高層有大殿，現存高度超過兩層樓。建築的主人拾級而上，說不定秦始皇就曾從此磚上踏過。

咸陽宮遺址博物館新入藏一塊。雖殘缺部分接近四分之一，但中間刻一個很小的「戎」字。往來咸陽宮殿的「戎」，義渠王是常客。他和宣太后有私情是公開的祕密，有各種演繹的版本。磚上的這個「戎」字讓人浮想聯翩。

中國龍是善於變化、能興雲雨、利萬物的神異動物，能隱能顯，春風時登天，秋風時潛淵。既然出自臆測，誰也說不清它到底長什麼樣。龍紋有很多變體，比如有夔龍紋、蟠螭紋、蟠虺紋，總體長條形，有的有角，有的有足，有的有翼。上古神話傳說東海有夔龍，狀如牛，蒼身而無角。空心磚上的龍，頭似牛首，有鬚，大耳，細長角對稱，蛇形體，有翼，腳有爪，接近神話。

同樣出土於一號建築的另一殘塊磚，收藏在咸陽市博物館。紋飾中的鳳鳥張口含珠，鳳冠後伸。鳥背位置有一怪人，戴山形

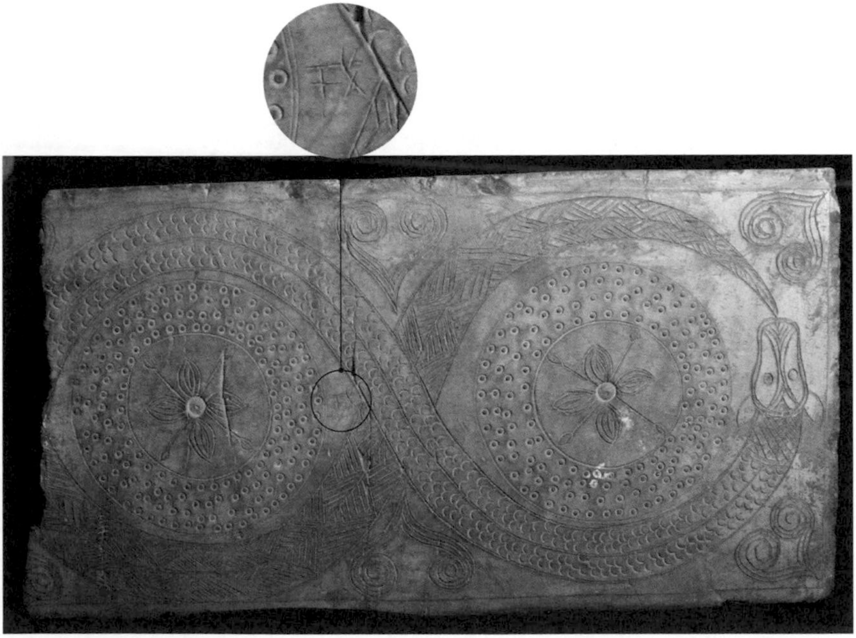

「戎」字空心磚（攝影：王昊鵬）

冠，大耳朵上掛一條彎曲的細蛇，上肢像動物腿，曲肘上舉，只有兩趾，撫著鳳的脖子。這是神人騎鳳？還是人面鳥身的神仙？

> 東海之渚中，有神，人面鳥身，珥兩黃蛇。（《山海經．大荒東經》）

雖然紋飾殘損難窺全貌，但有人、鳥、蛇，整幅內容肯定和東海的神有關。

龍、鳳、龜、麟並稱「四靈」，是祥瑞的四種神話動物。空心磚顯示了建築的等級，張揚了皇家的氣派，更涉及了國運與陰陽交替。

陰陽學有「五德始終說」。金、木、水、火、土，五種物質各有不同的特性，依次相生相剋。水生木，木生火，火生土，土生金，金生水，順位相生，隔位相克，迴圈反覆不止。「五德」周而復始地迴圈運轉，這是「終始」。每個歷史朝代都有五德中的

神人鳳鳥磚[1]

一種與其相配，商取代夏是金勝木，周取代商是火勝金，能取代火德周的朝代必將是水。秦是水德。

玉璧也是一種高級別的器物。從材質說，玉是山川的精華，上天恩賜的寶物，具有溝通天地鬼神的靈性，《紅樓夢》中賈寶玉落胎時口銜「通靈寶玉」，天生非凡人。從具體用途方面看，玉器分禮玉、葬玉、裝飾玉三類。「君子無故，玉不去身」，鐲、佩之類的裝飾玉戴在身上為了美，也體現君子溫潤如玉的品德。給逝者使用的葬玉，包括全身罩金縷玉衣，嘴含玉蟬，手裡握玉豬、七竅堵玉塞，取玉保護屍身不朽之意。

作為通天絕地的法器，禮玉溝通人、神二界，有璧、琮、圭、璋、琥、璜六種，又稱六瑞。玉璧是最為核心的一種禮玉，它的歷史延綿了五千年，在中國傳統的文化理念中，玉璧象徵著美好的意願和高貴的品質，也是權力等級的標誌。

關於玉璧，春秋戰國時期有兩個關聯的故事。

春秋時期，楚人卞和獻一塊玉璞給楚王。污泥穢土包裹下的玉璞如頑石毫不起眼，兩任楚王不僅不識貨，還先後對卞和施以酷刑。可憐卞和只能孤苦伶仃，倒臥荒野，睏時枕著玉璞睡，醒來抱著玉璞哭。

後來楚文王聽聞此事甚感蹊蹺，使人剖璞，果真是一塊價值連城的寶玉，遂雕琢成玉璧，深藏內宮成為國寶。京韻大鼓有唱詞稱讚和氏璧是「玉質晶瑩無瑕潔白如雪，恰似明月高掛夜空，玲瓏剔透光澤滑潤，人間稀少價值連城」。

戰國晚期趙惠王得楚和氏璧。秦昭王「遺書趙王，願以十五城請易璧」。秦強趙弱，趙王惹不起，又唯恐給了玉璧卻換不回十五座城。藺相如申請奉璧前往。他說「：城入趙而璧留秦；城不入，臣請完璧歸趙。」不出所料，藺相如憑著大智大勇，終於使寶玉完好回歸。完璧歸趙故事的發生地在咸陽城渭南宮區的章台宮。不太正面形象的主人公昭襄王，是咸陽城的第四任業主。

總之，龍、鳳、璧都不是隨便能使用的紋飾。在中國再簡單的事都要按規從禮，禮入於法。秦國、秦始皇也「禮」應如此。

磚坯上刻出的龍紋、神人騎鳳紋，因爲一磚一刻，沒有完全相同的兩件，都是限量版的孤品。

1 引自《秦都咸陽考古報告》圖二〇一，科學出版社，二〇〇四年。

02 模印磚與印刷術

和空心磚搭配使用的，是批量化生產的模印紋飾磚，空心或者實心。空心磚依然作台階用，規格與龍紋磚一致。實心磚有長方形和正方形兩種，用作鋪地或貼牆壁。

模印紋飾磚的模具，有的本身自帶紋飾，一次脫模便可完成磚的外形和裝飾。有的模具表面沒有紋飾，先做泥坯，再用不同圖案的模具像蓋印章一樣按需組合，形成磚坯表面規律的連續紋。模印紋飾也不僅僅只是美觀、好看。靈活變化的組合，可以衍生更多的含義。有一種組合紋飾模具，直線勾折的幾何紋外形像迴紋針，與大小相套的菱形交錯排列，兩種紋樣都是首尾相連，迴環反覆連續不斷，代表「延綿不斷」和「富貴不斷頭」。在遙遠的西方，有一種被稱爲「Meander」的古希臘迴形紋，和中國的迴形紋一模一樣，是王室皇冠、珠寶設計中備受青睞的素材。

這種美好的寓意怎能是東方人的獨愛？怎能不愛？和申先生採購家裝瓷磚，在琳琅滿目的建材市場五分鐘搞定一款，紋樣、尺寸和規格竟然和秦宮鋪地磚一模一樣。

模印紋飾尤其是組合模印的技術，備受西方學者讚揚。德國學者雷德侯在他書中寫道：

中國人創造了數量龐大的藝術品……這一切之所以能成爲現實，都是因爲中國人發明了以標準化的零件組裝物品的生產體系。零件可以大量預製，並能以不同的組合方式迅速裝配在一起，從而用有限的常備構件創造出變化無窮的單元[1]。

秦磚紋飾的印模，正是書中說的「零件」。這種技術被漢代全盤吸收並發揚光大成爲畫像磚。印模規格可大可小，紋樣內容豐富，人物、建築、車騎儀仗、舞樂百戲、祥瑞異獸、神話典故、奇花異卉，再加上多變的搭配組合，形成名副其實的畫作[2]。模印技術和中國四大發明之一的印刷術有著千絲萬縷的聯繫。

「連外國人都寫

壁磚（秦咸陽宮遺址博物館藏）

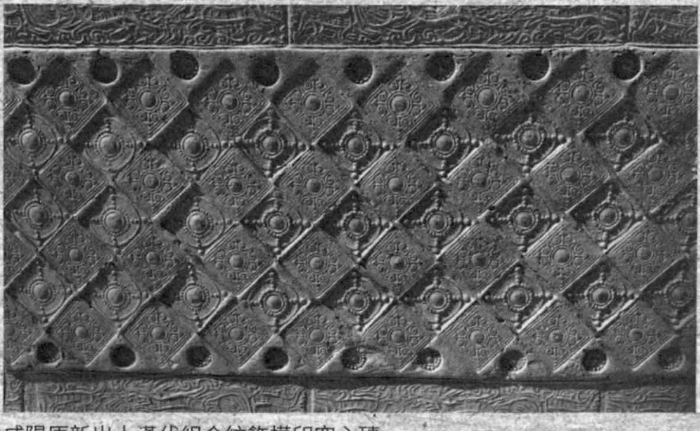

咸陽原新出土漢代組合紋飾模印空心磚

書稱讚這些磚的製作技術，別直接就抓碎啊。」與施工方交涉，希望挖掘機的鐵爪子能「槍口抬高一寸」。

脫坯而成的模印磚，數量最多的發現還是在秦始皇陵兵馬俑坑，各個「室」的地面全部鋪磚。這些長條形鋪地磚必然沒有漂亮的紋飾，俑坑建築的使用者是兵俑，等級比不上宮殿的主人。和千人千面、千人千色的陶俑相比，這些磚更是默默無聞少有關注。但它們不僅燒製品質上乘，且磚上有壓印文字。

長條形鋪地磚上的二十一種文字，包括「左司高×」「左水疘」「宮章」「宮毛」「宮水」「都倉」「大挳」「寺係」「安米」「淏邦」等內容。相同文字在秦始皇陵、阿房宮、咸陽原都有。二〇〇三年我在寶雞地區南灣遺址還發現有「大水」「大丁」「宮昌」「宮臧」等字樣[3]。

文字明確了秦代有哪些管理部門、磚廠和工人。宮是宮司空的縮寫，隸屬中央官署，是央企。左司是左司空的縮寫，隸屬皇室。磚廠工人如昌或臧，是宮司空下屬的工匠組長。還有外族人，比如「淏邦」的淏是一個譯音用字，此人很可能來自戎族。另外也證明了秦朝如

鋪地磚（秦咸陽宮遺址博物館藏）

何對製磚質量進行品控，物勒工名制度落實到了手工業生產的各個行業。

從咸陽城到秦始皇陵再到寶雞，相隔數百里的不同地區磚廠管理和燒磚的工人完全一致，製作和調撥應該是統一管理。

唯有統一，才能有如此一致的步調。

建築工地採集鋪地磚

兵馬俑坑鋪地磚（攝影：趙震）

1 [德]雷德侯著，張總等譯：《萬物：中國藝術中的模件化和規模化生產》，生活·讀書·新知三聯書店，二〇一二年。

2 此類專著、圖錄較多。新版有董睿著《漢代空心磚墓研究》，科學出版社，二〇一九年。

3 秦始皇帝陵博物院、陳倉區博物館：《陝西寶雞南灣秦漢遺址調查簡報》，《文博》二〇一四年第五期。

▲十二字方磚（國家博物館藏）

03 有字磚與君子修養

有一種磚面模印有十二或十六個字的鋪地磚，很受藏家追捧。十二字的內容是「海內皆臣，歲登成孰，道毋飢人」，十六字的內容多了「踐此萬歲」四個字。

既然是「踐此萬歲」，肯定是天子踩踏的御用品。文字磚的字體修長，都是秦小篆陽文。繼國家博物館一九五〇年入藏了一塊之後，二〇〇五年前後此類磚再次大批量出現在西安古玩市場上，據說出自山西夏縣禹王城和洪洞縣范村。儘管對於其中個別字，比如是不是把「饑」錯寫成了「飢」，「飢人」該理解成是吃人還是要飯的乞丐，學界沒有統一的認識，但這並不影響磚的重要歷史價值[1]。

文字內容直白說，就是天下統一不打仗，風調雨順收成好，人人碗裡有飯吃。這些鋪地磚應該都是大型宮殿建築所使用，表達了一種期盼。很可惜，由於不是正式考古發掘出土，缺失了埋藏資訊，建築的具體屬性、規模、時代都成了無頭案。僅能從字體上大致推斷應該不早於秦，漢磚的可能性更大。

漢磚文字依舊沿用秦小篆很正常。秦宮漢葺，漢承秦制，百代因秦法，秦始皇時期的管理模式適合國情。北京大學著名學者李零先生曾至山西實地考察，又見字體較小的恭、言、思、問等字磚殘塊。他認爲這種磚全文二十五個字，內容與儒家學說有關[2]。

> 君子有九思。視思明，聽思聰，色思溫，貌思恭，言思忠，事思敬，疑思問，忿思難，見得思義。（《論語・季氏》）

中國儒家重道德修養，君子九思宣導獨善其身。

一九九九年我開始參與野外發掘，在鳳翔雍城戰國早期秦人墓出土了一枚「忠仁思士」印章。搭檔王志友告訴我說，這四個字體現了典型的儒家思想，時人將其刻成印章，作爲指導自己日常行爲規範的箴言。箴言章和類似內容的吉語章在咸陽平民墓葬中也有，比如塔兒坡秦墓出土的一枚印章，文字是「士仁之印」，也可讀成「仁士之印」。

「道毋飤人」、「君子九思」、「忠仁思士」、「仁士」體現了儒家思想。這似乎和秦始皇焚書坑儒、打擊儒家學說的歷史記載相衝突。

> 西元前二一三年和西元前二一二年，秦始皇在咸陽焚毀書籍、坑殺儒生。傳說爲了「坑儒」，秦始皇還爲自己的殘忍之舉精心設計了一個局。他派人在驪山腳下的一塊谷地種上甜瓜，利用溫泉水澆灌，用心照料，待冬天終於結出果實後，秦始皇謊稱請大家吃瓜，將方士儒生騙到谷地，伏兵以沙石把他們全部活埋。焚書坑儒成爲西漢以來秦始皇暴虐的罪證。（《文獻通考》）

凡事過往，皆有序章。儒家學說在秦國發展的不同時期境況也在不斷變化。戰國中期偏早的時期，儒家學說傳到秦國。之後，儒家人物在秦國一度很活躍，出現了高段位的儒士。

統一後，由受重視到被取締，再到焚書坑儒遭到打擊，其中一個原因是儒生話多，影響社會穩定[3]。很多事的對錯其實並沒有一條筆直的分界線。端詳兵馬俑坑的將軍俑，我們讚譽他的氣質儒雅。儒雅即溫良謙恭，正是儒家所提倡的一種人文素養。如果說爲秦始皇坑儒喊冤，僅憑將軍俑的儒雅氣質和箴言印章並不足以令人信服，那就再擺上一本秦國幹部修養守則。

秦國培養官吏有《爲吏之道》。所言及的五善、五失、講禮、重民、德政均來自儒學。儒家在秦國不同時期有不同的境遇，從來沒有因爲某一個時期受到壓制而停止活動，儒家思想的火苗在秦社會生活中從來沒熄滅過。秦始皇「坑儒」百年後，這股火苗終於在西漢中期再次燃燒。如果當初書燒淨，人殺完，漢武帝獨尊儒術從何談起呢？

吏有五善：一曰中（忠）信敬上，二曰精（清）廉毋謗，三曰舉事審當，四曰喜爲善行，五曰龔（恭）敬多讓。五者畢至，必有大賞。（秦簡《爲吏之道》）

秦代究竟是什麼樣子？根據文字磚，管中窺豹。

1 李零：《「邦無飤人」與「道毋飤人」》，《文物》二〇一二年第五期。
2 李零：《漢〈論語〉銘文磚——從考釋文字東拉西扯》，《東方早報》上海書評，二〇一六年四月十日。
3 王志友：《鳳翔黃家莊秦墓發掘的一點收穫》，《秦文化論叢》第八輯，陝西人民出版社，二〇〇一年。

▲龍紋空心磚（陝西師範大學博物館藏）

04 混進來的漢代磚

無論是渭河北還是渭河南，既是秦都咸陽城所在，也是西漢長安城或帝王陵園的轄區，有些磚到底該姓秦還是該姓漢？答案也許隨著考古發掘有一天能揭曉，也許成爲千古懸案。

西北大學和陝西師範大學兩家校內博物館都收藏有空心磚，都說是採集自咸陽窯店鎮，都說是秦宮殿遺物。這些磚圖案有二龍拱璧、有雙鳳含珠，規格與發掘出土的秦磚一樣，但紋飾製法、構圖方式截然不同。

二龍拱璧磚的正面紋飾以玉璧爲中心，雙龍分列左右，回首顧盼，前爪拱璧。璧的上方和龍的足下各有一對葉形雲紋；璧的下方和龍背上方各有一株靈芝草。整個畫面構成二龍拱璧的場景。構圖風格左右對稱，雙龍飛騰。圖案是模印的陽文，具有減地淺浮雕的效果。而秦空心磚，紋樣是飛龍，技法是陰刻。類似製作風格的空心磚多見於西漢長安城或皇帝陵園，也用作台階。以青龍、白虎、朱雀、玄武四種動物圖像做主體紋飾，按照東、西、南、北四個方位布置，稱爲「四神」空心磚。

「四神」磚的紋飾和天象有關，對應天上的星宿。古人上不了天，經常抬頭望望，滿天星斗激發了中國人對天宮的好奇。他們以北極星和北斗七星爲中心，把圍繞周圍的星辰分爲二十八個星宿，天空劃分爲東、西、南、北四個正方向的區間。每一個區間設想有一種神獸。

一九八七年河南濮陽西水坡一座時代爲西元前四五〇〇年的墓葬，開啟了中國天文學的考古歷程[1]。這座墓葬的主人是一位老年男性，頭向南，腳在北，上南下北；左爲東，右爲西。墓壙邊緣分別有三具兒童殉人。墓主人身體的兩側和腳下有三組由蚌殼組成的圖像。墓主人右側，東方向是龍；墓主人左側，西方向是虎；墓主人的腳下，北方向的東側還擺放了兩根人的脛骨。所有蚌殼圖像構成的畫面是一幅二十八宿星象圖。

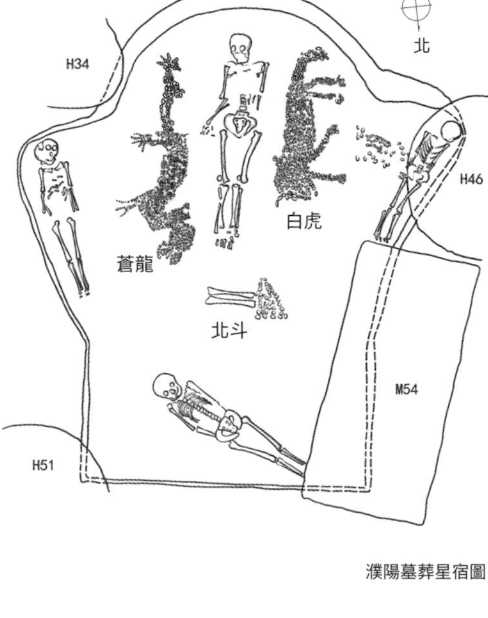

濮陽墓葬星宿圖[2]

在湖北出土的戰國早期曾侯乙墓漆箱蓋上，二十八宿星圖更加明確。箱蓋的中央有「鬥」字。鬥字的周圍，繞圓書寫有二十八宿的名稱。箱子的東側，即左有龍；西側，即右是虎。

濮陽西水坡的墓葬，曾侯乙墓漆箱蓋，秦漢時期簡牘地圖方向的上南下北、左東右西，秦始皇都城和陵園地宮，帝國中軸線上的阿房宮，西漢時期的大地中心天臍坑和四神磚，中華文明的發生、發展，如同長卷畫軸徐徐鋪開。

從秦始皇陵開始，祭祀先王的活動轉移到了陵園內，陵側設置了寢殿、便殿一系列地面建築。寢殿供皇帝靈魂起居，裡面陳設皇帝遺物，宦官宮女、陪陵人員按時按點整理被褥、端茶倒水，「日上四食」，完全像侍奉活人一樣。便殿是皇帝靈魂休閒宴飲的場所，也如生前所需（蔡邕《獨斷》）。貴族或者一般百姓參照皇帝的做法也將祭祀活動搬到墓地，只不過規模小一些。

秦都之後的咸陽原成爲西漢皇帝的陵區，從東向西依次排列了九位皇帝陵園。第一代皇帝劉邦及呂后、第二代皇帝劉盈及張皇后、長公主魯元公主以及各自的近臣、親朋好友，死後都擠到了秦咸陽城舊址。這些人不僅在地下建造墓穴，還要有地上加蓋的祭祀建築，楊家灣漢墓群就屬於這種情況。

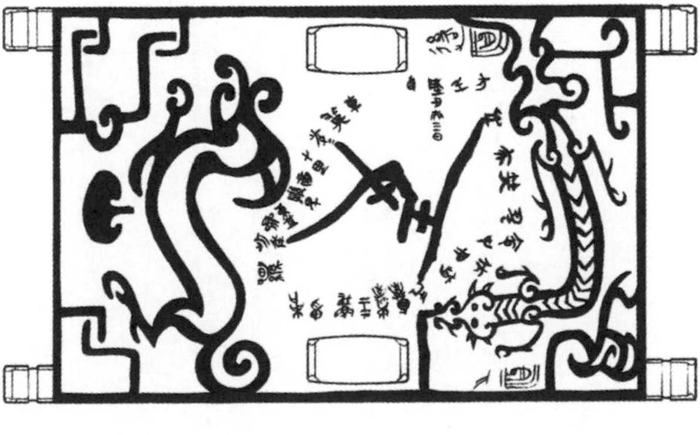

曾侯乙墓漆箱蓋圖案（摹本）[3]

楊家灣漢墓群位於咸陽宮殿區東南部，總數不少於七十三座。主墓屬於高祖劉邦的陪葬，自身還有數千件兵馬俑和舞樂雜役俑陪葬[4]。顯然此墓主人等級不低，推測或者是周勃父子，或者是王侯貴族[5]，一九八〇年該地再次出土虎紋和朱雀紋空心磚。

考古研究就像偵探斷案，形成結論一定要充分考慮歷史背景和地區沿革。因爲有明確地層，發掘遺物時代誤判的可能性相對小些，採集遺物就得反覆推敲了。首先要考慮本地曾經都有哪些不同時代的遺存，接著要對比不同時代遺物的製作風格，甚至要查找同時代、不同地域的一些發現，比對之後才好下結論。

咸陽原上秦宮和漢陵建築的混雜局面，我們在發掘現場尚需仔細分辨地層關係，兩所高校博物館藏「二龍」、「二鳳」空心磚屬採集品，從根本上缺失了埋藏資訊，僅根據出土地在咸陽城故址，並不能就敲死是秦宮的遺物。我覺得更可能與漢代高等級墓葬有關係。

1 馮時：《中國天文考古學》，中國社會科學出版社，二〇〇七年。
2 引自《河南濮陽西水坡四十五號墓的天文學研究》圖二，《文物》一九〇〇年第四期。
3 引自《河南濮陽西水坡四十五號墓的天文學研究》圖一。
4 陝西省文物管理委員會、咸陽市博物館：《陝西省咸陽市楊家灣出土大批西漢彩繪陶俑》，《文物》一九六六年第三期。
5 陝西省文管會等《咸陽楊家灣漢墓發掘簡報》，《文物》一九七七年第十期。

05 我有三個奢望

咸陽城空心磚上紋樣，構圖是以玉璧爲中心，龍體環繞穿梭，周邊不經意地添加雲朵，留白處有細密的圓圈，這樣的一幅畫面被譽爲是「龍行踏絳氣，珠聯叉璧合」。能擁有這樣一幅拓片，裝裱後掛在家中作爲裝飾畫，是我的一個奢望。

拓片就是古碑文、金文或圖案的拷貝版。很多人都玩過一個遊戲：一枚硬幣，上面蒙上薄紙，鉛筆在紙上塗塗抹抹，硬幣上的圖案和文字就清晰地顯示出來。這個遊戲和拓印原理相同。在沒有掃描、拍照的時代，使用宣紙和墨汁捶拓出與實物大小一致、完全寫眞的複製，技術是中國人的發明，一張三維立體拓可是千金難買。

縱然有奢望卻也不能違法，國家文物局曾對文物拓印管理出台過規定。規定必然事出有因，拓印捶打的重力掌握不好，會造成器物斷裂；墨汁濃度和用量掌握不好，會滲透進器物體內造成污染。就像對上了歲數的老人，你不能使勁兒碰；對漂亮小姐姐，你不能把泥汙甩在她臉上。曾有某大學美術學院師生私拓南朝陵墓石刻，所幸未對文物本體造成損害，但影響很壞。拓印這事不是想做就可以做的。

採集到一塊完整的龍紋空心磚，是我的第二個奢望。但咸陽城實在太大了，這個奢望有點像大海撈針。隨著考古學的不斷發展，公衆考古學成爲其中的一支新軍。什麼是公衆考古？或許就是公衆參與到考古工作中，實現多元話語；或許是要加強考古學的知識普及，告訴公衆考古是什麼，爲什麼。無論哪種定性，我都不贊同只有每年的某日，公衆才可以體驗考古學，專業人士才出面普及考古學。公衆考古不應該是應景模式。這個理念得到了隊友們的全力支持。田間地頭的調查、物資採買的市場、發掘現場，都是我們實踐公衆考古的平台。逐漸收集到的各種眼見的、傳說的資訊，我們按線索一一核實。

慢慢地竟然撿回幾塊龍紋空心磚殘塊。有此類磚塊之地，肯定原來周邊有大型宮殿，由此也略微降低了一點大海撈針的難度。咸陽城考古工作再不提速來不及了，可是專業人員數量有限，顧不過來。打一場保衛文化遺產的全民之戰，必要、可行、有效。

第三個奢望最鬧心。秦始皇陵地宮有石室，陵園建築的寢殿、便殿和管理者用房鋪石台階，個別房屋以菱形花紋石板鋪地[1]。二〇一三年發現一處迴廊式建築，西北角的青石台階上面雕刻夔龍，圍繞龍紋還有陰刻斜線。紋飾構圖對稱，主次分明，兼顧防滑。石台階的復原長度二百一十公分、厚度二十三公分。

陵若都邑。生前住城，死後葬陵。秦始皇陵園建築的基本特徵如主體夯築、用細草泥抹牆並塗白灰，這些都和咸陽城宮殿一樣。但是咸陽城考古已經歷時六十年，我們在地裡也整整轉悠了五載，卻沒有石台階，這事有點怪。

原因是多方面的。首先是建築等級不夠。即使是帶浴室的一號建築，也不是秦始皇處理政務的主殿和正宮，荊軻刺秦王的地點不在這裡[2]。

其次是產量和用量的限制。城裡建築多，三公九卿、內史、少府各種機構的用房多，

秦始皇陵園建築石臺階（攝影：朱思紅）

撿回來的殘磚（攝影：狄明）

台階用量大。陵園建築數量少，宮觀衙署多是象徵性的陪葬坑，台階用量少。陶磚製作難度小，紋飾隨意。石材堅固，製作難度大、成本高，尤其是紋飾雕刻不如泥胎隨意。

怪，抑或是因爲實用性。宮殿台階上人來人往，頻繁蹬踏，使用率高。陶磚滲透性強，吸水性好，通風性好，防滑性好。空心，噪音傳播的途徑被切斷，降噪性能也好。陵園建築台階不用過多考慮吸水性以及防滑性，有條件更多地強調禮制合規。石台階寬二十三公分爲秦一尺；長二百一十公分爲秦九尺。中國古代把數字分爲陽數和陰數，奇數爲陽，偶數爲陰。陽數中九爲最高，五居正中，九五之尊正合秦始皇的身分。

還有很多原因。比如「複式小高層」畢竟是夯土築造，陶製空心磚重量輕能降低壓力。陶空心磚再多的優勢，其實也抵不過石台階所代表的建築等級。不論數量多少，最核心的宮殿一定會使用石台階。

「石台階，石台階，整天碎碎念。」師傅們笑話我了。那第三個奢望何時能實現呢？

1 趙康民：《秦始皇陵北二、三、四號建築遺跡》，《文物》一九七九年第十二期。

2 瑞寶：《秦咸陽一號建築遺址分析》，《文博》二〇〇〇年第三期。

06 小題大做

初來咸陽時，老師囑咐我「拾到籃子都是菜」，意思要注意材料收集。撿回來的空心磚殘塊就是老師說的「菜」了，我開始打水「洗菜」，爲以後「炒菜」做準備。

「隊長，你咋還幹這些活啊？」隊友覺得這是粗活。

隊長就應該幹這些活，老一代考古前輩都非常重視親手摸陶片，親手摸過製法便有了體會。

磚內壁往往會留下陶工用手抹胎的痕跡，有指紋，比畫一下比我的手指粗。泥片之間的接茬顯示是用大塊泥片折疊來定型，唯恐不牢固又反覆壓，就留下了指紋。定型需要有內襯芯，抽出的時間可得把握好。過早胎變形；過晚胎與芯可能會黏連。試探著慢慢向外拽，看，這個地方抽出的摩擦痕有停頓，呀，是剛才用力太猛了。表面的紋飾不打底稿，泥胎乾燥一點的時候用利器雕刻，但陶工的手勁難以保證均勻一致，所以刀鋒有頓挫。唉，稍一分神這個地方的線條跑偏了，得鏟掉重來。

我曾經一塊一塊地摸過陶俑殘片，所見泥胎的情況和磚完全一樣。磚面上的圓圈，管狀物體戳印形成，如二號坑坐姿弩兵俑的鞋底。這還能說兵馬俑塑造是無根之源嗎？秦始皇使用眞人大小的陶俑作爲陪葬，不論是誰激發了他的靈感，具體實現是Made in China。

從殘磚到兵馬俑，對製作痕跡的認知並不是小題大做。

秦磚整體堅硬、內質密實，有人稱爲鉛磚。爲了迎合收藏交易，近些年咸陽城遺址經常發生盜磚、盜瓦的犯罪行爲。很多文物愛好者也常來撿漏，回去後略做加工，改造成硯台售賣。更有挖土機的鐵臂碰到磚塊，三下五除二直接抓成殘渣，以免施工被叫停。

碰到三類性質不同的人和事，我們都會勸阻甚至舉報。要保證出土文物的資訊完整，一定要依靠科學的考古發掘。三種行爲都造成遺址信息的缺失，破壞文物原生態。這不是小題大做。

磚是建築的輔料，只是我們認識秦代建築的配角。中國古代建築風格的傳統、製陶業上承載的民族記憶、禮俗規制的嚴格與沿革、秦帝都咸陽城的恢宏氣勢，這個小題可以大做。

國運失竊，龍脈崩塌，改朝換代，獨留秦磚。發出感歎的時候卻不應該只看到輝煌。由於國家的統一，人力、財力、物力集中才使得中國古代建築達到了第一次發展高峰，製磚技術也呈現了新的面貌。這種統一局面的最終遠景是：歲登成熟，道無飤人。

第十二章

「骨」惑人心的一次發現

蠱，使人著迷，被施以特殊魔力的神祕物體。

考古是一項帶有田野性的科學事業，當然有一些艱苦。然而，它更多地帶來榮幸與激情。千年交匯於一握的體驗，蠱惑得人神魂顛倒。

在咸陽城裡的這次發現，我卻冠以「骨惑人心」的標題，不是筆誤。

堆積劃層

逐層清理

土要過篩

01 「萬人坑」帶來的煩惱和快樂

對於考古，很多人首先想到的是挖墓。二〇一五年元旦和小聶等村裡人聚餐，我端起酒杯先乾爲敬，答謝鄉親們過去一年的支持，希望未來多提供線索，爲考古助一臂之力。小聶馬上說，在村小學後面有一座萬人坑，「上學那會兒成天浪乜，撿上骨頭胡耍乜」。

我不信。他說的地方與咸陽城宮殿核心區相隔不足三百公尺，把人埋在那兒純屬給皇上添堵。我更竊喜，不合常理那就是另有蹊蹺。

帶小許和方師傅一起實地調查。穿過一片墳崗，鑽過齊腰的荒草、酸棗樹，走到崖邊一看，我們都愣住了。斷崖邊確實有很多散落的骨頭，量大也沒錯。拽著小許摟上來幾塊，骨條、骨塊都明顯有人爲切割、打磨的痕跡，有的還有紅顏色和花紋。這不是人骨，是用動物骨頭製作過的某些器具。

骨器容易損壞、腐朽，以往咸陽城考古發掘出土的實物不多。方師傅問我：「挖不挖？挖的話我去找隊長協調。」考古發掘會涉及農田、青苗、果蔬、樹木等方面的損失，儘管會有相應的經濟賠付，但也需要理解和幫助。方師傅是當地人，協調用地之類的週邊工作全都依仗他出面。

「挖吧，探方面積不要太大，經費有限，千萬不能傷到周邊鄉親的墳，否則賠不起。」

探方是考古發掘區域的單位，以T表示。在選定的發掘區域劃好方格網，大小依遺址文化堆積的厚度而定。方格就是探方，以此爲單位，分工、分次發掘。也有的時候是長條形探溝。一般方向爲正北，設置西北角爲座標原點，工作過程中方便記錄位置。要注意的是，考古發掘不是刨土豆，探方布置好以後必須是從地表由淺到深逐漸清理。必要的時候發掘出來的土還要過篩子，甚至用水淘洗。現在有些機構甚至是官方文博單位，打著「公衆考古」的旗號組織考古體驗，找一塊空地布置「探方」，埋點文物仿製品，動員體驗者在探方內尋寶。這種以「尋寶」爲噱頭的活動影響極壞，尤其是對小孩子。體驗考古，應該強調從地表向下逐層深入的理念。

方師傅出面和村民都談妥了，王永和小許帶三位村民披荊斬棘清理地表，布置出長五公尺、寬四公尺探方單位，開始發掘。雖說發掘面積不大，考古田野操作規程一步不落。二十多天後發掘結束，共計收穫了大約六百公斤的骨質遺物，還有一些鐵器和磨石。數量多，小許每天往回背，興奮地說「有點煩」。

考古工作涉及門類衆多：體質人類學、冶金考古學、植物考古學、動物考古學、文物保護學……沒有誰是全才，考古領隊也一樣。對小許背回來的六百多公斤骨頭，我研究不了。

好在考古是小衆行業，一通求助電話之後，動物考古專業碩士生小侯同學就位。第二天，他興奮地和我說：「太多了，我畢業之前可能弄不完。唉！」

小侯每天一個人在工棚裡挑挑揀揀，終於在臨近畢業離校之際，寫出了一份初步研究結果。他寫道：這批骨頭來自不少於二〇三頭黃牛，其中有骨料、坯料、半成品和廢品，產品有娛樂的博具棋子和計數的算籌、裝飾品的圓環、車馬使用的鑣、帶具等。

我負責鐵器和石器整理。石器基本是磨石，作用類似砂紙，磨石質地有的很粗，有的非常細膩。鐵器包括削刀，有的刃上揚，有的刃下彎，又有芝麻粒大小的錐子尖。確實太多，石渣、鐵渣鑽進指甲縫很難清除，我也很煩。

大家都在抱怨「多」、「很煩」，卻又熱情高漲如受蠱惑。

▲龍紋帶具（攝影：趙震）

02 皇家工廠初顯真容

這次收穫的物件都與骨器製造有關，小晶口中的這個「萬人坑」應該是一家骨器廠，生產規模挺大。原料來源單一，只有黃牛一種，卻涉及二百多頭。取料方式一致，把黃牛腿骨割去兩端關節，再分成長條形或正方形的片、塊和條。產品種類單一，只做裝飾或娛樂之用，屬於奢侈品，不是人們生活中的必需品。廠主是誰，服務物件是誰，想必大家能猜個八九不離十。

每個時代、每個國家都有製造業，秦國也不例外。當時製造業有官營和私營兩類，官營屬於國字號，由內史監管，地方的由郡守、縣令和縣丞監管。監管體系下，工官、吏、佐、曹長等是工廠裡的各級主管；當然還得有工人，主要是工師和徒。這家工廠離宮區很近，肯定屬於國字型大小的官營，像現在的「央企」，隸屬少府，頂頭上司是工官。

工廠製作的產品有點「小兒科」。圓環直徑不到二公分；馬嘴兩邊使用的鑣只有一拃長；棋子和麻將塊差不多；算籌比牙籤長不了多少。再看看幾件半成品，比如帶具，大小、外形都像現在人使用的皮帶扣，其實是車馬器，用來固定馬鞍和轡具。做得甚是小巧、精

骨環（攝影：張楊力錚）

帶具製作流程（攝影：侯富任）

緻，圍繞橢圓形的穿孔，陰線刻了一條盤旋的飛龍，龍鬚毛飄揚，還有紅色的繪彩，眼睛和身體的一些部位鑽有深窩，可能後期還有寶石、綠松石一類的鑲嵌。我翻閱戰國到漢代的考古報告，沒找到同樣材質可媲美的第二件。一種車馬上使用的小部件如此精緻，使用此車馬的人定不普通。

外形小只是表相。產品以奢侈品居多，客戶群指向秦代貴族甚至是皇帝本人，這可就不是「小兒科」了。

找到這家工廠，確定廠商和客戶，猶如掐住了這次工作的首尾兩端，中間還有許多環節要解決，難怪半年來小侯總是「做不完，做不完」地抱怨。多虧出土物量大，每個製作環節的東西都有，合併同類項，按照原料、坯料、半成品、廢品，逐一排序一擺，製作流程一目了然。其間，骨料、鐵刀、磨石一樣不能少，各種削、鑽、磨，工匠的耐心、審美情趣、技藝更缺一不可。每個環節都有可能失誤，事實上失誤率很高，帶具只有一件接近完成。

在任何一本書中，都找不到與這家工廠有關的隻言片語。我們能看到的字眼，「戰」、「武」、「殺」、「伐」，每一個都充滿血腥味。對秦人，韓非子留下的第一印象是聽說要打仗，個個擼起袖子上躥下跳，急不可待。張儀曾經動員韓王參加秦國牽頭組織的連橫協會，遊說詞是秦軍光頭赤膊，奮勇向前，六國的軍隊和秦軍相比就像雞蛋碰石頭。你怕不怕？這些勇士左手提著人頭，右胳膊下夾著俘虜，還在追殺下一個目標。你怕不怕？（《戰國策．韓策》）可謂詞詞暴擊，句句致命，這哪是遊說，分明就是赤裸裸的恐嚇。

國之大事在祀與戎。在史學家的眼中，國家存身立命的大事只有祭祀和軍事戰爭。歷史在人們的心中往往粗暴地簡化得只剩下國之大事，普通人、普通事往往被選擇性地忽略了。再加上「惡譯」的做法，後人到底對秦人了解多少？

我在兵馬俑坑裡，看到了皮盾、戰鼓和木車，在咸陽城的骨器工廠裡，找到了帶具、圓環。這些考古發現使我看到了別樣的秦人，平和、有序、耐心，不乏生活的情趣。這真是小確幸。

03 紙上得來終覺淺

關於秦代手工業製造的事，基本都來自出土竹簡，在前邊的一些章節已經作了講述。此外，據秦簡記載，當時官營手工業生產要按照「命書」也就是訂單才能生產，無「命書」擅自製作其他器物者，工師和縣丞都要受懲罰。工匠在選料、用料時不得浪費，把尚能使用的材料定為不可用，也要受懲罰。

「紙上得來終覺淺，絕知此事要躬行」。帶具從骨片到鑽孔做穿、雕刻花紋，每進行一步都可能出現失誤。鑽孔做穿的方法並不科學，具體位置容易失控，孔的大小也難以保證完全一致。從最初的骨料到初步形成的坯料再到半成品，不同環節的標本數量明顯漸少，最後成品率很低。手段落後，成品率低，這是真實的歷史面貌。

於是，我的腦海裡出現一個小夥子的形象。他拿起一件骨片興沖沖地開始鑽孔，一孔、二孔，隨著鑽頭的轉動，他嘴角緊繃，鼻尖冒汗，呼！長出一口氣，四個排列整齊的鑽孔弄好了，加把勁鑽第五個，不料鑽頭一滑，孔歪了。從零開始，再來。這次一定不能出錯，屏住呼吸，精準定位，啪！手勁有點大，骨片斷成了兩節。如此反覆，終於到了雕刻紋飾的最後一步，四周磨光就大功告成了。

這時工師走過來一量，不行，這個孔穿得太小了。小夥子癱坐地上，欲哭無淚，一臉沮喪。還有一塊屬於尺骨和橈骨結合部位的標本，本來這個部位不適合製作產品，在取料階段就應該扔掉，卻明顯進行了割鋸和刮削。刮削痕跡有長有短，有橫有豎，最後剩餘的中心部分非常薄。

「嗯？刮削這個想要做什麼東西呢？」小侯同學自言自語，嘀嘀咕咕。為了消滅疑惑，他可是絞盡了腦汁，在整理室比比畫畫，以筆代刀，左削右砍，如中蠱惑。我笑稱這是一次「實驗考古學的偉大實踐」。

書本上關於實驗考古學的定義很拗口。一言概之，就是換位思考。將自己置身於事情發生的時代去驗證事物形成的原因。這種方法在考古研究中早已被廣泛應用。

秦始皇陵出土石鎧甲之後，考古人員找來相同的石材，解石、打眼、磨邊、編綴，做起了秦代的匠人。最後一統計，完成一領六百塊石片組成的鎧甲需要三百四十四到四百四十四天。可見製作一件石鎧甲是何等艱難，陪葬坑中竟然出土了至少六千領，那得需要多少年、多少人。如果秦沒有完成統一大業，不能「集天下之財力」，小門小戶根本就做不出來。透過實驗確定鎧甲的具體做法，再確定能集天下財力的國家運行模式，這是石鎧甲坑考古發掘的最終目的。最後，我對小侯的實踐成果予以總結：秦國的工匠還懂得廢物利用。他們為了提高技藝，曾經苦練基本功。有意思吧。原來，刮削這個根本就不是為了要做什麼產品，這個東西只是工匠的「練習本」。有意思吧。

這事在當時可一點也不好玩兒。秦法嚴苛，能用的骨料當作練習本，純屬找打。戰國晚期開始，秦國手工產品的品質有嚴格的審驗制度，出錯率超過一定的比例，吃不了兜著走，連坐追責，一個小組的工資都得扣。官方又經常組織評比，縣工官上交的新產品被評爲下等，或各生產單位的產品在定期評比時被評爲下等，生產者和管理者都要受懲罰，連續三年被評爲下等，懲罰更重。

這可眞是：早點出徒，上級有獎；吊兒郎當，通報挨批；原料浪費，連累團隊；技不如人，挨打罰錢；勤學苦練，方成大器。律文上說的這些都是眞的。

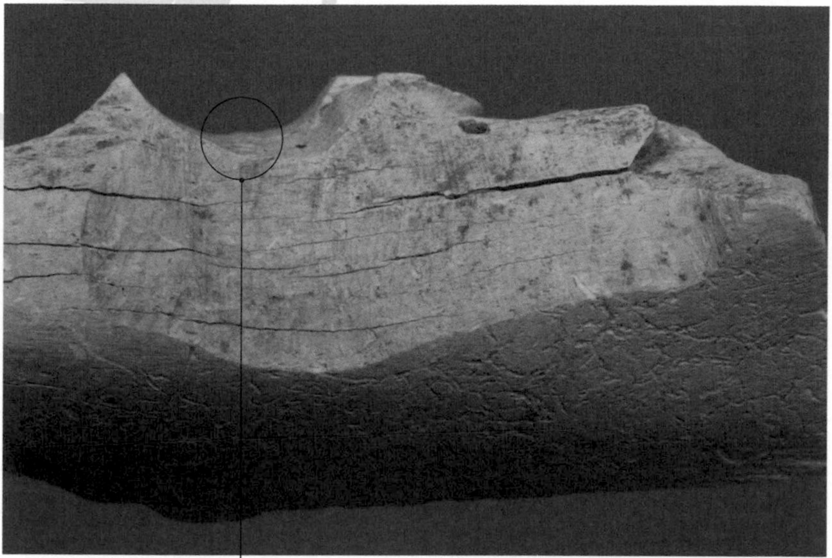

學徒「練習冊」（攝影：侯富任）

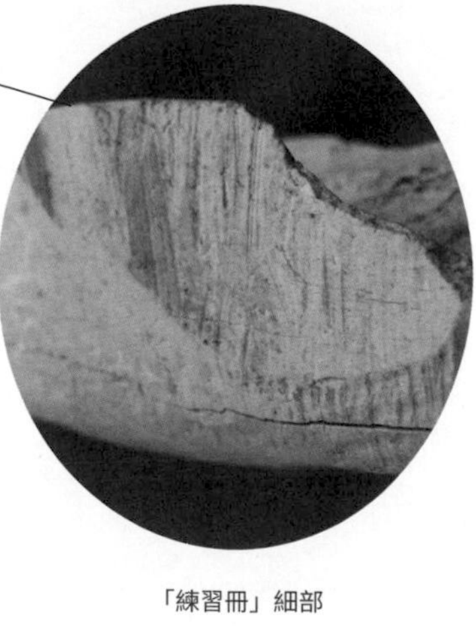

「練習冊」細部

04 大國工匠

製造業離不開人。秦代的工匠是一個龐大的群體。大工匠是工師，另外還有小跟班的工徒，還有「工城旦」、「工鬼薪」、「工隸臣」、「冗隸妾」等臨時工，有男有女，無性別歧視。有些人我「見」過，兵馬俑就是他們的傑作。

現在我們找到的這家骨器製作廠，實際上是社會生產、供給交換、消費分配系統中的一個複合體，涉及原料採備、骨器生產、廢料與廢片處理、產品流向和方式等環節[1]。每一個環節，又都有更細小的分支。比如說原料採備，誰是供應商？從哪運來的？怎麼運的？如何保存的……還有，每一個環節的實施者具體都有誰？

關於工匠的問題，由於發掘範圍太小，沒能獲得直接的線索。但是有一個小確幸——六百多公斤的骨器中，我們挑出了一件古琴上調弦用的軫。僅此一件，沒有製作前環節的坯。琴軫不是產品，工匠中有人會彈琴。再想想距離這家工廠數百公尺府庫裡的編磬。這可又涉及秦人「講禮」了。要知道，磬是國家禮樂器，工人可不能敲。

骨料來源可知至少有二〇三頭的黃牛，反映了當時秦國畜牧業的發達。骨料上不見屠宰或取食過程中形成的截斷茬口，應該是在屠殺和取食切肉時，就爲後期骨器製作做了籌畫，有意識地注意保存骨骼的完整性。屠宰界的大匠可以出場了。

我們都知道庖丁解牛的故事。廚師丁，善於宰牛，以一技之長得到梁惠王的讚揚。庖丁宰牛那可是遊刃有餘。血腥的屠宰卻姿勢優美，猶如《桑林》之舞；剔骨切肉時發出的聲響，彷彿是《咸池》的旋律。二百多頭黃牛的宰殺不損傷骨頭，原來秦代有庖丁群。

會彈琴的工人，善宰牛的廚師，不過是當時普通的手工業者。他們被稱爲「匠人」。關於匠人勤學苦練、勵志成才的故事流傳下來的並不多，遠遠少於讀書人。孫康囊螢、車胤映雪、頭懸樑錐刺股，勵志的故事總是苦讀，成功的標誌都是位至高官，躋身政界。大思想家和文學家韓愈甚至還說過：巫醫樂師百工之人，君子不齒。

可是，國家的富強，民族的振興，哪能少得了大國工匠。在考古行業，技工是匠人，沒有正式職位，只是按工時和工作量得到報酬。他們卻具備豐富的考古發掘、資料整理、文物修復技術，每一項考古發掘、每一本學術報告，都少不了技工的付出。技術工人群體是中國文博事業的基石。

隨著「我在故宮修文物」等一批節目的播出，更多的文博工匠走入大眾的視線，得到了社會的認可。李傑是我在兵馬俑發掘期間帶的一位徒弟，後來入職某民營博物館，做起壁畫修復和保護工作，取得了不凡的成績。我曾點贊道：敬業、精益、專注、創新，新時代的工匠精神，挺好。

常言道，工之子常爲工，手工業多以世襲的方式傳承。有點湊巧，現在文博行業的子弟很多也是子承父業。從趴在兵馬俑二號坑外等媽媽出坑，到陪媽媽丹江露宿，小申同學終獲文博碩士學位。她對我說，「要讓歷史文化走進校園」，決定入職一所小學做教書匠。我回覆：工之子常爲工，挺好。

1 李志鵬、何毓靈、江雨德：《殷墟晚商製骨作坊與製骨手工業的研究回顧與再探討》，中國社會科學院考古研究所夏商周考古研究室編，《三代考古》（四），科學出版社，二〇一一年。

05 官商運營模式

考古學研究強調「跟著材料走」，意思是說不能天馬行空，要緊扣所發掘對象的本體。然而緊扣並非拘泥，最後研究能走多遠，還要打破時間和空間的維度。將骨器工廠的發現放到秦都咸陽城遺址中，再放到中國古代手工業製作歷史中，故事方能高潮迭起。

時間維度上的打破，從人類開始利用獸骨開始。早在舊石器時代，山頂洞人已經開始用動物牙作爲項鍊；新石器時期的骨鏃、骨刀，還有梳妝打扮的梳子、束髮的笄，考古發現的器物精彩紛呈；河南、陝西等地的商、周大型聚落或城址中，都已經發現有大規模的製骨作坊。唯獨在咸陽城以往的考古工作中，對骨質遺物只是偶有提及，製作工藝、具體的生產地點並不清楚。

與咸陽城時間、地點最接近的製骨發現，有西周豐鎬遺址。已經發現了六處製骨遺存，整體分布範圍近一萬平方公尺。這裡的原料有黃牛、水牛、鹿、豬、馬，不僅有動物的四肢骨，還有肩胛骨、肋骨、鹿角等等，種屬比咸陽城發現雜亂。產品種類也五花八門，有束髮的笄、耳勺、錐子、箭鏃、鏟子等等[1]。顯然，咸陽城的發現續接了骨器製作的歷史，體現了手工業細緻分工的進步。

空間視野上的打破，從咸陽城內部開始。產品數量越來越多，遠遠超出皇室貴族的剛需，應該還可以用於商品交易。政府的剩餘物資不能浪費，可以搞點創收拿到市場去變賣。「國有企業」參與市場經濟，這事可以有。

里耶秦簡有「死負剝賣課」律文[2]。「課」是考課，一種古代官吏考核制度。對官員定期進行考核，並依考核的結果進行獎懲。「死負」、「剝賣」就是出賣筋、骨角、皮毛等畜牧產品，此項工作列入考核，說明是一種常態。

秦代的國家機器周密得令人難以想像。既有「課」，也有方法和指導細則，絕不釣魚執法，《廄苑律》細說了「剝賣」畜牧產品的具體操作規程。公家的馬牛等牲畜死掉了要及時出賣，防止腐爛貶值，賣了多少錢要上報。「乘服公馬牛亡馬者而死縣」，馬、牛出行死在了半道兒，死在了其他縣境內，就近分割定價出賣，及時止損。精打細算，保證政府的損失降到最低。

國家層面的精打細算，大抵漢武帝時期的「均輸令」堪稱楷模。在先秦時期，由於各地與中央距離遠近不一，政府按照運輸成本適當增減供奉數量，以求大家心理平衡。到了漢武帝時期，任用桑弘羊爲大農丞，實行均輸法，並很快取得成效。

均輸法的基本辦法是將各郡國應繳的貢物，除了特需、品質特優者外，一般貢品就不再費勁地轉送到京師，在當地銷售變現。所獲爲本，再購特產運往其他地方倒賣，從中賺取差價。這樣，一來減少貢賦的運輸成本，減少百姓辛苦，避免了皇室貢品積壓，也獲取了商業利潤，還限制了大商人的私人壟斷，可謂一舉多得。活脫脫就是官方倒爺。這種做法後世有借鑒，尤其是宋代王安石變法。

世界就是這麼矛盾。就像國不能缺少大匠，人們又都追捧讀書、做官，拼仕途一樣，秦國政府一直在參與商品經濟，並從中多有獲益，但是重農抑商的基本國策一直沒變。至少我們一直這樣認爲。

我們認爲，秦代有七科謫政策。七科謫又稱七科適，是指犯罪的官吏、殺人犯、入贅的女婿、在籍商人、曾做過商人的人、父母做過商人的人、祖父母做過商人的人，經常是戍邊服役的對象。這七種人中，和商人相關的有四種，占一半還多。我們認爲的這些對不對呢？

自從募人丞印和秦簡出現了募人制度，再次看相關史料記載，可能會有不一樣的認識。

秦始皇三十三年曾派逃犯、上門女婿、商人「取陸梁地」，這些人是參加戰鬥的兵。戰鬥結束後建立桂林、象郡、南海三個郡縣，後來「以謫遣戍」的人，與打仗的人是不是一夥，有點模模糊糊[3]。秦始皇派遣蒙恬帶兵十萬北擊匈奴，收復黃河以南的失地，司馬遷沒明確說這些適戍邊者的身分與七種人有關[4]。至於說秦二世元年七月發閭左謫戍漁陽、九百人屯大澤鄉，就更有問題了。稍微一抓就近千人，七種人在秦代社會占的比例也太多了點，其實閭左是平民百姓。

世界其實一點兒也不矛盾。對於秦國、秦代、秦始皇，子非魚焉知魚之樂，我們認爲的矛盾都只是我們以爲。世界本來就是複雜、立體的。七種人身分特殊，重利輕生，因此有很強的戰鬥力，徵爲募人不過是利用人的本性而已。其中道理與美國大片《加里森敢死隊》中招募兵來自死囚犯一樣。

司馬遷寫《史記》，爲商賈作《貨殖列傳》，並列記錄了兩位商人：烏氏倮和寡婦清[5]。烏氏倮，籍貫西北地方，職業牧民兼畜牧業和紡織業中間商。善經營，思路活泛。秦始皇賜「比封君」，近似封君，享受朝臣一樣的政治待遇。寡婦清，籍貫巴蜀地區。憑藉家族有礦，坐擁家財萬貫。尤其是能自強獨立，令秦始皇帝敬重，尊她爲「貞婦」，並出資修了紀念建築。

司馬遷卻說：「一位僻壞的放牧人，一位窮鄉的寡婦，混得這麼好，還不是因爲有錢嗎！」有錢不是錯，爲富不仁、不忠才不對。皇帝對工商業者的青睞尤其是對寡婦清，首先是品德「貞」、「不見侵犯」，乾乾淨淨做人。其次要注意此二人的籍貫——西北、巴蜀。對於一個統一的多民族國家而言，對邊遠地區、外部族系統的人格外恩惠，這是導向，體現了執政者的智慧。司馬遷一介史官，又如何懂得權術之道呢。

比起司馬遷，有一部以寡婦清爲題材的電視劇很惡搞。劇中寡婦清與秦始皇玩曖昧。有時候我們可以誤讀歷史，但永遠不要「惡譯」，心懷敬畏是一種美德。

1 付仲楊：《豐鎬遺址的製骨遺存與製骨手工業》，《考古》二〇一五年第九期。

2 睡虎地秦簡《廄苑律》：將牧公馬牛，馬牛死者，亟謁死所縣，縣亟診而入之，其入之其弗亟而令敗者，令以其未敗直（值）賞（償）之……其大廄、中廄、宮廄馬牛殹（也），以其筋、革、角及其賈（價）錢效，其人詣其官。其乘服公馬牛亡馬者而死縣，縣診而雜買（賣）其肉，即入其筋、革、角，及（索）入其賈（價）錢。錢少律者，令其人備之而告官，官告馬牛縣出之。

3 《史記．秦始皇本紀》：三十三年，發諸嘗逋亡人、贅婿、賈人略取陸梁地，為桂林、象郡、南海，以謫遣戍。

4 《史記．匈奴列傳》：因河為塞，築四十四縣城臨河，徙謫戍以充之……十餘年而蒙恬死，諸侯畔秦，中國擾亂，諸秦所徙適戍邊者皆復去，於是匈奴得寬，復稍度河南與中國界於故塞。

5 烏氏倮畜牧，及眾，斥賣，求奇繒物，間獻遺戎王。戎王什倍其償，與之畜，畜至用谷量馬牛。秦始皇帝令倮比封君，以時與列臣朝請。而巴寡婦清，其先得丹穴，而擅其利數世，家亦不訾。清，寡婦也，能守其業，用財自衛，不見侵犯。秦皇帝以為貞婦而客之，為築女懷清台。夫倮鄙人牧長，清窮鄉寡婦，禮抗萬乘，名顯天下，豈非以富邪？

06 考古人心中的國寶

考古學出土實物是釋譯過去的證據。以實物撥迷霧見眞相，涉及的人物、事件更豐富、更接地氣。這些實物是不是國寶，每個人的評價是不一樣的。

毫無疑問，兵馬俑是國寶。即便如此，有的人會說：「唉！這就是一群泥娃娃嘛，有啥好看的！」有的人說：「哦！這是秦始皇的地下兵團。」有的人說：「呀，太棒了！這是中國古代文明的奇蹟。」喜好不一，評價各異。

那該如何看國寶？或者說怎樣讓國寶好看？考古發掘出兵馬俑，成立了博物館，遊人不遠萬里跑去參觀這些實物，驚歎陶俑數量之多、製作之精美、秦始皇之不可思議，這都是表相。之後透過表相，第一層次的考古研究是弄清陶俑如何製作、爲何數量如此之多。再深層次是探索秦帝國的國家管理、軍事體制、國力狀況、技術和思想意識的延續、發展軌跡。領悟這些，才是眞正看到那個時代。這樣就不會說它們只是「泥娃娃」了。

咸陽城是秦始皇的一張履歷表，秦始皇陵及兵馬俑陪葬坑是履歷表上的最末欄，從生到死，他就在這張表上勾勾畫畫。咸陽城不只有秦始皇一個人，把他的履歷表放在秦咸陽城中只能占一頁。這樣一來，咸陽城裡就遍地是寶，驚喜連連吧？

曾有外地的朋友懷揣夢想，興沖沖地來找我，說要在「咸陽城尋寶」，結果很掃興。外表相墳堆一樣的夯土台長滿雜草；隨處可見的殘磚碎瓦其貌不揚；拉土車呼嘯著從文物保護牌下穿梭而過令人心驚膽戰；考古工作站的大門鏽跡斑斑，低矮的板房陰冷潮濕。

「唉，人往高處走，水往低處流。你離開工作了近二十年、可以每天回家、又世界聞名的兵馬俑博物館，跑到這荒郊野外，可真是有病！」

於是我給他講了這個「骨」惑人心的故事。起初，他的表情很怪異，聽完故事的起承轉合，卻說：「這裡是西安市大北郊最低調、最高級的地方，讓我來做志願者吧。」有人味的實物，其貌不揚，卻又添了受惑者。

從一件器物的外形、種類，確定使用者身分的不凡；從整體出土物的數量、工序，新工的練習品，確定生產製作方式、技術水準、工匠培養制度，甚至是工匠的彈琴娛樂；從發現地點、遺物時代，時間、空間來回穿梭。故事環環相扣，透物見了人。

咸陽城考古也許永遠不會像兵馬俑坑一樣受人矚目。對於這處秦都咸陽城裡的骨器製作廠，蠱惑我的不僅僅是可以看到城市中的工匠身影，也不僅僅是可以看到帝國的工商業面貌。顯然，在城址裡我們要尋找並記錄下來的，絕不僅僅是這個城有多大，秦始皇的大殿在哪裡，而是第一個統一的國家的真實面貌，以及探尋這個帝國體制對現在和未來會有哪些影響。

第十三章

國庫發掘・編磬

不以事小而不為，大遺址考古尤其需要從小事做起。可是，對咸陽城來說有點來不及了。調查、勘探、發掘，日復一日程式化的工作內容難免讓人意興闌珊，哪一天才能發現亮點？

坐得住冷板凳，攜手努力，會有石破天驚的大發現，我這樣給有點氣餒的夥伴們打氣。

01 新發掘開始了

二〇一六年五月七日，平靜地和企業、村鎮各方人員商談考古發掘用地協議後，急返老家送別了父親。二〇一六年七月五日，星期二，熱。籌備了半年之久、停滯了三十多年的咸陽城主動發掘靜悄悄地開始了。

除草的馬達聲驚飛了荒草中藏匿的斑鳩，微風吹拂起嶄新的隊旗，向北望西漢安陵，再向東遠眺秦宮，眞渴望這次主動發掘能打造出亮點。當天日記結尾我寫道：「這是一片希望的田野。」

爲了希望，對父親的追思必須放下。

所有考古發掘項目必須報請國家文物局審批。專案性質有兩種，一是主動發掘，爲解決考古學研究的某些問題。二是搶救性發掘，由於基建工程、保護條件等原因，不得不對遺址或墓葬進行清理。爲了更好地保存地下埋藏的文物，主動發掘很少，面積控制得也很嚴格。

調查、勘探發現的多處夯土建築，哪一處會有亮點？報審前選擇具體發掘點時，我悄悄抓過鬮。只是爲了討個好彩頭，不到發掘完全結束，誰也不知道結果如何。

第一銑挖下去之後，望眼欲穿度過半年光陰，只看見建築平面是長方形，總長一百多公尺，四面的外牆很厚，單體房屋面積三百多平方公尺，很寬敞。屋頂全部坍塌，瓦的時代特徵屬於秦代，建築毀於烈火。火勢燃天熾地，燒得木柱只留下礎石，牆壁和地面一片焦土。

建築何用？缺少可靠的判斷依據，已經完成揭頂的兩間房裡「空空如也」。沒辦法，請專家來現場指導，西漢長安城考古專家劉振東先生說平面結構與武庫形似。

武庫位於長安城偏西南部，是西漢時期的兵器庫。保存最好的第七號建築，整體長方形，內部有四個大房間，隔牆厚度六．五公尺，確實和我們這裡的情況高度相似。

武庫出土了很多和武器有關的遺物，比如鐵鎧甲、箭鏃、骨弭。可是我們這裡的發掘面積已經接近一半，清理房間都是空無一物。

二〇一七年一月二日，我在日記中寫道：

今天是重度霧霾。三組人員分別開展工作……主動發掘處，主要在遺址東部進行清理。發現兩層夯土跡象。上層夯土邊界整齊，屬於五花土。打破建築倒塌堆積，應為一處墓葬。該區域再次出現石塊，今天清理的五花土夯層中夾雜的石塊，大小有三到四公分，石質好，打磨光滑，邊棱整齊。

建築踏步？

五花土是墓葬的指徵，與夯土、道路踩踏土一樣都屬於「活土」，與之相對應的是「死土」，又稱生土，是自然形成的原始土壤。墓穴從地表開始挖坑由淺至深，不同顏色的活土和生土經過開挖、回填翻攪在一起，各種土色摻雜形成五花土。

有晚期墓葬打破了早期建築，這個結論簡單。可石塊到底是什麼？很燒腦。

越來越多的殘石塊堆放在一起，最大的不超過一個巴掌，看不出完整的復原形狀。根據墓形判斷，後代墓葬應該屬於南北朝或隋唐時期，那個時期常常使用石棺或者石榻。石塊是墓葬被盜後打碎的葬具，還是夾雜了秦代的石台階？

蘇秉琦先生是中國考古界的頂級人物。他說：「在考古工作中，你只有想到什麼，才能挖到什麼。」這句話貌似有點唯心主義，實際是說工作過程中要經過思考，有預判能力。我曾奢望能在咸陽城裡找到一塊石台階，難道這麼快就如願以償了？隊友反駁：「你還成神了，想啥來啥，不可能。」

石塊既薄又窄，不是台階。二〇一七年一月五日，隨意拿了幾塊回駐地，琢磨琢磨再說吧。晚飯後張楊打水清洗，一邊刷一邊說：「你說它咋也沒個字，唉！」本來指望新發掘能石破天驚，可半年的辛苦之後得到的只有「石化」。難掩的失望豈是一聲歎息能表達。

小說《飄》的主人公郝思嘉說：「畢竟，明天又是另外一天了。」第二天，太陽快要下山時分，板房內的光線漸漸昏暗起來，護院的狗警衛無精打采地縮在角落裡避寒，我絞盡腦汁地想如何尋找新發掘的亮點，廚房炒菜的叮噹聲已經響起，另外的一天又要過去了。

會利走進辦公室準備下班，很隨意地翻看張楊晾曬的石塊，突然說：「這上面有字。」我頭也沒抬。這些石塊被不止一個人、不止一次翻看過。會利參加考古隊工作時間不長，平常只做內勤，我不相信她的「慧眼」。

她拿起另外一塊又說：「你過來看嘛，就是有字。」

「快！給我拿個檯燈！放大鏡！」筆劃纖細，若隱若現，「樂府」、「北宮」四個字確認無疑，心跳加速。「媽呀，眞的，眞的！快給張楊打電話。」

02 緣分帶來的小驕傲

這四個字就像密碼，石塊的功用終於被破解。這是樂府使用的樂器——石磬。磬是一種打擊樂器，主要特點是頂部有孔，懸掛敲擊。孔稱為倨句，敲擊的面稱為旁，側面為博，孔兩側的邊一長一短，短邊為股，長邊為鼓。

北宮是咸陽城渭河以北宮殿的統稱，曾經出土過很多封泥。樂府一詞的含義有兩個：一是指古代中央官署設立的國家樂團，隸屬少府，團長稱樂府令丞，負責採集民歌，或為詩文譜曲，組織歌舞演唱。西漢初期漢高祖榮歸故里沛縣，意氣風發，作詩《大風歌》：「大風起兮雲飛揚，威加海內兮歸故鄉，安得猛士兮守四方！」經過樂府配曲一時間成為流行歌¹；二是指帶有音樂性的文學詩體，產生於西漢武帝時期。「孔雀東南飛，五裡一徘徊」的《孔雀東南飛》、「唧唧復唧唧，木蘭當戶織」的《木蘭辭》就是樂府詩。

後世長期誤以為「樂府」機構為漢代所創，與秦人無關。一九七六年春節，袁仲一先生在秦始皇陵園內散步，偶然發現當地村民新取土的地方有一個亮點，他上前一看、一摳，竟然發現了一件帶有「樂府」二字的錯金銀編鐘。每次回憶起這件改寫歷史的奇遇，平時含

部分石磬的刻字（攝影：張楊力錚）

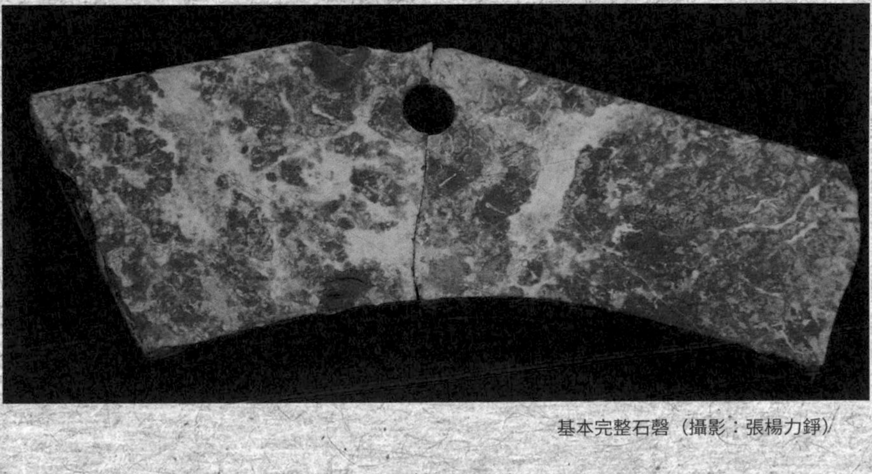

基本完整石磬（攝影：張楊力錚）

蓄低調的袁先生都眉飛色舞，當夜他「日夕倒載歸，酩酊無所知」，以致受涼感冒臥床好多天。

樂府鐘與以後發現的秦「樂府令丞」封泥以事實證明樂府機構始創於秦代。非常不幸，樂府鐘發現十年之後被盜出境，長時間黃鶴無蹤，下落不明。一晃又是十年，此物奇蹟般地在香港出現，只是在輾轉販運易手的過程中，「樂府」兩個字被銼磨殆盡。人們想不明白，犯罪分子這種焚琴煮鶴、愚不可及的行爲究竟是出於何種動機，導致這件文物在科學價值方面所受到的損失永遠難以挽回。

因此，可以說帶有「樂府」二字的秦代樂器，石磬是目前可見的唯一實例。

晚上，老李備下豪華套餐，我卻只顧誇誇其談。我的興奮不僅僅是主動發掘有了亮點，還另有一種可能會被誤解是「自大」的驕傲。

自從二〇一四年六月來咸陽城已經兩年，大家忙忙碌碌卻沒有大收穫。士氣低落、人員流失，專案經費捉襟見肘，加上冬季的霧霾，憋得人愈發透不過氣。

老李說：「憋在房子裡也沒用，出去轉轉吧。」出了工作站大門，我沿著一條新建道路散心。這條道路就像一把利劍撕開了秦咸陽城遺址，又從西漢帝陵穿過，平時我不願意到這條路上來，即使路面寬闊、整潔，路中心綠化帶種植有及膝的灌木，看上去風景很美。

不走平坦大路，哪有溝溝坎坎，哪新近有挖土，下意識地上前去看一看，腳下碰到石頭、瓦塊下意識踢一踢，這可能是考古人的「職業病」，也因此有了袁先生與樂府鐘的奇遇。不知從何時開始，我也被「傳染」了。

下意識地，我躥入並不好走的綠化帶。當然踢到不少瓦片，這裡是宮殿遺址的核心區，殘磚碎瓦隨處可見。突然看到一塊石頭，長條形不太規則，十幾公分，表面髒兮兮、灰突突，邊棱卻很整齊。下意識地，彎腰撿起。

「你又撿了個啥？」一家綠色農業開發企業老總經過，以一種調侃的語調問我。

我答：「寶貝。」我不知道石塊是什麼，也根本沒想到會有多大的價值，置於案邊多日沒再理會。

敲擊及磋磨痕跡（攝影：楊璐）

申先生來工地探班。一進門直接甩過來一句話：「你這是從哪兒弄來了一塊石磬？」

一句話點醒夢中人。趕快招呼人進行清洗。清水洗去髒土雜物，通體磨製光潔，內質細膩如泥，呈現出墨黑的本色。股上邊、股博及底部的刮削、磋磨痕跡清晰。旁面上有明顯「聚團」的小疤，尤其是其中一面靠近中間的位置疤痕集中，大小形狀較統一，米粒大小的小圓窩，這是演奏時反覆敲擊造成的。按照殘缺部分復原大概形狀，與秦漢時期的石磬造型吻合，真是一件寶貝。

我在秋風瑟瑟、暮靄沉沉之時，採集到的石頭殘塊竟擁有尊貴的身分，招惹得隊友們坐不住了，問我：「就在綠化帶裡嗎？斷裂的另外一部分會不會就在附近？」他們跑去再找，也不算是空手而歸，撿回來一些

採集石磬（攝影：李欽宇）

刻字的陶器殘片。

樂府鐘和石磬殘塊，儘管都是工作之餘的收穫，仍然要交公，我們都不會私匿起來。只有把它們作爲學術研究的材料，才能體現其價值，發現也便有了意義。之後我執筆寫了專業文章，判斷石磬殘件應爲秦王室宮廷用器，原本屬於咸陽宮或爲北宮樂府所有。

石磬殘塊上沒有自證文字，判斷只能是一家之言。殘塊從哪裡散落、流失出來的？我不敢奢望再有下文。

現在有了「北宮」、「樂府」刻字，一家之言得到證實，石磬殘塊的出處得以解決。散步中的職業病，抓鬮確定的發掘點，冥冥中竟然有這樣的巧合。

飲下慶功酒。餐桌的另一邊，張楊和小許又在乾號那首謝天笑的搖滾：「我一步一步走向明天……」

1 《漢書・百官公卿表》：少府，秦官……其屬官有樂府令丞。《史記・樂書》：高祖過沛，詩三侯之章，令小兒歌之。高祖崩，令沛得以四時歌舞宗廟。孝惠、孝文、孝景無所增更，於樂府習常肄舊而已。《漢書・禮樂志》：孝惠二年，使樂府令夏侯寬備其簫管。

03 磬不只是樂器

秦都咸陽城的奢華，我們雖然可以參照杜牧的《阿房宮賦》無限地發揮想像，但實情實景擺在面前的時候，還是感到震撼。這次發掘共計出土石磬殘塊約六百五十公斤，數量多，又都是殘塊，已經數不清具體件數。殘塊上的刻字內容包括宮、商、角、徵、羽五音和左、右、四、八之類的編號數字，說明石磬是很多套的編磬。從考古工作的意義上講，編磬的確認解決了整體建築「何用」的問題，這是秦代的一處府庫，儲藏物資的庫房。

從編磬作爲樂器來講意義更大。這種樂器起源於遠古時期，當時的人們發現某些石頭可發出悅耳之聲，於是在勞動之餘敲擊石頭，裝扮成各種野獸的形象跳舞助興。「石」逐漸演變成「石磬」，「擊石拊石，百獸率舞」逐漸成爲原始的祭祀儀式[1]。

國之大事在祀與戎。祭祀和軍事戰爭一樣，都是舉國的大事。在國家級別的活動中使用的器具往往是國家重器。石磬就是這類禮儀樂器，有定國安邦的重要作用。與金屬樂器鐘、鎛等組合成爲「金聲玉振」和「金石之音」。貴族宮廷禮樂、宗廟祭祀、朝會宴饗、婚喪冠射等重要典禮儀式上，「鐘磬琴瑟以和之」的合奏曲在「干戚旄狄以舞之」的伴隨下，陳陳相因，沿繹數千年，爲神州律呂做出了卓越貢獻。

既和且平，依我磬聲。（《詩經．商頌．那》）

石磬有獨立懸掛的特磬，多數是高低音節不同的編磬。演奏時將磬依次懸掛在架上，用木槌敲擊。旋律悠揚，音色平和，悅耳動聽。一首交響樂從鐘、鎛開始，聲音乾脆利索；以磬聲終曲，餘音繞樑，綿綿悠長。這則樂器組合的範式又被引入施政思想，以樂喻事，提醒帝王做事要條理清楚，善始善終[2]。

周公作禮，一切事務需按禮制來辦，製磬、用磬便形成一套標準制度。《考工記》裡詳細說明製磬由磬人負責，鼓與股的夾角即倨句是一百三十五度，鼓、股、博三部分長度比例是三比二比一[3]。很多學者按書核對考古出土的實物，並沒有一例能完全對應得上。這事不用太糾結，石材不一從而音有別，只要經過調音符合了音律就行。

上升到了禮，磬不再只是一種令人歡愉的樂器。

一九七〇年，石磬演奏的《東方紅》樂曲伴隨中國第一顆人造衛星東方紅一號遨遊太空，奏出了中國當代航空

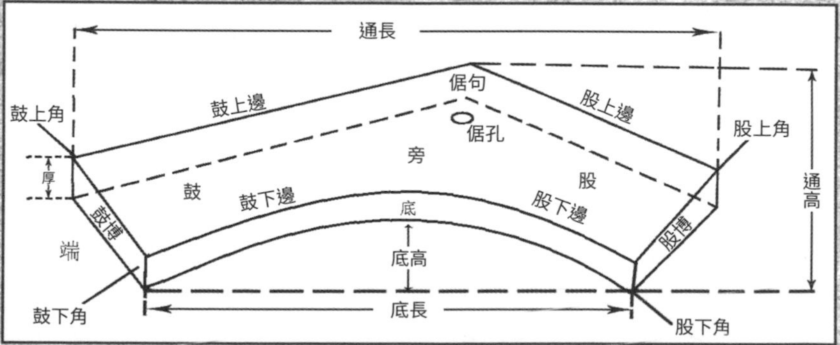

石磬各部位名稱[4]（繪圖：狄明）

航太事業的第一強音。以此種樂器奏響此種樂曲，其寓意不言而喻。

考古出土石磬的數量很多，比如殷墟遺址的特磬，湖北隨州戰國曾侯乙墓的編磬。秦國的石磬，在咸陽城府庫發現之前只有三批。甘肅禮縣大堡子山秦公陵園祭祀坑，有編磬兩組共計十件[5]；鳳翔雍城秦公一號大墓，有三十件石磬和石磬殘塊，刻字「天子匽喜，龔桓是嗣」、「高陽有靈，四方以鼏」，提示了這些石磬的使用者是秦共公和桓公之後的秦景公；第三批是長安神禾原發現戰國秦陵園，墓主可能是秦始皇的祖母夏太后，有十六件石磬，部分有「北宮樂府」刻字，原本應懸掛於木架之上，可惜木架遭燒毀不存[6]。

三批石磬的發現映射了秦國從封國、王國、帝國到滅國的四個曆史階段。禮縣秦公，列秦襄公居寶雞之前，是秦族，屬於周天子的封庸小弟，初始封國；鳳翔雍城期間，發展壯大爲王國；神禾原大墓屬於咸陽城南部分，即將走向帝國頂峰；咸陽城府庫石磬屬於最後收尾。

人都有亮寶心理。話說當年我和小申老師一起追劇《知否》，劇中盛明蘭爲丈夫擊鼓鳴冤，暈倒在宮門口，亮寶的機會來了。

「盛明蘭爲何要擊鼓鳴冤？」

古時候大禹治理天下，在大門上懸掛鐘、鼓、磬、鐸、鞀五種樂器，當時推行「五音聽政」制度。民衆擊打不同樂器，代表需要大禹出面處理的五種政務，誰要獻言獻策去敲鐘，上奏令人憂慮的事就擊磬。演變到後來，歷朝各代的衙門口或大堂前都仍然擺放或懸掛一面大鼓，老百姓告狀要「鳴冤擊鼓」，官吏們聽到鼓聲就升堂問案。盛明蘭固執地敲鼓，就是五音聽政制度的遺留。如果她要上奏疫情，就要擊磬。

「然後呢？」小申老師知道我要分享的絕不是石磬本身，繼續追問。

考古出土的樂器如有可能一定要進行測音。秦樂府鐘的鐘壁內側有調音帶四條，經測定其聲爲C調。府庫出土的編磬因殘損過甚，只有一件經過了初步測音，爲降B調。雖曆兩千年之久，樂府鐘和編磬的音色依然清脆準確，餘音綿長。我要向小申老師亮的寶，重點在樂器表相背後的「餘音」。

「夫政象樂，樂從和」。磬聲既和且平，關係國家命運。石磬的發現說明秦始皇也相信周禮的這套說辭，研究收穫才是我亮寶的最終底牌。這張底牌，這縷餘音，與秦人一段被黑化的歷史有關。

1 《尚書・益稷》：戛擊鳴球……予擊石拊石，百獸率舞。

2 《孟子・萬章下》：集大成也者，金聲而玉振之也。金聲也者，始條理也；玉振之也者，終條理也。始條理者，智之事也；終條理者，聖之事也。

3 《考工記》：磬氏為磬。倨句一矩有半。其博為一，股為二，鼓為三。三分其股博，去其一以為鼓博；三分其鼓博，以其一為之厚。以上則摩其旁，以下則摩其端。

4 引自王子初主編：《中國音樂文物大系・湖北卷》第二五六頁，大象出版社，一九九九年。

5 早期秦文化聯合考古隊：《二〇〇六年甘肅禮縣大堡子山祭祀遺跡發掘簡報》，《文物》二〇〇八年十一期。

6 陝西省考古研究院：《陝西長安神禾原戰國秦陵園遺址田野考古新收穫》，《考古與文物》二〇〇八年第五期。

04 秦人講禮嗎

秦人能登上歷史的舞台並最終在秦始皇時期達到天下一統的高峰，首先是借助了祖先非子擅長養馬的一技之長。一般認爲，他們久居西部地區，禮制觀念薄弱，受中原地區禮儀制度的影響較少，對於《詩》、《書》、《禮》、《樂》的宗周文明也就不曾從根本上接受，以至於「孔子西行不到秦」。

孔子爲了復興周禮，東周時期曾車前掛上石磬，帶著門徒周遊列國，但就是沒有去過秦國。故事流傳的版本有很多，摘錄其一。

據說孔子帶著學生先是到了楚國，由於令尹子西的反對，並沒有得到重用，就打算去秦國。楚王怕秦國重用賢人孔子，於是佯送暗阻。當孔子師徒一行風塵僕僕地趕到白羽城東門外（今河南省西峽縣一帶）的時候，楚人使詐關閉了城門。士兵假裝罵道：「你們這夥冒充孔丘的強盜，連日來攻城罵戰，今日又來公開欺詐！」孔子正要上前解釋，只聽城上高喊：「那夥兒人馬又來了。」孔子往東一看，果然有一隊人馬要攻城。一會兒功夫，兩方就打起來了，在城外一場混戰。孔子見勢不妙，調轉車頭向東逃奔。孔子西行雖有驚無險，但最終去秦不能，歸楚不得，只好打道回府，回了魯國。

故事後來不知道怎麼訛傳，最後被演繹成了秦國不講禮法的證據。有人說孔子西行不到秦，是因為儒家學說在秦國根本就行不通，孔子去秦國簡直就是找死。

秦人不講禮法的另外一條證據，還有擊缶而歌。缶，瓦器，裝酒裝水。秦國民間流行敲擊它來伴唱（《說文解字》）。外交場合的一次明爭暗鬥中，秦王被迫演奏過一支擊缶曲（《史記．廉頗藺相如列傳》）。

秦王與趙王澠池會盟，席間請趙王鼓瑟。酒桌助興本來是樂師做的事，對趙國來說這是公開侮辱。沒想到，趙王忍氣吞聲鼓瑟之後，秦國史官還要記錄在案，這可欺人太甚。以其人之道還治其人之身，趙臣藺相如對秦王的公然挑釁進行了反擊。秦王偷雞不成反蝕米，自討個沒趣。主人公秦王即昭襄王——秦咸陽城的第四任業主、芷陽陵園的老大、完璧歸趙的主角之一。

缶、盆作為樂器，還有另外一個故事。聽說莊子的妻子死了，朋友惠施心裡很難過，前去弔唁。可是當他到了莊子家的時候，眼前的情景卻使他驚掉下巴。只見莊子岔開兩腿，像個簸箕似的坐在地上，拿著木棍有節奏地敲著瓦盆唱著歌。從這個故事看，敲盆、擊缶可能在喪禮上更常用，宮廷宴享、節日慶典不會「擊缶而歌」。

因為鄭國修渠的間諜案，嬴政龍顏大怒，限令全境驅除外來客，李斯上書列舉反例好言相勸。不能這麼幹，您身邊充斥著各種舶來品，秦國本土音樂是擊缶，拍腿彈箏，可是現在外國歌您不也聽得很嗨嗎？

看來秦人確實有「擊甕叩缶，彈箏博髀」的習慣，他們「叩盆拊瓴，相和而歌，自以爲樂矣」，這是一種自娛自樂的酒間助興。由於偏見，被一些自以爲是的假正經斥爲粗俗不堪、低俗下流的野調，斥責爲「今夫窮鄙之社也」（《淮南子．精神訓》）。但是，朋友之間喝酒聚會，誰會以義大利歌劇助興呢？

寶雞太公廟秦公鎛（青銅器博物館藏）

不論擊缶是不是野調，從時間上講，那是很早以前的事了。早在一九七八年，陝西寶雞太公廟出土了保存完好的青銅鐘五件、鎛三件，有銘文，屬於秦國某位王公用器。經過測試，五件鐘在四、五之間似缺一件，第五件後缺一件，全套應爲八件，發音規律與西周銅鐘相同[1]。按照時間順序排列一下，禮縣大堡子山、寶雞太公廟、雍城一號大墓，這三處發現說明，秦國最晚在春秋中期之前就已經有了禮樂制度。

戰國中後期以後，秦國引入商音和周樂，逐漸向高雅藝術靠攏。商音主要保留於在今河南省中部的鄭、衛兩地，此地本是商朝統治中心，鄭衛之音不是鄉村民歌。周樂是王室宮廷的韶樂，也稱舜樂，更屬傳統的宮廷音樂。聽過編磬演奏的《韶樂》，孔子高興得「三月不知肉味」。所以說秦國樂壇高雅音樂兼有很多種。

秦始皇時期悉納六國禮儀，採擇其善（《史記．禮書》）。健全後的皇家音樂機構形成兩套系統建制。奉常所屬的「太樂」，服務死人，出土樂器對應秦始皇陵樂府鐘。太樂機構原本是全部在城裡辦公，自秦始皇陵開始，帝王陵園中設立寢殿，隔三岔五現場組織祭祀活動，奏樂助祭少不了。少府所轄的「樂府」，服務活人，出土樂器對應咸陽城府庫石磬。樂府鐘、北宮樂府石磬相繼發現在秦始皇陵園和夏太后陵園，應該屬於部門之間調撥。

秦國有沒有雅樂，講不講禮法？從春秋早期至秦代一脈走過來，反映在秦高層的禮制樂器成組成套，並沒有缺環。答案不言而喻了，規矩一直在，禮制一直講。

1 寶雞市博物館盧連成、寶雞縣文化館楊滿倉：《陝西寶雞縣太公廟村發現秦公鐘、秦公博》，《文物》一九七八年十一期。

05 一夫作難而七廟隳

編磬屬於重要的國家禮樂器，府庫所見為何會是一堆碎塊？「朝歌夜弦」是指曾經繁榮的文化生活，這樣歌舞昇平的局面並沒有持續多久，秦末戰爭的硝煙很快彌漫在咸陽城的上空。兩個重要的人物先後來到了咸陽城，分別是劉邦和項羽。秦二世元年（西元前二〇九年）九月，項梁叔侄殺了會稽郡守殷通，舉起義旗。不久便召集了二十餘萬兵馬，擁立楚王第十二皇孫十三歲的熊心為王，並與劉邦所部會於薛城。各路人馬很快會師並暫時結成統一戰線。大家商議一番之後決定採取分工的組合模式，分頭進軍。項羽北向救趙，解巨鹿之圍後從北路向西攻秦，劉邦從南路西進，向關中進發。只有任務沒有獎勵機制不行，又達成兩路人馬在擊敗秦軍後誰先入秦都咸陽，誰當關中王的約定。

劉邦率軍勇往直前。軍中有能人，張良是其一。張良，韓國舊貴族，對秦始皇恨得牙根發癢。借著仇人外出巡遊，張良安排殺手扔大鐵錘砸中副車。謀殺未成，張良只得潛伏多年，好不容易有了用武之地。劉邦軍隊憑靠張良等人的謀劃，避實就虛、剿撫並用，一路奪關斬將，直抵關中。蕭何又是其一。蕭何是秦國沛縣的一名刀筆吏，劉邦的老同事，兩人合作起來得心應手，不需要磨合期。終於漢高帝元年（西元前二〇六年）十月，劉邦兵臨咸陽城。咸陽城的第九位，也是最後一位業主子嬰向劉邦投降。

只比我大三歲，你卻有如此多的榮華富貴？進入秦宮，想想秦始皇生前的榮耀，劉邦決定先睡一覺，過把癮。關鍵時刻，樊噲、張良對劉邦劈頭蓋臉一頓訓斥。忠言逆耳，劉邦聽從了勸說，與百姓約法三章，取信於眾，婦女無所幸，財物無所掠，封府庫宮室，把咸陽城完好無損地交給了項羽。

與劉邦及謀士截然不同，項羽出身豪門，家族「世世為楚將」，出道時有叔父項梁引導，拉楚王後裔墊背，自號西楚霸王，明確昭示了一種戀楚的情結。秦都咸陽城對他而言，是發洩家仇國恨的出口。報仇不僅僅是一命抵一命，殺了子嬰還不夠。

富貴不歸故鄉，如衣繡夜行，誰知之者！

（《史記．項羽本紀》）

石磬殘碎狀況（攝影：張楊力錚）

項羽要得勝歸巢回故鄉楚地。這種情結最終變成了一種毀滅性的力量，能帶走的搶，帶不走的也不能便宜了他人。燒、砸、毀，掠美人財物，繼而屠城發洩，咸陽城大火三月不絕。

我們發掘的府庫建築明顯被大火燒過，有的房間地面在焚燒前甚至被人翻動，留下了雜亂的深坑，不只一件石磬上有人爲砸擊的痕跡，「金聲玉振」搭配使用的金屬樂器只剩了一件殘柄。這樣一看，嫌疑人是誰昭然若揭。

項羽火燒咸陽城，如同杜牧說阿房宮毀於楚人一炬，今人理解不可拘於字眼。咸陽城內宮殿很多，陵隨都移，東西陵區也屬於咸陽城。戰火遍布之處都是咸陽城所屬。史家、詩人明確不了第一個放火點在哪裡，戰亂時期的人禍不可防、不可控。

遠古時代石磬出現後，很快成爲精神層次的符號，具有安邦定國的作用。當項羽來到秦朝的心臟之地，當他面對富麗堂皇的咸陽城，當他面對重要的秦宮禮器石編磬，保全不可能，帶走也不現實。如果滅亡一個國家，必須要毀宗廟、斷祭祀，「一夫作難而七廟隳」。覆宗滅祀是消滅敵人最解恨的辦法。表面上看，項羽實現了摧毀一個國家根本的願望，石磬並沒有人們想像的那麼堅硬。這次在府庫發掘出土的石磬總量約六百五十公斤，絕大多數成了碎片，劫後餘生的完整石磬竟然只有三件。正可謂：覆巢之下豈有完卵。

石磬歷經磨難，在兩千多年後的今天被我們偶然撿到或科學地發掘出來，實在是非常難得。數量之巨，反映了秦帝國雄厚的實力和對傳統禮制的繼承，被砸擊的點點疤痕同時也敘說了一場血雨腥風。

第十四章

國庫發掘・封泥

封泥也叫泥封，類似於西方古代文書上的火漆。秦漢時期紙張還沒有發明和普及，文書的載體是竹簡或木牘。這樣的文書在上呈或下傳的時候需要使用封泥進行保密和防偽。

府庫發掘出土了一枚封泥。數量少，個頭小。在面對媒體採訪的時候，曾幾次刻意強調它的價值，但總得不到青睞。

01 封泥出來嘍

二〇一八年府庫遺址發掘結束。這組建築平面像橫過來的英文字母「L」，方向八十度，坐北朝南。咸陽城大型建築的方向都有點偏，這和天象星宿沒有關係，只是渭河流經此地時，河床偏向了東北。

建築東西長一〇五・八公尺，南北寬二〇・三公尺。四面垣牆寬二・四公尺，復原高度約四・九公尺。內部隔牆寬三・三公尺，夾心餅乾一樣分三層夯打。建築分為五大房間，由西至東依次編號為F1～F4、F7和F8。單間套內面積約三百三十平方公尺，立木柱的柱石，橫四縱三，共計十二塊，建築行業的術語稱為面闊五間，進深四間，平層大開間。

沉寂三十多年的咸陽城考古終於有點動靜了，引起媒體高度關注。結構清楚、規模宏大、巨量石磬，考古成果的意義很多。對考古隊來說是強心劑，前輩和上級領導看到了希望，新建設開發是時候按按暫停鍵了，主政者應該再想想特色發展方向。

強心劑預示革命並未成功。堆了整整一間板房的石磬殘塊需要逐一清洗、拼對，還有石磬上的刻字如北宮、樂府、數字編號、宮、商、角、徵、羽，都需要逐塊逐字辨識、解譯，我不得不開始惡補秦漢時期出土文獻。

出土文獻指相對於傳世書籍而言的文字資料。甲骨文、金文、簡牘、帛書、石刻、陶文、盟書、瓦當、璽印包括封泥等等，發掘出土的帶字文物統稱出土文獻。二十世紀九十年代渭河南相家巷出土秦漢封泥與咸陽城考古關係尤其密切，靈光乍現——府庫裡也可能會有封泥。

從外形看，封泥就是一塊乾泥，比橡皮稍微大點，一般用作簡牘的封口。簡或牘上寫好公文，用繩子一枚一枚地串起來編綴、捲好，在外面加一枚帶凹槽的木質封泥匣，再用繩子把簡、牘、木塊一起綁好，取一團軟泥按入方槽中的繩結上，然後加蓋官印，泥塊正面就形成了凸起的印文。簡單點揪一

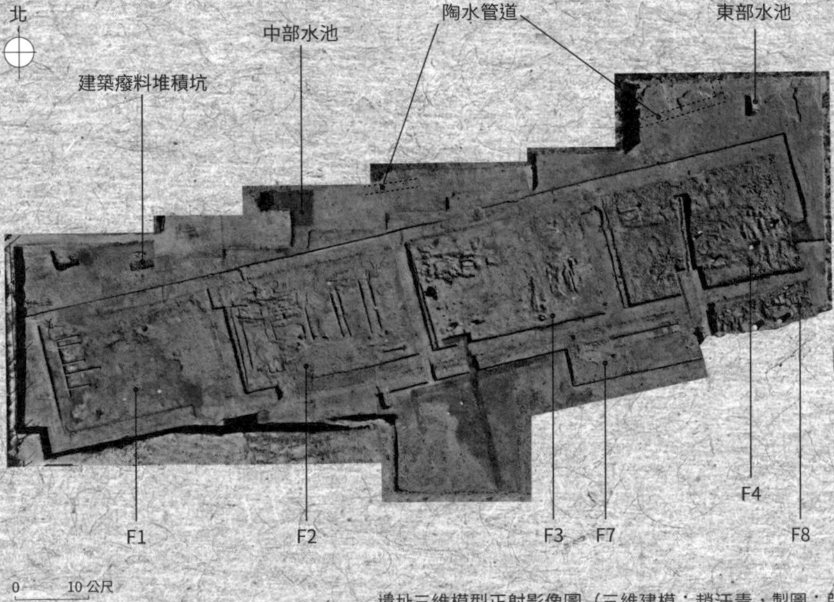

遺址三維模型正射影像圖（三維建模：趙汗青，製圖：張楊力錚）

塊泥直接使用，封泥的形狀不規則；再講究點搭配使用封泥匣，封泥的形狀方方正正。封泥匣相當於今天的信封，古人會在頂端寫上文字，一般爲發出地點、收件人等資訊。由此得來「一封信」的數量單位「封」。公文到達目的地，閱讀者取下泥塊叫「開封」。

國家級庫房的物資入庫、調撥應該有批文、憑證。公文需要封緘，送達、簽收、拆封、閱覽，封泥隨手丟棄。現在我們看封泥是文物，在當時拆封之後就是垃圾。

我提醒隊友們：「牆角旮旯，你們得注意封泥。」

「封泥是個啥樣子？」有隊友問。

大部分隊友的身分是考古技工。他們具備實戰技能，調查、勘探、清理、修復、繪圖，動手能力強，辨土眼力很棒。但是和全國考古行業的情況一樣，技工流動性大，全國各處工地跑，見多卻未必識廣。即使我本人也不是所有發掘出土物都門兒清。

野外考古「不」坐班的好處就是能隨時工作。晚上整理好封泥知識的短文，我發到內部群裡，要求大家睡覺前認眞閱讀。

封泥很小，如果被填埋在垃圾坑和雜土混在一起，被發現、挑選出來還比較容易。這次發掘的建築被大火焚燒，整體殘毀得一塌糊塗，要想在廢墟中發現橡皮大小的封泥，還眞是有難度。我提醒隊友們注意，但自己心底其實並沒抱多大希望。

週末，王永在群裡發了一條語音：同志們，封泥出來嘍！從語氣就能感受到他的興奮心情。這種興奮透著如釋重負的輕鬆，他可以交差了。

當晚照舊搞點小慶祝。每次前線只要有點收穫，後勤老李都要借口「生活需要儀式感」，多加盤菜。三盅酒下肚，王永微醺，接連重述封泥從廢墟中「蹦」出的過程。他說：「太難認了，和雜土混在一塊，都是一樣的顏色，手鏟一撥就覺得稍微有一點硬，我拿起來想掰一下，呀，還有字哩！」

他回味封泥出土的時刻，我卻走神想起了明代大聖人王守仁。王守仁的代表理論是「心學」，所謂「明本心」，「致良知」。他提出專注於事就是專注於心，要有這種專注力就要鍛煉自己的心，心外無理、心外無事。有事的時候，心著於事務即心事相合。

王永說的「手鏟一扒拉，感覺有點硬」，聽起來輕描淡寫，卻正是考古工作強調的狀態。他是一心一意在做自己要做的事，這種狀態就是樸素的心學。歷時六十餘年的咸陽考古尋城，每一位考古人又何時不是這種狀態？

考古不是挖土，動手輕，細辨土，專心致志，這是眞正的考古狀態。當然田野考古需要「設計」，領隊要有預判的能力。

一九八一年咸陽考古隊員（攝影：張建林）

02 用途大家猜

府庫建築屬性的判斷，一是根據建築的平面結構，牆厚高，密閉性好，符合庫房的標準；二是其中有一間出土大量未使用過的編磬等樂器。其他房間具體存放過哪些物品？揭開房頂倒塌的筒瓦、板瓦，屋裡一無所獲，要找到答案還得費點周章。

編號F2的房間內部結構有點怪。成排的柱礎石之外，還有一些兩兩成組、窄窄的、低低的小牆，寬度不到二十公分。周邊沒有倒塌夯土說明本身很低，兩兩成組說明是組合使用。蹲在小牆邊，我推測這些牆的用途。首先想到的是秦漢時期對府庫管理的許多規定。

庫器處藏必高，燥濕適，牖戶必分節，出入器必以時。恐處藏之空漏，室屋毀敗而吏嗇夫弗知，大罪也。（銀雀山漢墓竹簡《守法守令》）

府庫中器物的儲藏在高處，乾濕度要適當。庫房出現牆壁空洞、房頂漏水、房屋毀壞這些事，官吏和庫管員失察不知，這是非常嚴重的瀆職。如果矮牆是貨架，兩兩成組搭架板放置物品，通風又隔潮。我又想到中國歷史傳統和宮裡生活的必需品。吃穿用度，糧食、織物是剛需，保存特別需要通風、防潮。只是項羽一把火，木柱、房樑都被燒得只剩黑灰，即使

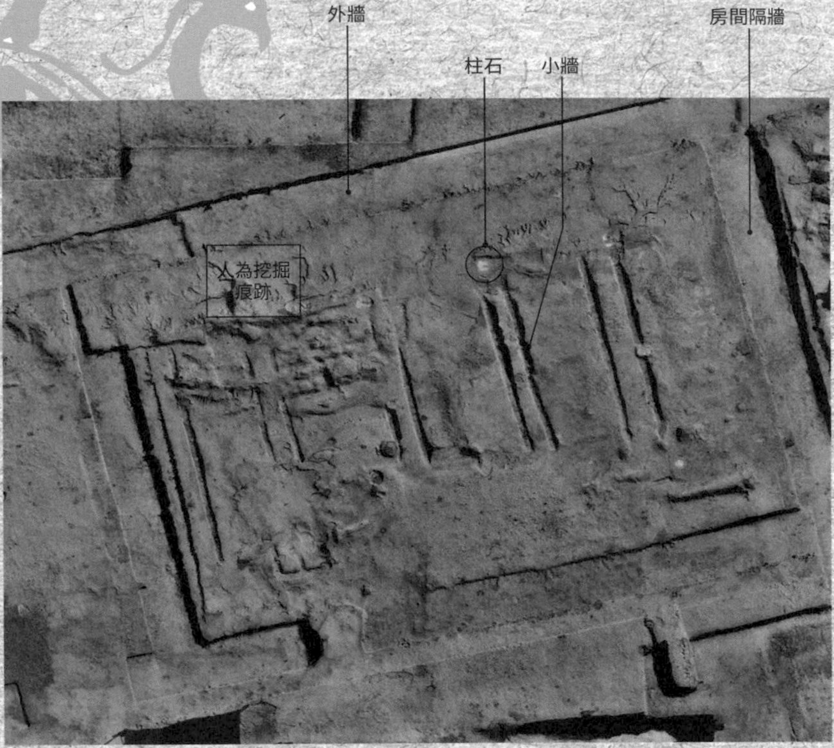

第二間房屋結構（三維建模：趙汗青）

有糧食和織物，肯定已經無形無影。

「對於被大火焚燒的遺址，怎樣可以確定曾有絲織品？」再次請教中國絲綢博物館周暘女士。自從在兵馬俑發掘時結緣，每遇關於織物方面的問題都要求助於她。

周暘介紹說，通過酶聯免疫技術可以確定土壤中是否含有絲織物的微量物質。她們團隊透過這項技術，在河南滎陽汪溝發現五千多年前的絲織品殘存。按她所說，我們提取了部分土樣，希望通過後期的科技檢測證實。

正巧，封泥出來嘍。

封泥有四個字，內容是「大某繒官」。第二個字很模糊，也許是「府」，也許是「內」。大府和大內，一個屬於天子系統，一個屬於國

封泥（攝影：張楊力錚）

家系統，總之是財政部之類的單位，負責財政和物資調撥，建築是府庫的屬性判斷依據又增加了一成。第三個「繒」字非常清楚，坐實了這間房屋放置的物品至少有絲織物。

繒本義是古代對絲織品的總稱，製作衣服缺不了。同時繒也是祭祀品，古代國家大型祭祀，除了獻玉、獻肉，也埋繒帛。沒有金屬絲，絃樂器用繒作弦絲，所謂絲弦悠悠。職官單上沒有繒官一職，他們應該是很基層的小官。

封泥解密了考古發掘的一個謎。它本來的用途是什麼又是一個謎。我給出三種備選答案：公文上的封緘、織物上的封緘、庫房門上的封緘，發動大家一起做選擇題。

如今銀行百元大鈔一百張一沓，攔腰束紙條打捆，工作人員在紙條上蓋章。這事在秦國也一樣。秦律規定，一千枚半兩錢是一個計數單位，裝筐以後需要丞令蓋印封緘（《金布律》）。零七八碎的東西打包，擔心別人擅自拆啟，也要封緘。長沙馬王堆西漢利蒼夫人陪葬的一件硬陶罐就有類似的用法[1]。

入禾倉，萬石一積而比黎之爲戶。縣嗇夫若丞及倉、鄉相雜以印之，而遺倉嗇夫及離邑倉佐主稟者各一戶以氣，自封印，皆輒出，餘之索而更爲發戶。（睡虎地秦簡《倉律》）

秦國穀物入倉，以一萬石爲一積，中間用籬笆分隔，設置倉門。倉門由上下級多方人員共同封緘，給最下級單位的主管人員單獨留一門，由他們獨自封印，以便發放糧食。這是封庫。

物勒工名制度的出發點是分辨物品的好壞，檢驗具體數量，在秦國幾乎應用於所有陶器、漆木器、金屬器物。織物表面不能刻字，但品質需要監管，因為布當錢用。店家售賣商品，只收錢拒收布，國家不允許，相關人員要受罰[2]。

布袤八尺，幅廣二尺五寸。布惡，其廣袤不如式者，不行。（睡虎地秦簡《金布律》）

繒布有貨幣的功能，如果長度和幅寬不夠，勢必危害商貿秩序，必須得有強制要求。如果長寬不符合定式，絕對禁止流通，反之就得頒發合格證。讓人吃驚的是，這個時期錢與布的匯率是十一比一。繒官封泥是織物入庫驗收時所用，這一可能性最大。這個謎底是「我猜」，不是一錘定音。

1 湖南省博物館、中國科學院考古研究所：《長沙馬王堆一號漢墓發掘報告》，文物出版社，一九七三年。

2 《金布律》：賈市居列者及官府之吏，毋敢擇行錢、布。擇行錢、布者，列伍長弗告，吏循之不謹，皆有罪。

03 洛陽鏟發神威

考古工作過程提倡全域意識。大咖們經常說「站在墓葬找墓區，站在墓區找居址」，就是這個意思。

二〇一八年府庫建築主體發掘即將結束，省局及院領導多次蒞臨指導，孫周勇院長指示還要再順藤摸瓜，再對周邊區域開展鑽探和調查，再找相關遺存。

鑽探是考古工作的環節，使用的工具首推洛陽鏟。聽名字就知道，洛陽鏟產於河南洛陽，傳說是洛陽盜墓者於二十世紀初發明並爲後人逐漸改進，著

管道走向

勘探及發掘的水管道（攝影：狄明）

名的考古學家衛聚賢在一九二八年目睹它的奇效後引入了考古鑽探。

洛陽鏟和地質鑽機是同一原理，只不過鑽探深度不同而已。鏟頭半圓形，底部開刃；上接柄，一節節隨意延長。師傅們雙腳外八字站穩，雙手握住探杆向地下戳，一鏟一鏟將地層深入土樣提取上來。它幾乎可以說是中國考古的神器，隨著對外聯合考古專案的日益增多，洛陽鏟也漂洋過海，發揮出了東方神力。

鑽探使用的一些「洋」工具，頗似醫用核磁共振儀，根據地下物質回饋上的一些曲線分析地下埋藏[1]。有一位英國考古學家曾對我表露出對中國神器的不屑，意思是都高科技的年代了，考古也要與時俱進。話沒錯卻不可盲從，高科技也不是沒有短板。比如探地雷達用於測量地下的空穴、石質結構和較大的金屬物品比較有效，在秦始皇陵地宮探測中有嘗試，但對土遺址未必有效。還真是，不怕找不到就怕想不到。一番鑽探，師傅們果然發現在建築的北部約三到五公尺處有水溝、水池、陶水管等設施。對應F2的水池規格最大，儲水量可達二百多立方公尺。水池的東北部與一條陶水管道相連。陶水管道的直徑一頭大、一頭小，套合延伸的總長達到了五十四．七公尺。

織物屬於易燃品，屋外對應一個大號水池，讓人很容易聯想到消防儲水。

1　中國社會科學院考古研究所：《科技考古的方法與應用》，文物出版社，二〇一二年。

04 火警長鳴

古裝影視劇經常有更夫半夜巡街，邊走邊敲邊喊：「天乾物燥，小心火燭！」防火是中國古代建築傳統伴生的另外一個傳統。

中國建築土木結構的特點，搭配有「水火無情」的警言。火災是一種難以控制、破壞力巨大的災害，木質結構很容易引發火災，防患於未然非常重要，因此歷朝歷代都很重視防火。建築上設置厭勝物是防火措施之一，儘管並沒有實際效果。北京故宮裡抬眼一望，建築大殿屋頂正脊兩端都蹲坐一隻張嘴的神獸——螭吻。龍生九子，它是老么，屬水性，喜歡東張西望，被安排在建築物的屋脊上，先從氛圍上造勢。

顯然神不是萬能的，人防更重要。商周時期雖然強調農牧並舉、重視水利，但防火更是重中之重[1]。東漢荀悅曾說，防爲上，救次之，戒爲下，防範勝於救災，出了事再怎樣處罰都是下策。

秦代有防火方面的法律規定，尤其是對府庫類建築的防火問題非常重視[2]。貯藏穀物的地方要高築牆。其他建築的牆如果和庫房建築相連，那就把存放草料的房舍和茅草覆蓋的糧倉單獨加高。無關人員不能靠近庫房。不是本官府人員，不准在其中居住。加強值班，嚴格警戒。夜間應嚴加守衛，開倉門時即應注意滅掉附近的火。總之是小心，再小心。

有違反法令而遺失、損壞或失火的，其官吏有重罪，上級大嗇夫、丞也須承擔連帶罪責。不准把火帶進庫房或文書檔案室。主管領導負責辦理物品的入庫手續，物品一旦入庫，基層領導比如官嗇夫和吏，得輪班值夜看守。經檢查沒有火才可開閉門戶。巡察自己管理的府庫是令史的職責。如果需要改善辦公條件，新建宿舍，選址不要靠近府庫、檔案庫。

> 庫藏羽革，煬風必謹，工用必審。（岳麓秦簡《爲吏治官及黔首》）

天乾物燥，存放羽、革易燃物品的庫房一定要謹愼小心。千叮嚀萬囑咐，不聽者重罰。在路邊隨便棄灰倒垃圾（「棄灰於道者要受刑」），臉上刻字（「黥」）。

輕罪重罰，後代人都說這可忒狠。實際上這條秦律早有母版，在殷商時期對同樣的罪殘酷到要剁手[3]。棄灰於道，一方面會造成環境汙染，另一方面死灰復燃也極易引發火災。

水火無情，相關問責在歷朝歷代都是嚴懲不貸，決不姑息。宋朝時期誰敢擅自在禁火區點火，罰勞動改造一年；如果造成火災，不論燒毀房舍多少間、損失多大，一律杖斃（《宋刑統》）。這種零容忍的處罰態度並非商鞅之法的獨創。

防火從來不是小事。既要防範火災，也要採取有效措施以防萬一。漢墓中經常出土一些陶質水井明器，有時會在井欄上印著「東井」和「滅火」一類的文字。「東井」爲星宿名，指二十八宿之一的井宿，象徵水事。「滅火」也有人認爲是「戒火」。無論是「戒」還是「滅」，其實都屬於漢代救火設備的仿照。到了清代，南京城設置水龍局，有專職的「消防員」，扛龍夫和挑水夫配水龍、備水桶等救火物資，隨時待命。電影《大紅燈籠高高掛》四房太太的小院都放一個大水缸，蓄滿水，也是為了防火。

全國範圍內的秦國大型建築，考古發掘已經很多，但明確有救火設施的並不多。府庫附屬設施的發現，意義不凡。

池中水哪裡來？有何用？為何要防火？逆向再推一下，結論仍然是庫房曾經存放過易燃品。繒官封泥、水池，多重推理證據相結合，推動著我們越來越接近府庫的眞相。

小小的泥塊，橡皮大小的封泥，幫助我們確定了建築房間內存放物品的種類，又為我們解釋緊接其後發掘出的水池和水管道做了鋪墊，又引導我們認識到府庫在使用期間，人們是怎樣充分結合當地的自然條件，利用儲存地表水的辦法針對性地設置了消防設施。封泥就像是一把鑰匙，打開了秦咸陽城工程建設的巧思。

袁先生及師母收「作業」

不以事小而不爲。來咸陽之前，袁仲一先生叮囑說「撿到籃子裡都是菜」，提醒我要從小事做起。從二〇〇三年開始，因爲經常參加野外發掘，每到春節我必去袁先生家裡拜年。二〇一四年之後，我卻連一個電話也沒給先生打過。現在可以交作業了。

二〇一八年一月，接袁先生和師母來咸陽。整整一天，年逾八旬的先生和師母毫無倦意，看了封泥，看了石磬，看了很多調查採集的帶字陶片。先生說：好東西太多了。

讓歷史遺物回歸本境，重新賦予考古科研的價值，這是考古人的理想。勿以事小而不爲，考古人應該盡到歷史拾遺者的職責。

1 《管子・立政》：君之所務者五。一曰山澤不救於火，草木不植成，國之貧也。二曰溝瀆不遂於隘，鄣水不安其藏，國之貧也。三曰桑麻不植於野，五穀不宜其地，國之貧也。四曰六畜不育於家，瓜瓠葷菜百果不備具，國之貧也。五曰工事競於刻鏤，女事繁於文章，國之貧也。

2 睡虎地秦簡有《秦律十八種・內史》：有實官高其垣牆。它垣屬焉者，獨高其置芻廥（存放草料的房舍）及倉茅蓋者。令人勿（近）舍。非其官人（也），毋敢舍焉。善宿衛，閉門輒靡其旁火，慎守唯敬（儆）。有不從令而亡、有敗、失火，官吏有重罪，大嗇夫、丞任之。毋敢以火入臧（藏）府、書府中。吏已收臧（藏），官嗇夫及吏夜更行官。毋火，乃閉門戶。令令史循其廷府。節（即）新為吏舍，毋依臧（藏）府、書府。

3 《韓非子・內儲說上》：殷之法，棄灰於公道者，斷其手。

05 想點文創

繒官封泥品相不太好，四個印字稍微凸起，沒辦法拓印出清晰的筆劃。無論怎樣說也比不上相家巷的那次發現重要。相家巷封泥中有數十件被定爲國家級文物，「右丞相印」爲代表的五件封泥甚至被認爲是當年秦始皇親手所拆。與繒官封泥可類比的內容，相家巷曾有「右織」、「左織縵丞」。

沒有花紋的繒帛織物稱「縵」，「左織縵丞」是左織室下生產的官署。秦國王室自己有東織、西織的織室，專門用來做禮服。織室和繒官之間肯定有工作交集。

對繒官封泥我總也看不夠。自我陶醉中，腦洞樂府和織物的一些交集場景。《阿房宮賦》的「歌台暖響，春光融融。舞殿冷袖，風雨淒淒」；《舞賦》的「羅衣從風，長袖交橫」、「裙似飛鸞，袖如迴雪」、「體如游龍，袖如素霓」；《鹽鐵論》的「女樂充宮室，文繡衣裳」；直到清末斌椿出洋英國的「長裾窄袖羽衣輕，寶串圍胸照眼明；曲奏霓裳同按拍，鸞歌鳳舞到蓬瀛」。有歌有舞必有織物。由於地理條件的限制，在陝西發現秦代的紡織品非常不容易。秦始皇陵兵馬俑塑造寫實性強，我清理陶俑甲衣時，隱約覺得似曾相識。那件編號第九的將軍俑甲衣上繪製的菱形幾何圖案，和湖北江陵楚墓、湖南馬王堆漢墓出土織物甚至是新疆「五星出東方利中國」等織物在審美、織造技術一脈相承。一號坑籠箙裡襯和夾層發現的縐紗，一直是我的驕傲和大愛。

咸陽城宮殿出土的紡織物，種類有錦、綺、絹和麻。成品包括單衣、夾衣、絲綿衣和包袱皮。有一些錦和絹地鎖繡還可以看到菱形幾何紋爲主體的圖案。比如絹地鎖繡，菱形圖案內部的上下有頭向一致、背尾相對站立的小鳥。菱形圖案外面的交叉處有頭背相對的走獸。獸和鳥相互呼應，打破了主體菱形幾何紋的拘謹，畫面動中有靜。這些圖案是用不同顏色的平紋織物裁成斜條貼繡上去的，繡花線是合成的彩色縚線。

貼繡相對於提花織物，最大的好處就是隨意性。隨意性不是隨便，之前得有設計。現在發掘的封泥與宮殿相距一千多公尺，也許織物就是縉官給辦理的出庫或檢驗手續呢。

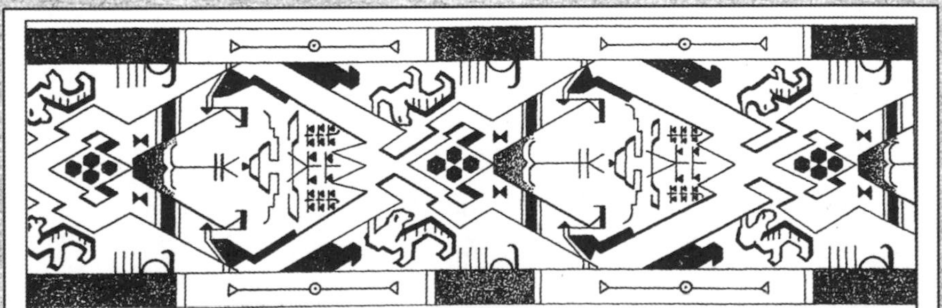

絹地鎖繡圖案[1]（繪圖：狄明）

織物躲過秦末的烈火、躲過兩千多年歲月的侵蝕保存下來，成爲咸陽城考古的大收穫，有沒有對今天社會的現實價值？

考古給予我們的絕不僅僅是得到古人的寶物。現代的工藝美術設計、城市規劃設計，都能從這些絲織圖案中汲取營養，得到啟迪。

爲何不開發一款秦風絲巾，領帶，桌布……

隊友狄明幫我繪製了織物圖。二〇一四年他隨我到咸陽後，繪圖水準飛速提高，終於成爲「狄老闆」。有朝一日，這份織物圖也許還眞能成就狄老闆一番事業。

現在我們看封泥就是一塊乾燥、稍硬的泥塊，但因爲它的使用範圍非常廣，是辦公必備的耗材，當時有專職人員管理[2]。皇帝使用的封泥有專門的管理員、特定的產地和特定的顏色，東漢時期甘肅東南部地區武都郡的紫色泥爲皇帝的御用品。

封泥原料不能乾燥，變硬就沒法用了，需要密封保管。河北滿城中山王劉勝墓出土有封泥筒，通高十四．五公分，口徑五．五公分，現藏於河北博物院。器物通體裝飾細密繁縟的鳳鳥圖案，口、足和蓋，這些部分都是鎏金。

爲何不開發一款漢風鉛筆筒、首飾盒、米缸……

二〇一八年十二月四日，府庫發掘全部結束，現場整體回填。斑鳩已經習慣了這裡的嘈雜，安然地在荒草裡踱步。不再鮮亮的隊旗降下，一切歸於寂靜。從二〇一六年七月開始，只針對一座庫房，我們在這裡花費了兩年半的八百多天時間，共計揭露面積四千四百餘平方公尺。從建築結構、營造過程、配套設施，從建築本體到近鄰附屬設施再到週邊生產製作、管理區，最終形成了一套比較完整的資訊鏈。希望的田野給了我們滿滿的收穫。

總覺得少了點什麼。隨著發掘成果見諸報端，開發專案被終止，粗製濫造的人造景觀被責令拆除，大筆投資打了水漂。事後，企業老板將憤懣宣洩給了文物工作者，我們對明知其所爲卻難採集證據的無事生非，只能打掉牙往肚子裡咽。

二十一世紀的朝陽產業，古遺跡是一筆無可替代的可利用資源。還有哪些文創可以再做？我的腦洞似乎停不下來了。

封泥讓湮沒在塵埃下的歷史重見天日，我們知道了原來咸陽城裡有這樣一位掌管織物的小官，知道了咸陽城國庫物資的存放方式、禮樂制度、消防設施。一個國家枝梢末節的故事都能顯示出來，也許這是考古學的意義所在和有趣之處吧。

五彩織錦的流光溢彩和輕歌曼舞的紙亂金迷之後，府庫內的一切，秦帝國的一切，似乎都灰飛煙滅。站在遺址邊，感受微風拂過，瞥一眼不遠處的咸陽宮殿，我想正是考古學的意義和有趣，才讓考古人有了專屬的一份歲月靜好。

1 引自《秦都咸陽考古報告》圖三〇一。

2 《後漢書・百官志》：守宮令一人，六百石。本注曰：主御紙筆墨及尚書財用諸物及封泥。丞一人。

第十五章

「中央銀行」的錢版

詩云：千秋唯有長城在，不見當年秦始皇。莫道區區秦半兩，曾看劉項入咸陽。

劉邦、項羽入咸陽只是王朝的更替。區區半兩錢和雄偉的萬里長城一樣，影響的不僅僅是秦代。

咸陽城裡有秦半兩是很正常的事。在垃圾堆裡翻出與鑄錢有關的文物，正常也不正常。

▲錢模（攝影：狄明）

01 摟草打兔子

庫房發掘出石磬的消息經報導後廣爲人知，村民老席來看熱鬧，我放下手裡的活和他聊寶貝的價値，陶醉狀地喋喋不休。

他看著石頭，不解地說：「就這？俺村以前的磚廠垃圾裡有很多啊！很多？太有誘惑力了。快去，快去。

老席提到的磚廠在府庫的南側。多年取土形成的深坑像張開的大嘴，已經吞掉了府庫的一間庫舍。我曾詫異怎麼能允許在遺址核心區挖土燒磚，卻從沒想過去實地看看。聽了老席的話自是非常懊惱，馬上和方師傅前去。垃圾堆很大，四周長滿荒草，污濁物讓人無處下腳。但是這些都絲毫沒有影響大夥兒午飯的食欲，垃圾堆中大有文章。翻，無論垃圾堆多髒必須要翻個底兒掉。第四天，方師傅說：「你來驗收吧，東西多滴（得）很。」一大堆各式建材，比如屋頂覆蓋的瓦、瓦前使用的瓦當、龍紋空心磚殘塊、石磬半成品、磨石、立木柱的礎石、一端凸出一端內凹的榫卯磚、手印磚……方師傅逐一分類，空地上擺放了一大片，眞是「多滴（得）很」。

半成品的石磬和磨石，與庫房石磬製作有關，由此解決了石磬加工地的問題。龍紋空心磚、柱石、筒瓦和板瓦說明這個地方原來有高級建築。榫卯磚和手印磚是漢唐時期墓葬的築材，反映了當地歷史沿革。有這麼多「垃圾」應該很知足了。

「嘿嘿，超額完成任務有獎不？」方師傅端過來一個整理箱，眉眼裡洋溢著欣喜，「你瞧，這一堆是啥？」

「鑄錢的？咋還有這東西！」兩公尺開外我已經看到一串串圓形錢的輪廓了。

箱子裡的殘塊由細泥土燒製而成，雖然不能拼接完整，但基本形狀能確定下來。外形有點像鏟子，上邊有喇叭形的澆口，下邊有主、次澆道和錢型。錢型位於主澆道兩側，各有兩排，錢徑約二．七公分。個別殘塊表面有黃色細砂和黑垢，澆口、澆道和「半兩」字都赫然凸起，這是翻鑄過錢範的模。秦始皇統一天下，半兩是法定錢幣，鑄錢的遺物自然格外珍貴，難怪方師傅特別用箱子裝起來。

摟草打兔子，意外收穫，獎！

晚上開始查閱相關研究文章，卻有點心塞，我們其實並不是最早的發現者。早在二〇〇二年因村民建房，在同地已經出現過相同遺物，發現者在文章中介紹說這些錢模是母範[1]。

模範是一個名詞，意思是模具，實際上這個詞代表了金屬鑄造的兩個流程，先做模再翻版出範。很多範組合在一起形成內外兩層、中間空心的合範，空心裡邊澆注金屬液體，液體凝固後打爛模具才得到成品。脫模翻範，以範成器。

金屬器鑄造都是模、範分開說。紋飾凸起的爲模，下凹的爲範，最後鑄成的器物紋飾再反過來又是凸起。秦始皇之前雖然沒有大型陶俑，兵馬俑貌似「橫空出世」，但中國很早就有了逼眞寫實、誇張寫意的巨量陶範、陶模。它們爲兵馬俑的出現做好了準備。鑄錢也是一種金屬器的製造，按說分類應該模、範分開。但不知從何時起大家都稱錢模爲「母範」，祖範翻母範，再用母範翻子範，然後鑄錢，以「祖、母、子三代」的關係敘說工藝流程，怪不得人們常說錢能「生」錢。

聽我講這範、那範，志願者老米一臉茫然，有點懵圈。「模是姥姥，範是媽，錢是兒子。這回採集的是姥姥。」他恍然大悟。「錢模本身又是模印後入窯燒製的，還得有太姥姥。」我補充道。

這麼多寶貝，這次行動聽起來很低調卻很重要，旁聽的方師傅嘴裡噙著香菸，很是滿足和得意。

1 姜寶蓮、袁林、秦建明：《秦半兩錢陶範母的發現與相關問題》，《秦文化論叢》第十輯，三秦出版社，二〇〇三年。

鳳鳥紋陶模

02 錢模的三重價值

我還有很多歡喜沒對他們全說完。

首先，時間往前推、往後看，半兩錢可以串起秦國在咸陽期間的興衰史。

西元前三三六年，秦惠文王二年初行錢，半兩錢開始規範發行，秦國獨立的金融系統正式確定[1]。十年之後從他開始，秦國君改稱為「王」，之前一直是「公」。西周男子有公、侯、伯、子、男五等爵，最上為天子周王，公的政治地位低於王。公、王一字之差，身分等級含義不同，秦國君爵位上調到頂格的時間比金融獨立晚了十餘年。

十年彈指一揮間。梳理其間惠文君所經歷的大事，便能體會到成事者的艱難。

西元前三三五年，攻取韓宜陽；西元前三三三年，犀首為大良造，張儀為客卿；西元前三三二年，魏獻陰晉，更名甯秦；西元前三三一年，義渠內亂，庶長操將兵定之；西元前三三〇年，與魏戰，虜龍賈，斬首八萬，獻河西之地；西元前三二九年，伐魏渡河，取汾陰、皮氏，圍焦降之；西元前三二八年，始置丞相，魏獻上郡十五縣予秦；西元前三二七年義渠君稱臣……

惠文君在戰爭、動亂、政體改革中耗費了十年的光陰。從「公」到「王」，政治地位的

陶模

升格標誌著秦國開始豪橫了，不僅金融獨立，政治地位和周王幾乎比肩。豪橫的標誌之一就是考古發現在稱王的頭幾年，秦國經常會在兵器所刻的銘文紀年前冠以「王」字，如王四年相邦張儀戈、王五年上郡疾戈、王六年上郡守疾戈、王七年上郡守疾戈、王八年內史操戈。等到後來諸侯大國都已稱王，在稱王的這件事上秦國才低調下來，武器上不再加刻「王」字。如此張揚的個性，琢磨起來倒眞是挺符合秦人的性情。洩個密，銘文有沒有「王」字是初步分辨秦國兵器鑄造時代的一個訣竅。

惠文王按下了帝國機器的啟動鍵，爲之後統一打了基礎。一百多年後，秦始皇分一國之幣爲三等。黃金是硬貨爲上幣，以鎰爲單位，供巨額支付如進貢、饋贈；圓形方孔的半兩銅錢爲下幣，供日常交易使用，重量約合八克。珠寶不能當錢使[2]。實際上，布也兼有貨幣功能。

又過了十年，秦二世「復行錢」，再次推進半兩錢的幣制。雖然有學者認為「復行錢」是秦始皇預定的事務，但具體落實是二世[3]。只是無可奈何花落去，時間來不及了，古錢學家丁福保先生有詩云，「莫道區區秦半兩，曾看劉項入咸陽」。

第二，鑄錢地點和工藝的傳承。

漢代在長安城設有鑄錢工廠，鐘官屬其中之一。鐘官在今西安市南戶縣鄠邑區兆倫村，被譽為「目前唯一確知的、世界最早、規模最大、時間最長的國家級鑄幣場」，是西漢王朝的「中央銀行」。這個國家鑄幣場，前身是秦上林苑內的一處金屬鑄造廠，鑄錢工藝使用陶錢模，和我們採集的一致。

想到傳承，我突然意識到一件事，撇下老米轉身進入標本存放室。府庫所在地有西漢晚期的一片廢墟，包括有三大間房子、引水管道、過水池和一合鑄造「大泉五十」的錢範。大泉五十是西漢晚期的錢幣，外戚王莽謀權的產物。原來傳承不只在秦上林苑和西漢鐘官，磚廠附近的鑄錢生產也可以延續到西漢晚期。

第三，明確了秦代造錢工廠的地點、規模、方法。

頻繁出現，存量不少，生產就在當地而且規模較大。考古文章涉及很多資料，測量過程煩瑣，讀起來又乏味，做一道數學換算題，枯燥的事情便有意思起來。秦一尺約合今二三．

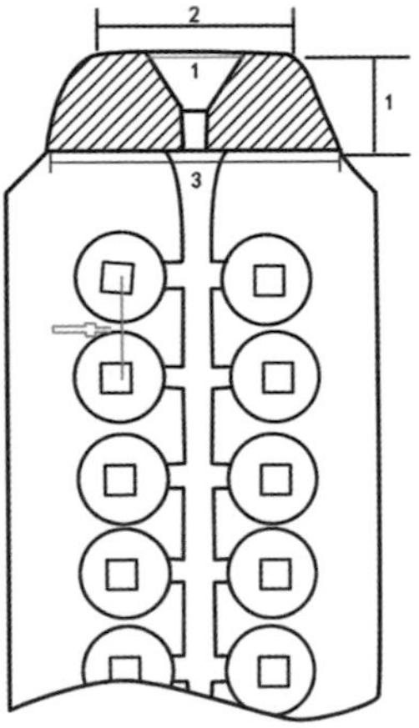

錢模設計尺寸比例[4]（改繪：狄明）

一公分，一寸為二．三一公分，一寸半為三．四七公分。錢模是以接近三．五公分為長度單位進行的設計，澆口高為一單位，頂部長徑大約為兩單位，底部長徑等於三單位，短徑等於兩單位，澆口口徑等於一單位，錢模總厚度等於一單位，錢與錢的中心距離等於一單位。想不到數據中竟然暗藏玄機。

鑄錢模具一合分為面和蓋兩片，使用時二者合扣。相對於面上的各種玄機，蓋低調了很多。表面平整沒有凹槽，因為接觸了金屬液體，留有錢形和一些黑垢。會利問，這些黑垢能不能水洗？不能。那可不是污垢，留下來通過儀器檢測有助於了解合金成分，或者判斷是否使用過脫模劑。

會利拿藥棉把殘塊逐一包好，雙手捧進庫房，嘴裡叨叨著「有用就是寶貝」。此景讓我有點恍惚，彷彿又回到了兵馬俑坑。她的動作、念念有詞和當時我的搭檔一樣。

考古工作收入不高，從業者前赴後繼。考古人嘴裡念叨的寶貝不只指值錢。錢是寶貝，沒人不愛，但人不能鑽錢眼兒裡。

1 《史記．六國年表》：惠文王二年，天子賀。初行錢。
2 《史記．平准書》：及至秦，分一國之幣為三等。黃金以鎰為名，為上幣；銅錢識曰半兩，重如其文，為下幣；而珠玉、龜貝、銀錫之屬為器飾寶藏，不為幣。
3 《史記．六國年表》：（始皇）三十七年十月，帝之會稽、琅邪，還至沙丘崩。子胡亥立，為二世皇帝。殺蒙恬，道九原入。復行錢。
4 據《秦半兩錢陶範母的發現與相關問題》圖四改繪。

▲七國貨幣*

* 引自秦始皇帝陵博物院編：《平天下—秦的統一》第二一二頁，西北大學出版社，二〇一九年。

03 錢「眼」和拜「金」

「錢眼」、「孔方兄」，只有中國人能知道所指何意。

半兩錢在內的中國古代錢幣，外圓、內有方孔的造型體現了民族傳統。對這個造型的寓意衍生了很多神乎其神的說法[1]，什麼外圓象徵天、內有方孔象徵地，如此一來，錢便濃縮了天地的神力，有錢就可以任性了唄。

有一則故事解釋了天圓地方到底是怎麼回事。學生單居離問孔子：「天是圓形，地是方形，是不是眞的呀？」同窗曾子替先生回答了他：「離！你傻啊，如果形狀眞是這樣，地的四角蓋不嚴實啊！」「天道曰圓，地道曰方。」可見天圓地方說的不是天空和大地的自然形狀，而是天道、地道的哲學。

天圓地方的說法影響極深。秦始皇陵出土銅車馬，二號車前、後室有穹隆式的篷蓋，能防風避雨、防塵防曬。常有導遊向觀眾介紹說這種造型來自天地的形狀，意思是秦始皇雖然身在車輦卻胸懷天下，很神。可讀書閱史品文化，最忌諱的是一知半解，最可惡的是以訛傳訛。

銅車馬篷蓋眞正的「神」奇之處是製造工藝。曲面的篷蓋中間最厚不超過一枚硬幣，製法是先鑄造一塊小銅片，然後從中間向四周加熱鍛打[2]。整個車篷那麼大，需要合金延展性好、溫度控制得當，還少不了多人合作，一氣呵成。

思想意識來源於客觀存在。銅車篷蓋造型來源於現實生活能見到的動物，比如烏龜的殼。錢幣圓形只是便於攜帶。鑄造銅錢一版上有很多枚，從版面上掰下來，邊緣有毛糙的斷茬。爲了集中打磨毛茬，錢孔中間插一個木棍。方孔中插木棍最穩當，磋磨時能保證不晃動。如此而已。沒有那麼多附會，更不能將附會塞到秦始皇身上。

外圓內方的錢幣造型一直沿用至清代，首創之功也不能貼給秦始皇。

先秦時期各諸侯國的貨幣有刀形、鏟形、貝形和圜形等等各種樣式。造型來源與日常生活脫不了關係。食物吃不了、布料用不完，於是出現交換、出現貨幣。鏟形的布幣似耕田翻土的農具耒耜。刀幣可能仿鑄遊牧半遊牧的戎狄部族，草原人更喜歡隨身攜帶削刀，現在也是一樣[3]。貝形的鬼臉錢又稱蟻鼻錢，像海貝。圜錢，圓形、圓孔，初看像玉璧，玉璧象徵大地，大地象徵母親，母親織布必用紡輪。

魏國、秦國在戰國時期先後使用圜錢。方孔圓錢大量出土於燕國和齊國，後來又被秦國借鑒。「孔方兄」絕非秦始皇的發明，只能說從秦始皇統一貨幣之後，外圓內方的形狀被徹底固定下來。

說到秦，所有豐功偉績和功過是非全都甩給秦始皇並不合適，也許考古實物能恢復他的本來面目吧。

鑽錢眼兒和拜金意思一樣。錢幣以黃銅爲主的二元合金鑄造，拜金的「金」並不是金子的「金」。黃銅加錫成爲吉金，與靈玉觀念合併，一個象徵品德，一個體現財富。黃澄澄的眞金在咸陽城裡有過不少，有時是各種器物的錯金裝飾，有時是金版。秦人對黃金的崇尚更多來源於外界刺激。從甘肅禮縣、陝西寶雞地區，到咸陽城和秦始皇陵，黃金和秦人的腳步如影隨形，但從未喧賓奪主。秦始皇仍然強調黃金以鎰爲單位、不流通，

咸陽城出土瓦形「陳爰」金幣[4]

這是遵循傳統的另一種表現。

在西方，西元前五五〇年至西元前三三〇年有波斯帝國，時代比秦始皇的帝國早一點。波斯帝國的貨幣形狀是圓形、無孔，質材有金、銀、銅三種。大流士統一貨幣前，兩河流域和埃及的硬通貨主要是銀幣，金幣用於送禮行賄，銅幣是輔幣，僅限某些商業城市和地方統治者鑄造使用[5]。

大流士統一後的貨幣質地仍然以眞金白銀爲主。錢幣正面爲人像，頭戴王冠，身穿長袍，左手持弓，右手持矛。人物頭像的貨幣從未在中國古代出現過。晚清時期的光緒元寶，原料以紅銅爲主，背面圖案是一條龍，隱晦地代表了皇帝，半土半洋。民國時期的孫中山紀念幣、「袁大頭」銀圓，錢幣正面是人物頭像。從原料到造型，錢幣上的中國傳統徹底消失了。觀念上的拜金和鑽錢眼兒，何時能消失呢？

1 石俊志：《半兩錢制度研究》，中國金融出版社，二〇〇九年。

2 侯介仁、楊青：《秦陵銅車馬的鑄造技術研究》，《西北農業大學學報》一九九五年總第二三卷。

3 陳隆文：《春秋戎狄尖首刀幣在先秦貨幣史上的地位與影響》，《陝西師範大學繼續教育學報》第二二卷二〇〇五年第三期。

4 引自秦始皇帝陵博物院編：《平天下——秦的統一》第二一一頁，西北大學出版社，二〇一九年。

5 李零：《波斯筆記》第二四一～二四二頁，生活·讀書·新知三聯書店，二〇一九年。

04 秦始皇的理想與現實

統一貨幣是秦始皇的理想，實現需要基礎，所謂分久必合，水到渠成。秦始皇所處的時代，各國之間除了打仗，相互之間也做生意，國際化金融體系正在形成。戰國時期趙國的一斤等於217.46克、一兩等於13.59克、一銖等於0.566克，數值較秦值大體相近。

話說《戰國策》裡有一件和獵頭有關的故事。孟嘗君在齊國受到排擠不被重用，梁國國君聽聞此事，馬上空出上將軍的官職虛位以待。這裡的梁國應該是定都大梁的魏國。爲表達誠意，梁王派人多次攜帶黃金千斤、車百乘到齊國挖人。孟嘗君的門客，那位彈劍而歌的馮諼對主公說：「您再等等，梁國的動靜這麼大，齊國國君一定能有所耳聞。」果然，齊王派太傅帶了黃金一千斤、兩輛四匹馬拉的彩飾車駕、齊王自佩的寶劍一柄，致書向孟嘗君登門道歉。（《戰國策・齊策四》）齊國的「黃金千斤」與梁國「黃金千斤」等值，否則孟嘗君肯定跳槽。

話說回來，大勢所成，秦始皇開始爲貨幣的一致性畫句號了。

詔令天下統一使用半兩。金庫裡的錢以千枚爲計數單位，裝筐打捆。商品明碼標價，幣

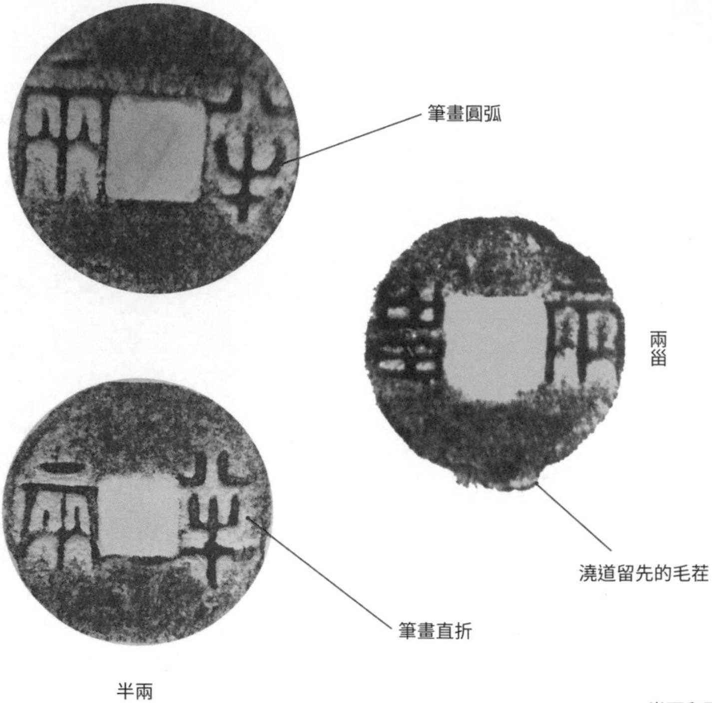

半兩和兩甾[1]

值只有一種，支付的時候不找零。不滿一枚錢的東西，零頭直接抹掉。有人覺得這有空子可鑽，偷點價值小於一錢的桑葉，雖然官府沒辦法追繳贓款，但送其去勞動改造三十天是免不了的[2]。

這個時期政府大多以實物支付薪酬。我和將軍俑「聊」八卦，他的崗位工資是年薪兩千石糧食。劉邦比秦始皇小三歲，他上班時領過薪酬。後來劉邦要服役去了，同事們送紅包，每人送錢三，蕭何獨送五。聽這段故事，有人說當時錢值錢，有人說錢發行量少。

《史記》記載了劉邦在呂公家吃霸王餐的事。呂公初居沛縣，由於和縣令是好友，很多人爲了拉關係便上門拜訪，呂公組了一次飯局。總管蕭何規定說：凡是賀禮錢不到一千錢的人，一律到堂下就座。劉邦可不管這些，分子錢不出，還誇口說「泗水亭長劉季賀錢萬」，隨就上座。按照古時兄弟伯、仲、叔、季次序排行，劉邦是老么，別名劉季。

這兩件事放在一起，稍微咂摸一下就能感覺到，劉邦這人人品有問題。蕭何能開出上一千錢的價碼，劉邦誇口帶了一萬錢而且被相信，可見貨幣的發行量未必真少。

秦始皇時期半兩錢究竟發行了多少？無解，缺乏實物。金屬是國防物資，銷毀再用是慣例。但是關於市場流通貨幣的真實狀況，答案非常明確——「各隨時而輕重無常」。（《史記·平准書》）

理想豐滿，現實骨感。儘管秦始皇很努力，統一貨幣的句號畫得並不圓。

在西安市南郊有一件陶器裡面裝了一千枚銅錢，清點之後發現多數是半兩，還夾雜幾枚其他錢幣，比如有戰國時期齊國的賹化、秦國的兩甾[3]。兩甾錢是半兩的異形錢，兩者的面值相同。

在西安市北郊張家堡秦人墓地共計出土半兩錢約三千枚，涉及四大版型，有的版型又被劃分為五式。有一位墓主似乎有收藏錢幣的嗜好，獨佔二千五百二十五枚，其中包括一枚兩甾。即便都是半兩，卻有四種不同版型[4]。

型、式劃分是考古類型學的基本內容的分類方法。比方對一群人，可以先按照性別分出男、女兩型，各型再根據年齡劃分出老、中、青、幼兒不同的式。式有時間早晚的先後關係，老人屬於第一式。三千多枚分成四型五式，說明錢版有很多。

就在張家堡這個墓地，有一座墓隨葬了鉛質錢和一件陶鍪。鍪是巴蜀人的煮飯鍋，鉛錢在四川巴縣也出土過[5]。遠隔千里、看似無關的兩個人，有共同的生活習慣和葬俗，這會是一次傷感的離別嗎？

兵馬俑坑也出土過半兩錢，有的直徑三・一公分，有的直徑二・四公分。陵園內的半兩錢更離譜，直徑只有一・九公分。蹲在探方邊，聽老師們討論統一貨幣的大事，我卻操心起丟錢的人。這個工匠眞悲摧，好不容易掙點現金，荷包卻漏了洞。

很明顯，即使考慮銅錢殘損、生銹造成的誤差，秦始皇也並沒有完全實現統一貨幣的理想。統一伊始，百業待興，金融系統依然是亂象環生。

1改自《西安張家堡秦墓發掘報告》圖九三。
2睡虎地秦簡《法律答問》：或盜採人桑葉，臧不盈一錢，可何論？貲徭三旬。
3陳尊祥、錢嶼：《陝西長安張堡秦錢窖藏》，《考古與文物》一九八七年第五期。
4陝西省考古研究院：《西安張家堡秦墓發掘報告》，三秦出版社，二〇一八年。
5西南博物館、四川省文物管理委員會：《四川巴縣冬筍壩戰國和漢墓清理簡報》，《考古通訊》一九五八年第一期。

05 半兩錢的「打版車間」

秦國鑄錢不限於中央，地方也鑄。秦簡記錄了一樁假鈔案，說某個地方查獲了私鑄的新錢一百一十枚，錢範二合，人贓俱獲。（睡虎地秦簡《封診式》）中央、地方以及民間私鑄，要想實現半兩錢版型完全一致、重量標準絲毫不差，顯然不可能。

治亂，秦始皇告誡自己要有耐心。錢只按照數量計算，大小、輕薄不考慮，交雜一起使用，不許拒收殘幣[1]。睜隻眼閉隻眼，暫且默許亂象再蹦躂十年。

現在我們明白了秦二世時期復行錢的原因。亂。初期過渡，亂也正常，接下來得考慮進一步深入。深入的具體程度與國家經濟形勢息息相關。國泰民安，金融秩序穩定，錢的大小、重量標準嚴格；反之，錢越來越小，越來越輕薄。

秦末風雲打亂了錢幣統一的節奏，半兩錢最亂的時代還在後頭。西漢直至呂后時期鑄造漢半兩，直徑約二、三公分，大小、版別和秦末半兩很難區別。總體趨勢看，錢文筆劃越來越直折，錢徑越來越縮小。由於放縱私鑄，文帝時期榆莢半兩大量出現。榆莢錢質地輕薄，有的小如雞眼。治亂的接力棒交給了另一位有幹勁的君王——漢武帝。隨著五銖錢的發行，半兩錢終成歷史。

既然半兩錢流通使用經歷了秦國、秦代和西漢前期三個階段，採集錢模屬於誰就需要追究了。西漢半兩錢直徑在二．三公分左右，採集錢模直徑二．七公分。測量一下模上的錢型直徑便排除了西漢。那是秦始皇的秦代，還是二世的秦代呢？還眞不好說。

秦始皇二十六年詔告天下，通知全國統一度量衡，直至三十七年秦二世接手，中間跨度十年。若沒有紀年文字，即便借助碳十四、熱釋光、光釋光等技術手段，精準到十年之內還是有難度。這時候就可以發揮考古類型學的神威了。同一型半兩錢按照式的分組，從第一式排隊，直徑越來越小是已經掌握的變化規律，採集錢模的直徑二．七公分，屬於稍大類，時代稍早一點……那麼，秦始皇時代的可能性更大。

是秦始皇二十六年之前的戰國晚期？還是之後的秦代？還是用考古類型學的方法來判斷。現在全國範圍內發現的半兩錢模和範大約有三十二處，按質地有銅、鉛、石、陶。陶模翻鑄銅範，屬於鑄錢發展史上的高級階段[2]，時間要晚一些。

既然決定要統一貨幣，秦始皇面臨的首要任務是確定錢版。官方錢版的錢文、錢型應該非常規範。從垃圾堆裡翻出來的這些錢模正是如此，尤其錢文，雖然是篆體，但筆劃方正，已經很接近隸書了，並不是戰國晚期的篆體風格。概括結論，採集錢模屬於秦始皇時期的標準版型。我喋喋不休地說，中先生聽得有點不耐煩：「這就是帝國中央銀行的原版。」

「對啊，原版，秦始皇工作狂魔，大小事必過問，親自過目也可能哈。」把想法和隊友們一說，大家都擠過來看。這一刻我們和遙不可及的秦始皇好像有了交集。

傳說秦代半兩錢版的文字是李斯手書。李斯是丞相，位於三公之首，參與了重大國策的制訂，文采斐然，書法「古今妙絕」。這些錢模上的文字有沒有可能真是李斯的筆跡？

這些猜想，由於缺乏確鑿的實物證據，自然不能寫入正式報告，但考古研究強調分析遺物的出土環境。有了出土環境，一些設想和推理便增加了依據。磚廠緊鄰咸陽城宮區，二〇一二年之前附近已經撿到過模、範、銅渣、鼓風管，二〇一四年又找到一處骨器廠。這次在垃圾堆裡翻到了高級建築使用的龍紋空心磚，附近有類似工業部的辦公廳。整體片區是官屬手工區，錢版應該最標準。林林總總的出土環境資料加在一起，李斯親筆書寫的可能性遠遠大於其他郡縣地區。統一錢幣的同時，秦始皇統一文字。李斯奉皇帝指示對史籀大篆再加工形成簡化字，爲了尊崇大篆，新字稱「小」篆。書同文，以秦小篆作爲官方用字。書同文的落實情況和錢幣一樣沒有一刀切。秦律密如凝脂，案件太多，卷宗記錄量大，小公務員或者官奴隸的底層文化人發明了第二種簡化字——隸書。

錢版所見「半兩」二字的筆劃平直，有隸書的韻味，這是接受了自社會底層發起的文字演化結果。一切皆因實用。秦始皇治國措施比如半兩錢的定型，有對歷史傳統的繼承；崇尙的品行比如小篆之「小」，其實謙卑、低調。繼承傳統，尊重歷史和現實，這可和我們刻板印象中的那個不可一世、唯我獨尊的秦始皇不一樣。

不褒即貶的評價對任何人都不合適，況且是這樣一位努力工作、有偉大抱負的人。

1 睡虎地秦簡《金布律》：錢善不善，雜實之……百姓市用錢美惡雜之，勿敢異。

2 姜寶蓮、袁林、秦建明：《秦半兩錢陶範母的發現與相關問題》，《秦文化論叢》第十輯，三秦出版社，二〇〇三年。

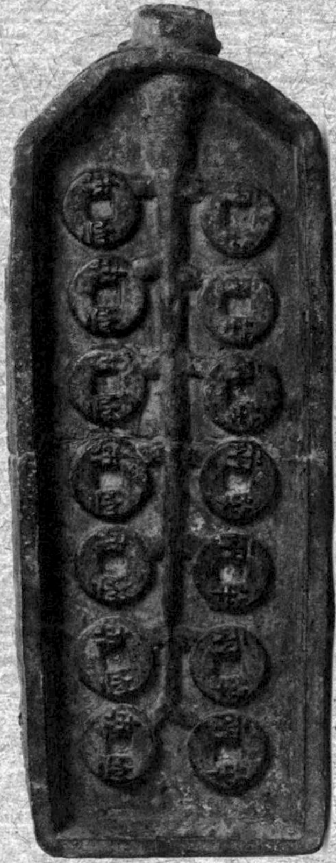

▲芷陽銅錢模（陝西省考古研究院藏）

06 工作難度再加大

咸陽地區是秦漢時期的都城核心或近郊。錢模或範發現的數量大約有八例。在臨潼芷陽宮遺址發現的一件銅模，和我們採集的秦代陶模比較一看，可以發現它的支澆道略斜，不太直[1]。

又是芷陽。芷陽得名與茲水有關，灞河古稱茲水。春秋時期秦穆公在河岸東阪上修建離宮，取名霸宮，改茲水爲霸水。戰國時期昭襄王將霸宮改名芷陽宮，設縣。芷陽向東通向三晉地區的函谷關、向南直達楚地的武關，屬於戰略交通要塞。

又是昭襄王。我和張楊描述咸陽城考古的宏偉藍圖：跳出咸陽原，跳出渭河南北，跳出秦代，考古視野在時間和空間上再擴大一些。張楊撓著雜亂的自來鬈髮，說：「這難度有點大。」

除了芷陽、咸陽的模之外，其餘五例是範。從鑄造工藝看，有七例是面、背扣合澆鑄，一例是盤狀疊鑄。疊鑄就像食品店蒸饃，「籠屜」一層一層壘疊，最多能疊八到十層。錢形繞圈排列，鑄造好以後把錢掰下來形成的毛茬會多一些。

孤例不立。我心揣懷疑，給會利下達任務：「給錢除鏽的時候一定要注意觀察毛茬數量。」她說：「唉，還要觀察毛茬，這難度有點大。」

垃圾堆裡翻出了寶物，有如此大的價值，看來方師傅和提供線索的老席確實應該獎勵。但是……方師傅聽到「但是」，嘿嘿地笑了，用力嘬了一口獎勵的香煙，說「這難度有點大」。錢模是翻印的，還得有母版，「太姥姥」找不到，句號畫不圓。考古工作永遠幹不完。我不僅給隊友們提出了新任務，自己也定了個小目標，常態化開展公眾考古活動。

考古界的前輩張忠培先生說：「我們的考古學家，不應只把我們的學術研究停步於書齋中，還應做公眾化的考古工作，使考古學和我們的民族形成血肉的關係，成爲我們整個民族的精神財富。」二〇〇二年學者在這個地方採集到了鑄錢遺物，二〇一八年我們才再次進行了工作。十六年的時間，文物保護、宣傳的滯後，磚廠持續取土造成的損失難以估量。

歷史考古學重在何爲？如果文物工作只是爲了科學研究，實際上也就沒有存在的價值。考古是人民的事業，文物保護是人民的事業，公衆考古是文博人必須要做的事業。二〇一九年文化遺產日，咸陽城考古志願者團隊組建，我們提出的口號是「確認過眼神，我是文物保護人」。

垃圾堆裡翻出的錢模，眞正地目睹了劉項入咸陽。其形，凝結了中國古代貨幣發展的歷史；其字，連接了漢字的演化；其背後，代表了一個眞實的秦朝，眞實的秦始皇。

二〇一九年，秦始皇帝陵博物院舉辦「平天下」展覽。錢模殘塊被調入展，它們雖不如將軍俑靚麗，但我還是騰出時間，專門去看了看。

1 張海云：《陝西臨潼油王村發現秦「半兩」銅母範》，《中國錢幣》一九八七年第四期。

第十六章

渭河岸邊有祕密

渭河岸邊屢禁不止的盜掘行為，引起了我對咸陽城遺址西南區域的關注。沿著河岸漫灘，滿目大大小小的盜掘坑，秦漢時期的建築瓦片俯首可拾，這個被圈在文物保護區之外的河灘地，究竟隱藏了咸陽城的多少祕密？

▲銅器座紋飾[1]（繪圖：狄明）

01 心有疑竇再出發

因爲利益的誘惑，長期以來，考古工作都有一股頑敵——盜掘者。我們在磚廠垃圾堆裡翻寶，好利之徒在距離宮殿區西南四公里的渭河灘地也沒閒著。盜掘者穿著潛水服，帶著金屬探測儀淘「金」尋寶。遇到稽查人員，他們佯裝戲水，漂浮在江心，萬一被抓個現行，也因爲這個地方不屬於古遺址保護區，被罰點小錢，歇業幾天，權當休假。

二〇一八年春夏之季，八百多枚楚國蟻鼻錢從此地流入古玩市場[1]。儘管早有耳聞，無意間看到相關文章，我立刻如坐針氈。這次流出的錢幣數量之多，品相之好，藏家遇到自是歡喜。沒有買賣就沒有殺害，我對買文物沒有好感。這個片區與咸陽城「長陵車站手工業遺址」文物保護區南北相連，出現多國貨幣已經不是第一次，法律和道德層面的問題暫放一邊，擦擦冷汗，倒一杯茶，我應該想想河灘地出現「外幣」的原因。

河水清澈見底，陽光照耀下，水面閃著點點星光，靜靜地向東流淌而去。水鳥在枯草叢裡微微低語，不時傳來撲翅聲，空曠的河面更顯得孤寂和冷清。我滿腹疑問，站在河邊卻沒有興致賞景。接著，我們實地勘察，走訪知情人，翻閱原始考古資料。既然心有疑慮，那就採取行動。

最偉大的力量就是同心合力。

張楊等人帶上探鏟出發了。他們發現，在渭河兩岸長約三公里的範圍內，不僅沙灘裡常見板瓦、筒瓦、瓦當一類的建築材料，探鏟穿透河沙近三公尺的土樣中有人類活動形成的活土、黑色木炭顆粒、陶片。

在咸陽市文物考古研究所蘇慶元老師的協助下，文物局退休幹部高忠玉先生拿出了自己珍藏的第一手資料。高先生老家在渭河灘地一帶，二〇〇八年聞聽由於河水乾枯，岸上出現大量「古董」，他馬上前往調查並寫過書面彙報。時過境遷，陪同我們再次站在河岸邊，高先生回憶所見，話語中透著不甘。

東子是居住在渭河南岸的一位文物愛好者。他帶了一紙箱子的陶器殘片急匆匆地跑來，說南岸河灘上還有很多，有些浸泡在水裡，可惜自己不習水性，又問「這些東西對考古是否有用」。我挑出一塊板瓦，向他解說其中的歷史資訊：上面的戳印是「咸亭沙里」，亭的意思是市場。都是秦代咸陽城典型的遺物，當然有用。

《秦都咸陽考古報告》中有大篇幅內容介紹長陵車站手工業遺址的一些情況，我逐頁逐句地翻看。長陵車站區域是咸陽考古的第一站，從一九六二年至一九八二年出土過非常多的金屬殘器，有秦始皇二十六年和秦二世時期的詔牌、刻有「私庫」文字的太后或皇家用器、巨大的銅板、各國錢幣，還有一批設計精巧、製作講究的高檔器物的殘件。

文字枯燥，看乏了就琢磨插圖和照片。考古報告或簡報的插圖叫線圖，通過直角坐標正投影的方式繪製，以正投影體現外廓，以剖面表現內部結構，具有文字、攝影、拓本等手段所不具備的優勢。我圈出一件第七號窖藏所出的器座線圖，求助狄明幫忙翻繪。

狄明是考古隊的小兵大匠，性格樸實穩重，不愛多說話，心細又坐得住，每天在電腦上處理各種線圖，一筆一筆地描，爲我們寫專業文章提供保障。

「氣死了！」

不愛說話的狄明發怒，肯定是因爲電腦又當機了。電腦配置低，運行速度慢，指示標轉了一圈又一圈，我倆大眼瞪小眼，乾著急。

終於翻繪完成的線圖呈現出了紋飾的精美細節。大小像茶拖的底座上部布滿錯金銀的鳳鳥和雲朵。兩隻鳳鳥側面相對，身體卻纏繞、勾連在一起。頭部的細節有區別，外側的一隻頂部是短冠；內側的那只頂部平直的長羽像花翎；應該代表了一雌一雄。兩鳥的周邊填空一樣地布滿了旋渦狀的雲紋。器底下半部是勾連雲紋。紋飾線條纖細、婉轉。一則讓人感受到了秦國工匠手藝的精巧，二則讓人展開無限的聯想。畫面中的鳳鳥是一雄一雌，暗示平衡、和諧，雲紋勾連迴圈反覆，無限擴散的空間沒有盡頭。

重新繪製的殘器圖太過精美，我分了神。這殘器上的雲和鳳鳥的造型、構圖，甚至是所用原材料都有點眼熟。

1 党順民：《咸陽渭河沙坑出土的楚國「蟻鼻」錢淺議》，《收藏》二〇一八年第十二期。

02 秦宮銀盤長了「腿」

二〇一八年六月十七日，星期日。野外考古隊沒有週末假日之說，申先生照例探班，看到書案上一堆山東齊王墓的發掘資料，問道：「咋又關注起山東的事來了？」

一九七八—一九八〇年山東省淄博市發掘了一座西漢初年大墓的五個陪葬坑，經考證，墓主可能是西漢初年第二代齊王劉襄，出土了一萬兩千多件文物[1]，其中有三件給我留下了很深的印象。

漢初期，劉邦穩定政局以後，立次子劉盈為太子。劉肥是劉邦的長子，卻因是庶子不能繼承皇位。為了彌補歉疚，劉邦冊封劉肥為齊王，在今天的山東臨淄一帶劃撥了一塊好地。從劉肥到劉襄，齊國是西漢地盤最大的諸侯國。封地雖好，齊王的日子卻過得很窩心。

漢惠帝二年，弟弟劉盈在長安以家禮設家宴款待劉肥。呂后對此十分不滿，動了殺心。劉肥僥倖回到住地，在身邊人的勸說下忍痛割地討好呂后。先割一塊送給妹妹、呂后女兒魯元公主為湯沐邑。湯沐邑，入乾股，拿紅利。接著又割濟南郡以封呂后侄子呂台為呂國。還沒完，在呂后操盤下，又割琅琊郡給呂后的妹妹呂須的女婿劉澤以封琅琊王。齊國七郡嚴重

一號銀盤圖[2]（繪圖：狄明）

二號銀盤圖[3]（繪圖：狄明）

縮水，齊王所受的精神傷害更大。

忍字頭上一把刀，悼惠王的諡號總結了劉肥的一生，長子劉襄繼承諸侯王位。呂后去世後，西漢劉姓宗親、開國功臣們開始清算呂家勢力。劉襄首先起兵盡誅諸呂，成功之後大家投票選舉新皇。惠帝劉盈早逝沒有子嗣，劉襄呼聲最高、功勞最大，有理由勝出。

事與願違，毫無功勞的代王劉恒登上皇位。壯年齊王，差半步就當上皇帝的劉襄鬱悶去世。吃穿用度、稀世珍寶隨之埋入地下，其中包括一套三件鎏金銀盤。

三件銀盤造型規整，紋飾精美。一號最大、最重、紋飾最繁複，整個畫面鋪滿變形的龍鳳紋，令人眼花繚亂。二號和三號大小、重量和紋飾完全相同，有波折和花葉兒、雲朵和游龍，裝飾簡潔。這些紋飾和咸陽殘器座如出一轍。按照屬性，文物劃分爲可移動和不可移動兩類。齊王墓陪葬坑不可移動，其中陪葬物的銀盤可移動。原本三件是一套，「長腿」移動分別入藏中國國家博物館、山東省淄博市博物館。

這不是銀盤首次「長腿」。

三件銀盤都刻有銘文，尤其是一號內容最多。底部文字是容量、重量和使用部門「御羞」，屬西漢時期的特點。口沿文字有四段，由上至下分別是「三十三年左工（疾）」「名吉七重六斤十二兩廿一朱」「奇千三百廿二」「六斤十三兩二斗名東」。[4]

第一段表示製作年代和製作者，第二段是器物重量。雖然有留白，前段文字筆劃較粗重，後段稍微細淺，但內容連貫，從製作者到器物重量、容量，交代得清清楚楚，刻字形體比較小，筆劃特點不是秦代規範的小篆，說的事發生在秦國。

第三段和前兩段顯然不是同次形成，字跡潦草，結構鬆散，間距也大，內容涉及器物重量有「釿」字。這是戰國時期韓、趙、魏三國的計重單位，說明器物曾與三國之一的某個國家有關。第四段和第三段之間稍有空白，內容包括重量和物品屬於誰所有。

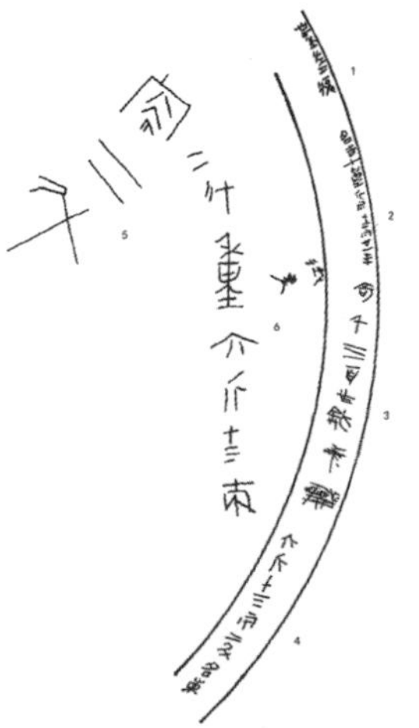

一號銀盤刻文摹本（繪圖：狄明）

由於每次所刻銘文記載的銀盤容積、重量、價值不一樣，反映的年代、國別也不相同，由此判斷三件銀盤曾經多次、多地輾轉易主，就像「長」了腿。

發掘者為銀盤復原了一條旅行線路：

戰國時期，在韓趙魏之一製造↓秦始皇時期作為戰利品成為咸陽城宮殿中的寶器↓西漢時期劉邦攻占咸陽，獲取寶物，並在御羞校驗，正式過戶到劉姓名下↓輾轉到了山東齊王府中。

銘文順序是從第三段跳躍到第一段、第二段，再跳回第四段。確定這樣的先後順序和故事情節，與歷史事件不衝突，有一定的合理性。不論是西漢前期的皇帝還是齊國諸侯王，誰都沒有在位三十三年，銀盤的龍鳳紋圖案又具有戰國時代的特點，在這一時期秦王嬴政在位三十七年（西元前二四六—前二一〇年），符合條件。

但推理過程遺漏了一個人。戰國時期的秦王在位期限符合「三十三年」的還有秦昭襄王，秦始皇的太爺爺，長壽至七十五歲，統治的時間超過了前任孝公、惠文王、武王的總和，也超過了後面孝文王、莊襄王和始皇帝的總和，龍椅一坐半個世紀。太子嬴柱做了一輩子的備胎，只繼位三天就駕崩了。

昭襄王治國期間國力上升，特別是軍事成就毫不遜色於始皇帝。他重用謀士范睢、勇將白起，遠交近攻，取得了對六國兼併的決定性勝利。五十一年（西元前二五六年）攻陷洛邑，立國八百七十九年的赫赫宗周正式終結。周王投降認罪，獻出自己全部家當——三十六座城邑、人口三萬，才勉強保住了一條性命。象徵天下的九鼎擺放到了咸陽城，秦國正式成爲天下共主，諸侯皆來歸順。三年後他重返故都，站在雍山血池祭天台告慰先祖德公：子孫飲馬於河的預言已經只剩半步之遙。

恰好秦昭襄王三十三年（西元前二七四年），昭襄王派穰侯魏冉攻打魏國，攻城四座，斬首四萬。或許正是此次戰爭，銀盤來到了咸陽城裡的秦宮。

又是昭襄王。

1 山東省淄博市博物館：《西漢齊王墓隨葬器物坑》，《考古學報》一九八五年第二期。
2 引自《西漢齊王墓隨葬器物坑》圖二八。
3 引自《西漢齊王墓隨葬器物坑》圖二九，六。
4 徐龍國：《山東臨淄戰國西漢墓出土銀器及相關問題》，《考古》二〇〇四年第四期。

03 殘缺中欣賞美

向申先生解釋了關注山東齊王陪葬墓的緣由，我又試探地問道：「你看銀盤上刻文是不是讀、寫的順序都有點彆扭？」

如果先刻好了第三段再刻第一、二段，有點像填空，起筆第一個字得規劃好位置，一個字一個字順序排好，這樣才能保證文字疏密得當、斗榫合縫。實踐起來有一定難度吧？不如依次續寫水到渠成。有沒有可能銀盤是秦器流傳到了三晉地區？

申先生聽完，寫下兩個字：證據。

首先，金銀器不是中原文化的典型器物，西北地方利用金銀材料時代更早[1]。秦國發家於甘肅地區，金柄鐵劍、戎人豪車、金飾件多。

其次，秦始皇的輝煌有循序漸進的積累過程。一座秦始皇陵，數百座的陪葬坑，青銅水禽、銅車馬、兵器，逆推證明金屬製造技術的基礎強。

再者，咸陽城出土過很多類似讓我分神的殘器座，只是拿不出似銀盤般的完整器。

殘缺是墓葬和遺址出土物的明顯區別。墓葬隨葬完整器，葬儀之後深埋地下有可能保持原來的模樣，除非受到後世盜掘的破壞。河北宣化遼代張文藻夫婦合葬墓建於一〇九三年，棺木前擺放著一桌祭品，一千多年後依然如故，時間彷彿在關閉墓門的瞬間永久凝固。有趣的是壁畫上題留兩行字，「墓有重開之日，人無再少之顏」[2]，感歎了人生無常，落寞之情躍然壁上。遺址不一樣，出土物很多本屬當時的廢棄物，即使偶有完整也難敵日後自然和人爲的損傷。有些材質比如金屬可以銷熔反覆利用，想在咸陽城發掘到秦始皇鑄造的十二金人堪比登天[3]。

咸陽城遺址出土器物九十九%都是殘器。電視主持人自嘲「地球不爆炸，我們不放假，宇宙不重啟，我們不休息」，考古隊也是一樣。雨雪天氣可以休息，不過是在被窩裡多賴一

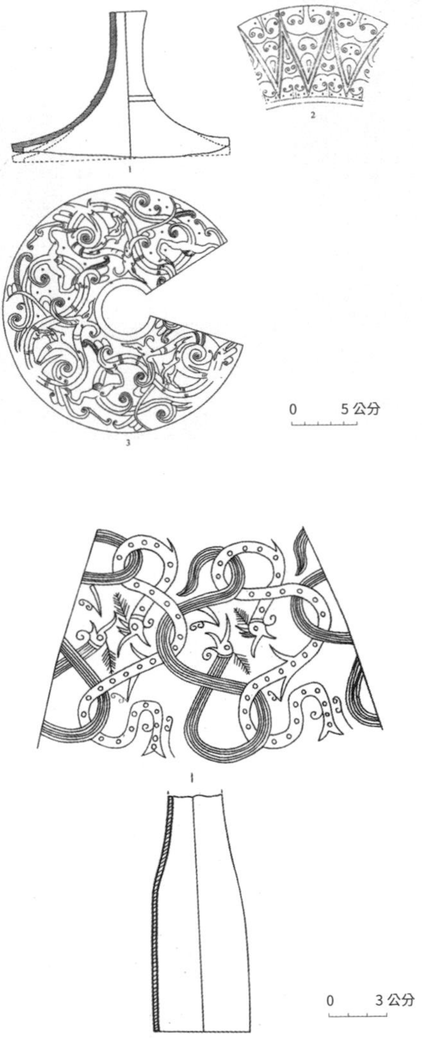

錯金銀蟠龍鳳紋銅器座和蟠龍鳳紋銅管[4]
（繪圖：狄明）

會兒，想起一堆殘器需要修復，趕緊穿衣洗漱。師傅們進入整理間都喜歡挑墓葬出土器。殘片全，慢慢黏就是了，幾天完成一件，就很有成就感。遺址出土的殘器不一樣，儘管存放石磬殘塊的整理間配有空調，大家依然是能繞過就繞過，這種拼圖太難完成了。

斷臂維納斯美輪美奐，考古出土殘器也一樣，不一定需要畫蛇添足來補全。一九八二年發掘的第七號窖藏還有六件同樣精美的器座，雖然都是殘器，表面鏽跡斑斑，但透過線圖表現出來的龍、鳳和雲朵，蜿蜒勾連，細節清晰，尤其是一個窖藏中出土一「群」，足見秦宮用器精緻、豪華，錯金銀線條一筆一畫的動勢凝聚了金屬製造業水準、物質財富程度、審美趣味等等諸多內容。

使用金銀等貴重的金屬材料裝飾龍鳳和雲朵，總之還是有權有錢人的特例，不具備普遍性。這個時期、這個地區，普通人使用的器具又有哪些金銀材質的使用和工藝呢？

這個時期普通人最常用帶鉤來連接腰帶兩端。滿堂之坐，帶鉤各異，秦墓出土精緻帶鉤的例子順手拈來。塔兒坡墓地是咸陽城附屬的一處大型平民墓地[5]，總計出土一百八十件帶鉤，按照工藝可以分為包金錯金銀類、錯金銀類、錯銀類、普通類。長不過一拃，粗不過一支筆桿的弧形鉤面上密集分布複雜繁縟的紋飾，亮出了秦國工匠的真本事。

由於自然環境的原因，陝西地區很少能發掘出完整的秦國漆器，只有錯金銀金屬扣邊。扣邊是漆器底、口等部位的箍，二〇一七年我在咸陽城一座戰國晚期貴族墓葬中見過實物。

考古學文化斷代和王朝更迭不同步。一九四九年十月一日中華人民共和國成立，這一

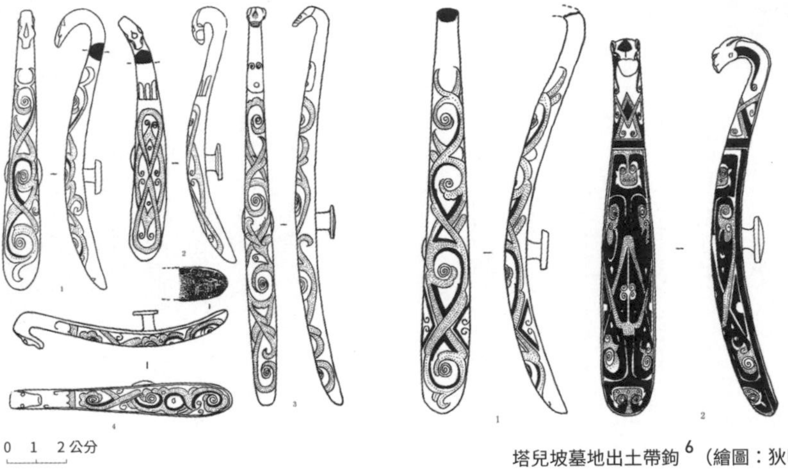

塔兒坡墓地出土帶鉤[6]（繪圖：狄明）

天是新紀年，老百姓仍然繼續使用製作於民國時期的碗。西漢長安城周邊發掘的西漢早期墓葬如果沒有非常確鑿的證據，時代推斷還是籠統爲秦末至漢初更妥當些。即使墓主下葬時已經屬於西漢王朝，器物製作也許是秦朝。

一九九七年北郊棗園南嶺西漢墓出土了九組扣邊，銅胎錯金銀紋飾和咸陽發掘秦墓無二致。有的以渦紋爲主飾配以變形雲紋，呈二方連續式排列；有的圓口沿總高三・五公分，卻有四個檯面，每面布置嵌金銀紋飾。口沿一周紋飾爲三角形渦紋，一金一銀上下交錯構成一組長方形圖案，二方連續式排列共十一組二十二個單體。斜面上部錯金寬一周，其下爲金銀交錯的菱格紋亦呈同樣數量的二方連續紋。紋飾繁而不亂，構思巧妙，表現出精湛的製作工藝[7]。

在咸陽城找殘器，又看到介紹秦始皇陵附近出土鎏金銅鳳凰的短文。鎏金銅鳳凰通座高九公分，鳳凰展翅翹尾，尾冠相接站立在半球形座上，鳳羽紋飾清晰可辨，在羽毛間及半球形座上有許多小孔，可能原來嵌有寶石[8]。

1 江楠：《中國早期金銀器的考古學研究》，吉林大學博士學位論文，二〇一五年。

2 鄭紹宗：《河北宣化遼張文藻壁畫墓發掘簡報》，《文物》一九九六年第九期。

3 《史記・秦始皇本紀》：收天下兵，聚之咸陽，銷以為鐘金人十二，重各千石，置廷宮中。

4 引自《秦都咸陽考古報告》圖一六〇，一—三；圖一七六。

5 咸陽市文物考古研究所：《塔兒坡秦墓》第一四三頁，三秦出版社，一九九八年。

6 引自《塔兒坡秦墓》圖一一一、一一二。

7 陝西省考古研究院：《西安北郊棗園南嶺西漢墓發掘簡報》，《考古與文物》二〇一七年第六期。

8 趙康民：《陝西臨潼博物館新徵集的青銅器》，《文物》一九八二年第九期。

9 引自《西安北郊棗園南嶺西漢墓發掘簡報》圖三一。

棗園漢墓銅扣邊[9]

▲宣太后漆盒及文字
（常德市博物館藏）

04 交流不只一條路

三晉國家的任何一方雖然和秦國你來我往，多次交手，但都不曾攻占過咸陽城。如果銀盤是秦宮之物，屬於咸陽城中的寶貝，三晉又怎樣從秦宮中得到它的呢？

各朝各代皇室寶物重器流散到外地，有的是因國難，比如國家博物館新藏虎鎣，八國聯軍攻占北京城被英國人所得；有的卻是由於贈予或交換，比如和氏璧，如果當初秦王如約給趙王十五城，玉璧也就歸秦王所有了。

秦宮的寶物「長腿」跑到外地的情況非常多。一九九九年湖南常德地區考古發掘了一座二槨二棺的楚人墓，根據銅印章可知墓主是「噩大夫」。「噩」與「鄂」相通，是封邑地名，「大夫」為官職。陪葬品包括一件扣器漆盒，金屬扣邊上有針刻銘文。內容是「十七年太后詹事丞某、工師某、工季」。銘文和口、底部位的紋飾屬典型的秦宮漆器特點[1]。

和銀盤一樣，漆盒文字內容包括了紀年和製作者、所有者。「詹事」是秦國專為太后、王后、太子諸宮設置的機構，負責宮內事務。戰國晚期在位時間超過十七年的秦王有惠文王、昭襄王和秦王嬴政三位。太后頭銜自昭襄王的母親宣太后開始，之前沒有，排除惠文王；嬴政時期的太后，祖母有華陽太后和夏太后，母親有趙太后，十七年（西元前二三〇年），華陽太后去世了，不可能再爲她製作用品。一連串排除之後，宣太后、夏太后、趙太后都可能是漆盒的主人。因爲楚人不曾攻占咸陽，就不可能以戰爭手段獲得秦宮的珍品，漆盒能「跑」到湖北，首先應該考慮贈予方式。無獨有偶，長沙有這樣一件漆卮，器銘寫著「廿九年，大（太）後詹事丞向，右工帀（師）象，工大人台」。廿九年是秦昭襄王廿九年（西元前二七八年），太后所指也是宣太后[2]。宣太后是楚國人，入秦以後跟娘家人總還有一定的聯繫。她在掌握政權、秦楚關係良好的年代，以自己宮內的器物贈予母家和楚國友人，實屬正常的人情往來。

秦昭襄王時期和三晉地區的外交局面一直就是打打和和，大戰頻發伴隨和平會談。文獻記載寥寥數位太過簡略，細枝末節無從得知。秦昭襄王三十三年魏冉攻打魏國，掠奪銀盤入秦宮是一種可能；三十三年之後本爲秦宮之用的銀盤作爲示好的禮物，以贈予的方式輾轉到三晉的可能性也還是不能排除。

透過一則故事我們似乎能嗅到一點和戰爭硝煙不一樣的氣息。

秦昭襄王三十六年（西元前二七一年），昭襄王派使臣王稽出訪魏國並挖到一位能人——范雎。范雎和昭襄王見面後促膝長談，對雙方感興趣的國際問題交換了看法並商討了如何落實遠交近攻的政策[3]。

昭襄王說：「寡人早就想親近魏國了，可是魏國翻雲覆雨變化無常，我無法同它親近，這可如何是好？」范雎來自魏國，對魏國的國風和魏王的秉性知根知底，他給昭襄王出主意：「先說好話、送重幣來拉攏；不行的話就割讓土地收買；再不行尋找機會發兵攻打。」這路數如孫子兵法所言，「上兵伐謀，其次伐交，其次伐兵，其下攻城，攻城之法為不得已」，完全是一個套路。此番對話之後昭襄王到底拿了多少重幣，史書沒有再提，不過肯定已達極限卻沒有奏效，最終不得已還是採取了孫子兵法中的下下策攻城。使五大夫綰伐魏，攻取懷邑；後二歲又占領了邢丘。

秦昭襄王時期，秦魏王室之間頻繁聯姻。昭襄王的嫡母、父王的王后是魏女；昭襄王的前任，哥哥武王的王后也是魏女。秦晉之好早在秦國居雍城期間已經很多。秦穆公娶晉國公主，又將五個女兒嫁到晉國，尤其是女兒懷嬴先後嫁給叔侄關係的兩任晉國公子。秦穆公也因此成為晉懷公姬圉的前老丈人、晉文公重耳的姐夫兼老丈人。韓、趙、魏三分晉國實際上還是老班底。總之，這套銀盤「長腿」跑到了西漢齊國臨淄，之前某一階段一定曾屬於過秦宮，在今天陝西咸陽之地出現過。不論是戰爭掠奪還是示好贈予，「三十三年」所指昭襄王的可能性最大，這又跟宣太后有關係了。

這個女人簡直是一匹桀驁不羈的烈馬。太后稱謂始見於她；太后專權也自她始；太后濫情又無情尤她最甚。她把持朝政數十載營造了大秦的盛世，政治功績堪比武則天。

宣太后之前，秦國曾有母后協政的先例。西元前三八六年秦惠公病死，兩歲幼子出公即位，母后垂簾聽政，重用宦官與外戚，「群賢不說自匿，百姓鬱怨非上」，很快母子雙雙命喪，獻公嬴師隰取而代之。宣太后膽大，不顧前車之鑒。

宣太后確實膽大。在與韓國使臣尚靳的一場交談中，竟然以宮闈內的黃段子打比喻[4]。忽略其中不雅，宣太后指名道姓和尚靳兩人單聊，賓主雙方暢所欲言，毫無避諱，應該是舊識，而且交情不淺。政治家之間的友誼是兩國睦鄰關係的縮影，正如會談之前韓使對秦王所強調，秦韓兩國一衣帶水，唇亡齒寒，睦鄰邦交歷史悠久。

在考古發掘中經常會遇到這種出現異地文化風格的器物。很多時候若只簡單、直接地想到是戰爭掠奪，思路相對狹隘。往往還要考慮和平方式，有外交送禮、婚嫁中的媵器、喪葬中的賵賻、貿易交流等多種可能。

1 龍朝彬：《湖南常德出土「秦十七年太后」扣器漆盒及相關問題探討》，《考古與文物》二〇〇二年第五期。

2 李學勤：《四海尋診》第七頁，清華大學出版社，一九九八年。

3 參見《史記．范雎蔡澤列傳》。昭王曰：「吾欲親魏久矣，而魏多變之國也，寡人不能親。請問親魏奈何？」對曰：「王卑詞、重幣以事之；不可，則割地而賂之；不可，因舉兵而伐之。」王曰：「寡人敬聞命矣。」乃拜范雎為客卿，謀兵事。卒聽范雎謀。

4 參見《戰國策．韓策二》。楚圍雍氏五月。韓令使者求救於秦，冠蓋相望也，秦師不下殽。韓又令尚靳使秦，謂秦王曰：「韓之於秦也，居為隱蔽，出為雁行。今韓已病矣，秦師不下殽。臣聞之，唇揭者其齒寒，願大王之熟計之。」宣太后曰：「使者來者眾矣，獨尚子之言是。」召尚子入。宣太后謂尚子曰：「妾事先王也，先王以其髀加妾之身，妾困不疲也；盡置其身妾之上，而妾弗重也，何也？以其少有利焉。今佐韓，兵不眾，糧不多，則不足以救韓。夫救韓之危，日費千金，獨不可使妾少有利焉。」

05 風景今朝是，身世昔人非

爲了阻止城址西南部渭河兩岸屢禁不止的盜掘，考古隊反反覆覆去勘探、調查、挖小探溝、翻繪殘器線圖，一來二去耗費的時間已近三年，還是沒找出答案。探索，堅持，熱愛。再看咸陽城西南部所謂「窖藏」集中存儲的殘器，欣賞美之外又有了不同。

它們涉及的器物種類龐雜，秦始皇二十六年和秦二世時期的詔牌、刻有「私庫」文字的太后或皇家用器……最讓人咋舌的是一堆銅塊，總重量五百多公斤，有棱有角，壁厚一．六公分，最大的殘塊半公尺長，實測重量八．九七公斤。一堆殘器與其說是窖藏，卻更像廢品收購站集中保管、正在等待上繳再利用的物資[1]。

秦簡《金布律》規定報廢的國家公器每年七月之前要上交內史。內史既是官職又是機構。機構內史類同北京市，中央直管，轄區囊括整個關中地區；官職內史位同九卿，相當於北京市市長，副國級待遇，向上可參與朝政，向下統轄關中各縣的治民事務，管理戶籍、工業、商業、調發勞役和徵收賦稅[2]。

這些內史的職責從「長陵車站手工業遺址」到河岸咋看咋有。遍地分布水井，陶窯和由陶窯輸出的垃圾坑隨處可見，這相當於過去的工業園區。甚至我們幫內史「設計」了市府政務大廳，岸邊俯首皆是的板瓦、筒瓦和瓦當，老百姓修房蓋屋可用不起。

文物一旦落在商人手中依然精美，可惜它們問世的歷史時期卻無從考證，它們也無法為當地的歷史文化做出更多注解，甚至想向世人訴說自己的故事都不再有可能。至於流失的多種「外幣」，我只能猜測有可能是用於買賣的現金，出土地屬於貿易區——「城市CBD（中央商務區）」。我對張楊解釋道。

日中為市，致天下之民，聚天下之貨，交易而退，各得其所。（《易經・繫辭下》）

咸陽城裡有市。昔日李斯和趙高、胡亥翻臉，於二世二年七月受過五刑之後被腰斬於咸陽市，滅三族。五刑，先刻字削鼻，再剁去腳趾，又笞杖並割首級，屍體剁成肉醬。一代政治家的仕途生涯以體無完屍而終。

考古遺址定名一般採取自然小地名＋特徵的原則[3]，以往對咸陽城西南區冠以「長陵車站手工業區」並不符合原則。當然每個時代有每個時代的局限性，這種局限性來自材料、理論和認知的發展，不能因為局限性而做出好壞的判斷。但是，因定名局限對文物保護和咸陽城考古有一些負面影響，河邊眾多的遺址被保護區甩在了圈線之外，區域功能一而再、再而三地縮水，留到現在只剩「製陶」一項。

哲學家說人不能兩次踏進同一條河流，詩人說「風景今朝是，身世昔人非」。河水帶來的變化不只是時間、物是人非，還有河道變遷。清乾隆時期渭河突然北移了三公里以上，我們今天看到的渭河，實際是兩千多年前渭河北岸的漫灘和低層階地。看似默默溫順實則無情的河水，沖刷掉了一些歷史的痕跡，淤積的沙粒也掩蓋了很多未解之謎。

糾結於已經發生的缺憾和損失，對亟待揭曉的謎底並無益處，當務之急是趕快開展工作，糾正誤區、彌補損失。我相信一切過去都可以被閱讀，任何事物都是在特定情境中形成的，其間必然存在聯繫，只要耐心讀，終有一天人們能揭開這些祕密。撿起一塊卵石投向江中，看著水波泛起的漣漪，我想，要不乾脆買套潛水服或者求助水下考古隊！

出道於山東、出自秦宮的銀盤，無論怎樣「長」腿都見證了咸陽城的一段歷史。僅單純從鑒賞的角度，秦咸陽城出土殘器有維納斯斷臂一樣的缺憾之美，只要耐心讀也會別有滋味。

在我看來，這都是咸陽考古的任務。

1 耿慶剛：《咸陽長陵車站61XYCLJC3的再發現》，《文博》二〇一三年第三期；陳力：《秦都咸陽金屬窖藏性質試析》，《考古與文物》，一九九八年第五期；徐龍國：《秦都咸陽的手工業和商業遺存初探》，《文博》二〇〇三年四期。

2 彭邦炯：《從出土秦簡再探秦內史與大內、少內和少府的關係與職掌》，《考古與文物》一九八七年第五期。

3 夏鼐：《關於考古學上文化的定名問題》，《考古》一九五九年第四期。

第十七章

青銅詔版顯聖意

帝王心，海底針，歷史上最神祕的人物莫過於皇帝。站在二十一世紀的秦都咸陽城，透過秦始皇和二世胡亥留下的兩塊習慣上被稱為「詔版」的詔牌，以旁觀者的角度接近已經翻篇兩千多年的這兩位皇帝，揣測聖意，心戚戚然。

01 胡亥的另一面

「咋？咱們要做水下考古嗎？」

渭河岸邊的祕密成了我的心病，與從事水下考古的同行通電話打聽該怎麼做，一旁幹活的師傅把目光轉移到我臉上，像看一隻怪物。

「心若在夢就在，失敗了從頭再來……」咸陽城裡開展水下考古只能是夢，幾乎沒有實現的可能，我沒回答他的問話。悟眞求實，立足眼下，我哼著小曲兒繼續翻看發掘報告，書中有介紹詔版的內容。各個朝代但凡制訂了國策，辦妥了大事，都要以皇帝的名義發布告示，讓老幼婦孺都知道發生了什麼事。爲了廣爲傳播、留存久遠，告示經常被刻在金屬版上製成詔版。咸陽城遺址先後同地出土詔版五塊，可見當時發行量不少。兩塊完整，分別屬於秦始皇和秦二世胡亥兩個時期。

秦始皇二十六年詔版，長方形，長十公分、寬六．五公分，厚〇．二公分，一個菸盒大的薄銅片。正面有秦小篆文字，內容是：

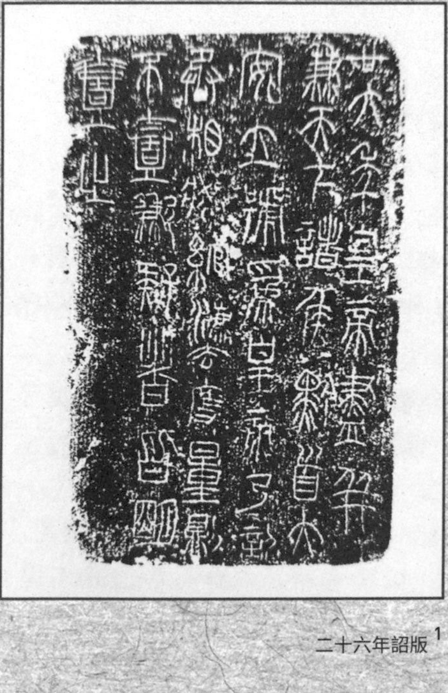

二十六年詔版[1]

廿六年皇帝盡並兼天下諸侯，黔首大安，立號爲皇帝，乃詔丞相狀、綰，法度量則不一，歉疑者，皆明一之。

總計有陰文四十字，字體大小不到一公分，豎六行，橫排字數不等。意思是今年統一了天下，百姓安寧，立下皇帝稱號，下詔書給丞相隗狀、王綰，糾正法律及度量衡器具的不一致，使有疑惑的人不再困惑，全國上下統一起來。薄薄一個小銅片，文字布局欠佳，無太多美觀可言。

另外一塊是二世詔版，大小與二十六年詔版接近，只是四邊中部外伸，文字大約六十個字[2]。多出來的二十個字屬於補續，內容主要是說，法律、度量衡是始皇帝定下的制度，也是他的功績，我繼位以後只是按先皇的既定方針繼續奉行，不敢貪功。大家都要聽明白啊。

在所有人心中，二世胡亥恐怕都是一無是處的形象。混蛋、篡位、亂政、荒淫、亡國之君。我讀二世詔版有了模模糊糊不一樣的感覺——這個接班人挺懂事，守規矩，至少對父親非常尊崇。

二世繼位後第一個月發布過一份詔書，二〇一三年湖南益陽兔子山九號水井中發現了寫有詔文的木牘[3]。文字內容涉及繼位合法性的問題，交代了「朕奉遺詔」；又公布了下一步的工作安排，涉及司法改革、經濟改革方方面面；最後囑咐道：大家要化悲痛爲力量，吏、黔首其具行事，各幹各的事，「毋以繇（徭）賦擾黔首，毋以細物苛劾縣吏」，還沒忘賑濟平民黔首，體恤底層官吏。滿篇充斥著一股積極向上的正能量。

這份詔文述說的二世繼位合法性與西漢初年的《趙正書》相互印證。北京大學藏竹簡

二世詔版[4]

《趙正書》提到秦始皇在外出巡幸，途中突然發病，丞相李斯和御史馮去疾冒死進諫，要求儘快立隨行公子胡亥爲繼承人，以正君位，以防萬一。秦始皇同意了大臣們的建議。

皇位是天下最香的香餑餑，篡位之人總會欲蓋彌彰，官方公布「朕奉遺詔」也許仍然是一塊遮羞布，此地無銀三百兩。但是篡位不是眼前的苟且，還有長遠的打算，我不禁懷疑千古以來衆口一詞的「渾不吝」，是不是有點被黑化、被妖化。

胡亥崇拜父皇，所以才會有李斯建議停建阿房宮時的勃然大怒。繼位後也沒有改弦更張，「復行錢」，很老實地沿著父皇的既定路線走。被推上皇位，被劫持主政，被自殺，終於只剩被動地背黑鍋。

「天下失始皇帝，皆遽恐悲哀甚」。秦始皇突然駕崩，沒有給陪侍出遊、心情大好的胡亥留出一點兒緩衝的時間，驚恐、無助、悲痛，一個「遼」，一個「恐」，一個「甚」，像三連發的子彈擊得人心痛。

人非草木，孰能無情？考古人的生活沒有假期，終年在野外，對家庭自是歉疚。在咸陽城五年多的時間裡，調查、勘探、發掘、宣傳，偶爾管管「閒事」和建設開發吵架，忙忙叨叨，人生最痛的兩次別離埋在了心底深處，胡亥失去至親與我有了共鳴。

慶陽是我的第二故鄉，父母離去，思念無處寄放，便會經常翻看與這裡有關的考古資訊聊以慰藉。這個地區也有和詔版有關的物和事。

1 引自《秦都咸陽考古報告》圖一六，五。

2 元年製詔丞相斯、去疾：法度量盡始皇帝為之，皆有刻辭焉。今襲號，而刻辭不稱始皇帝，其於久遠也。如後嗣為之者，不稱成功盛德。刻此（詔）故刻（左），（使）毋疑。

3 湖南省文物考古研究所、益陽市文物處：《湖南益陽兔子山遺址九號井發掘簡報》，《文物》二〇一六年第五期。詔文：天下失始皇帝，皆遼恐悲哀甚。朕奉遺詔，今宗廟吏及箸以明至治大功德者具矣，律令當除定者畢矣。元年與黔首更始，盡為解除故罪。令皆已下矣，朕將自撫天下。吏、黔首其具行事，毋以繇（徭）賦擾黔首，毋以細物苛劾縣吏。亟布。

4 引自《秦都咸陽考古報告》圖版二〇，六；圖一三八，二。

02 秦代也有八兩秤

鎮原是慶陽市的一個下屬縣，距離秦咸陽城遺址約兩百公里，溝壑環繞，地理位置偏僻。在這個縣的博物館裡有一件二十六年皇帝詔版，菸盒大小，四角鑽有小孔，釘在器物上使用[1]。

廿六年詔版（鎮原縣博物館藏）

影視劇裡經常有「奉天承運，皇帝詔曰」的聖旨，聽詔者跪地接旨後雙手捧著。徐州聖旨博物館珍藏有明代天啟四年四連體誥命聖旨，長四公尺，寬二公尺，上面用金漆書寫了四道聖旨，四周全部用金漆手繪九十九條飛龍；天啟六年的誥命聖旨，絲織七彩鶴錦面，全長四．六公尺，書寫四百三十四字，字字珠璣，美輪美奐。

而秦代聖詔只有菸盒大，這差別忒大了。鎮原縣的詔版四角有孔，說明是釘在某種器物上；咸陽城二世詔版四邊各伸出一個長條，可以鑲嵌在主體器物上；還有甘肅省博物館等其他地區的一些鐵權，詔版上端有環與權鈕套合，主體嵌鑄在鐵權內就像是一個吊牌。

本來就是一個說明牌，擇要摘錄一些帝王發布的最高指示，附加在權、量、桶、度各種稱重的、測容積的、定長短的器具上，發揮即效的傳播作用。

兩詔文銅權（秦始皇帝陵博物院藏）

廿六年詔鐵權（甘肅省博物館藏）

秦代眞正意義上的詔版當然也有，規格大約長六十五公分、寬三十公分，但是並沒有完整的實物留存下來。國家博物館藏品中有一些大小與鎮原、咸陽詔版類似的小詔版，正面刻有完整的詔文，背面卻有陰文反書大字，原來應該是鑄造大詔版時使用的銅範。詔版鑄造完畢，銅範沒用了，就截成若干小塊，在另一面又刻了詔書[2]。用這類大字銅範鑄造的詔書才是眞正意義上的布告，國之典策，稱爲金版，獨立使用，懸於國門或張榜公布於郡縣。

早在隋代開皇年間，人們已經開始著錄秦詔版，當時也是在西安附近有人挖掘到帶有兩塊詔版的鐵權[3]。在所有反映度量衡制度統一的實物上，如今全國各地林林總總至少得有二十件詔版。

是不是有詔版的主體器物就是當時的度量衡標準器？這是一個涉及度量衡制度統一程度的問題。

所謂權衡利弊，是綜合考慮問題，比較得與失。古人利用槓桿原理使用權與衡桿兩個部件稱重。衡的一端掛權，一端懸物（《漢書·律曆志上》）。權即秤錘。以前陪母親集市上買菜，複秤發現不對勁，然後又返回和商販吵架，我總想不通，明明看著秤桿上揚得很高，商販究竟如何搗鬼的呢？後來物理老師告知，秤錘底部或者側壁上都有一個洞，裡面本來放著調整精度的鉛塊，商販把這個鉛塊掏出一部分甚至燒一燒，會導致秤砣品質變小，成了所謂的「八兩秤」。

秦代權的進制單位有銖、兩、斤、鈞、石。一石折合現在約三十公斤，一石爲一擔，這是同義換讀，一石糧食恰好是一個人所能挑擔的重量。咸陽宮遺址博物館裡有高奴石權的複製品。每次陪小學生參觀，我會提問此字的讀音。小學語文會考破音字，其實處處留心皆學問，也許考試能多得幾分。

據說一銖有粟一百粒或者一百二十粒。在量制萌芽初期一定有過以個體計數，與結繩記事一個道理。母親生前數黃豆，醫生說這是治療阿茲海默病的一種方法，我從來沒耐心陪她一起數。提問「石」的讀音，說到一銖計量的來源，眼前總會浮現母親粒數黃豆的情景。

秦時標準一斤約合今天的二百五十克，戰國晚期各國的重量單位基本如此。小型權每斤約合二百五十克，大型權每斤約二百六十克甚至達每斤二百七十克。秦二世時權輕，一斤約爲二百四十三克，河北大學博物館藏秦代兩詔銅權實測重量二百二十克[4]，咸陽市博物院藏瓜棱形小鐵權的重量只有二百一十五克，名副其實的「八兩秤」。

按說統一度量衡，權重的量值應該一致，可實際上卻存在很多「八兩秤」。有人認爲這是使用範圍不同，小斗出，大斗入。大型權尤其是重一百二十斤的石權用來收田租，量值高對國家有利；小型權更多是用來稱量貨幣，量值低對國家有利[5]。

這種和鄉村地主一樣的套路有點Low，有損於國家形象，權衡利弊得不償失。按照秦律，度量衡不精準要受到責罰。量器誤差在兩升以上，罰鎧甲一領，不滿兩升而在一升以上，罰盾一件[6]。秦二世時期出現「八兩秤」有社會原因，秦末動盪，經濟蕭條。造成同一時期的大、小權量值有差別的原因很多，比如埋藏環境的干擾，器小容易銹蝕等。

萬物有序，循序漸進。度量衡、半兩錢甚至最終真正的國家一統亦莫過如此。這就需要有定期的度量衡校驗，計量局每年至少要審驗一次。西漢齊王府的一號銀盤上三段重量的刻文就是屢次校驗的結果。

1 王博文：《甘肅鎮原縣富坪出土秦二十六年銅詔版》，《考古》二〇〇五年第十二期。
2 史樹青、許青松：《秦始皇二十六年詔書及其大字詔版》，《文物》一九七三年第十二期。
3 王利器：《顏氏家訓集解（增補本）》卷六《書證篇》第四五五～四五六頁，中華書局，二〇一三年。
4 邵鳳芝、李文龍：《河北大學博物館藏秦代兩詔銅權》，《文物春秋》二〇一六年第五期。
5 巫鴻：《秦權研究》，《故宮博物院院刊》一九七九年第四期。
6 睡虎地秦簡《效律》：甬（桶）不正，二升以上，貲一甲；不盈二升到一升，貲一盾。《工律》：縣及工室聽官為正衡石贏（累）、斗甬（桶）升，毋過歲壺〈壹〉。《內史雜》：有實官縣料者，各有衡石贏（累），斗甬（桶）期踐。

*

---

* 蔡慶良、張志光主編：《秦業流風：秦文化特展》第一三〇～一三一頁，國立故宮博物院，二〇一六年。

03 繼承、托古與贗品

流傳到現在，秦代度量衡實物上有詔版的情況有三種：有物有銘——器具和詔版在一起；有銘無物——器具已經遺失，只留下詔版；有物無銘——器具在，詔版脫落遺失。詔書內容有始皇二十六年詔、二世元年詔和二帝雙詔。短短十年的功夫，這種大量複製、轉載、傳播的公告遍布天南地北，可見是眞正地昭告天下，大一統的局面。

再加上會稽、嶧山、泰山等地類似內容的刻石，東方大帝秦始皇著實狂刷了一把存在感。在遙遠的西方，波斯帝國居魯士二世有同樣的嗜好，留下黏土圓柱和貝希斯敦銘文等一系列作品。居魯士所作所爲在秦始皇之前，也就難免引起了東、西二帝誰學誰的一番議論。

居魯士二世圓柱外形酷似一個玉米芯，黏土製成，上面刻有楔形文字，核心內容是宣示他爲世界之王，未來會以慈悲之心對待被征服者並包容各地方宗教。居魯士二世驕傲地說：我，居魯士，世界之王，偉大之王，合法之王，巴比倫之王，蘇美爾和阿卡德之王，宇宙之王[1]。

東、西二帝所作刻石或圓柱的內容比較一致。文風比較起來，居魯士圓柱銘文全部用自稱，自傲、熱烈、奔放；秦始皇刻石頌詞借旁人之口，有東方人的含蓄，銅詔版像一則簡訊，刪減了歌功頌德、溢美之詞，敘事簡明扼要。

誰學誰的問題沒膽猜，我試圖從中國本土給秦代刻石和詔版找源頭。

中國古代器物上出現記述事情的文字起源於青銅器，以現存於台北故宮的西周毛公鼎最長，有接近五百字之多，分成七段敘事。內容是說，周宣王即位之初，亟思振興朝政，於是請叔父毛公協助打理國家內外大小政務，毛公盡職盡責，成績有目共睹，得到嘉獎。毛公爲這事特此鑄鼎，並代代相傳。其中心思想與皇帝刻石「六王專倍，貪戾慠猛，率衆自強」是一個意思——你們大家要明確並牢記，我的行爲合法。

秦孝公十八年（西元前三四四年）商鞅出面製作了標準量器方升，沿襲了西周以來刻字

王莽詔版 2

記事的傳統。表面上看商鞅方升是量器，是秦國統一度量衡制度的萌芽，但刻字開篇說的卻是十八年齊率卿大夫衆來聘的外交活動。

聘是聘問，按照周禮，天子與諸侯、諸侯與諸侯之間，定期不定期需要串門走動[3]。雖然方升後段文字有容量標準，但實質和毛公鼎一樣。器物留給秦始皇，經過審驗後繼續沿用並加刻了四十個字告示。好大喜功卻不貪功，在統一度量衡這件事上，秦代父子二人步調一致，並沒有塗改先人的功績。

有來龍就得有去脈，出現、發展、定型、流傳……這種反映度量衡制度的公文不僅秦二世沿用，尤其在西漢末期被王莽發揚到了極致。

王莽是西漢第十四位皇帝劉衎的岳父，篡位後托古改制，大批量發行形制、銘刻都有統一標準和嚴格規定的詔版[4]。以紫銅鑄造，千篇一律，整齊劃一。長、寬均爲二十五公分，重九百五十克；正面陰刻篆字九行，每行九字，共八十一字。大意是按天神意旨在歲次戊辰年（西元八年），根據星象、陰陽德行，建立「新」，就皇帝位，改曆法，易服色，統一確定計長短的丈尺、計容積的斛斗、計輕重的斤兩等法則，將詔書頒行天下，希望大家共同遵守，使其世世代代永久保有。詔文內容佶屈聱牙，規天矩地，火星、木星、陰陽五行……皇帝九五之尊，八十一個字卻令人渾身起雞皮疙瘩。

不論是哪種器具上的秦詔版，都是從右邊起手開寫，版面利用隨意，文字簡潔精煉，落落大方。王莽詔版上的講究顯然多了起來。人越是缺什麼就越想要什麼，王莽篡位之事無可爭議，名不正言不順，詔版處處附會，格式拘謹，內容缺乏「盡兼併天下」的霸氣與底氣。篡位不光彩，歷代都受鄙視，但客觀地說，對度量衡制度的統一，王莽付出了辛苦的勞動。近代學者胡適評價王莽「受了一千九百年的冤枉，至今還沒有公平的論定」，他說「王莽是中國第一位社會主義者」。由於王莽的篡位行為，那些超前的治國思想比如人人有地種、把田地分給老百姓，比如他辦事認真、對人恭敬友佳的品行，也就被遺忘了。相對於王莽詔版給人帶來的不舒服，一件怪模怪樣的二世詔版逗得我「又叒叕」地笑了。

二十世紀八十年代中期，山東臨朐縣文管所徵集到一件銅詔版。該詔版外形像一枚印章，背面有橋形鈕，鈕兩側各鑄凸起回首顧尾雲龍紋，兩條較大的龍紋，各背靠近鈕兩側，兩條較小龍紋，略靠近邊緣，鈕上下各有一團火焰珠，四角各鑄有如意祥雲紋。正面文字保存完好，鑄刻小篆體陽文，正書六十字，自

二世詔版贗品（攝影：王寶東）

右向左豎鑄，內容與秦二世元年詔版相同。

陽文有鈕，使用時可以戳蓋在物體上。秦代紙張還沒有發明，印蓋在絲布一類的織物上也許行，戳印的織物是何用途？戳印在陶器泥胎上？至今考古沒發現過與之對應的實物。山東倒是有帶詔文的秦代陶器，使用單個字模一個一個分別戳印。龍、火焰珠、祥雲，秦代器物上的紋飾沒有這種造型。

據說陝西富平縣也有一模一樣的器物。趕緊電聯朋友王寶東，他發來器物和記錄的筆記、照片，看完方安下心。隨著科技的發展，文物造假手段越來越高明，一眼看穿的鑒寶能力對考古人來說越來越難。

1 李零：《波斯筆記》第一八八頁，生活·讀書·新知三聯書店，二〇一九年。

2 引自唐友波：《上海博物館新藏新莽衡杆與詔版及詔書解讀》圖三，《上海博物館集刊》二〇〇八年。

3 《周禮·秋官·大行人》：凡諸侯之邦交，歲相問也。

4 詳見《考古》二〇一八年第八期有關山東鄒城市邾國故城遺址新莽銅度量衡器初步研究的討論。詔文內容：黃帝初祖，德幣於虞。虞帝始祖，德幣於新。歲在大梁，龍集戊辰。戊辰直定，天命有民。據土德，受正號即真。改正建丑，長壽隆崇。同律度量衡，稽當前人。龍在己巳。歲次實沉，初班天下，萬國永遵。子子孫孫，享傳億年。

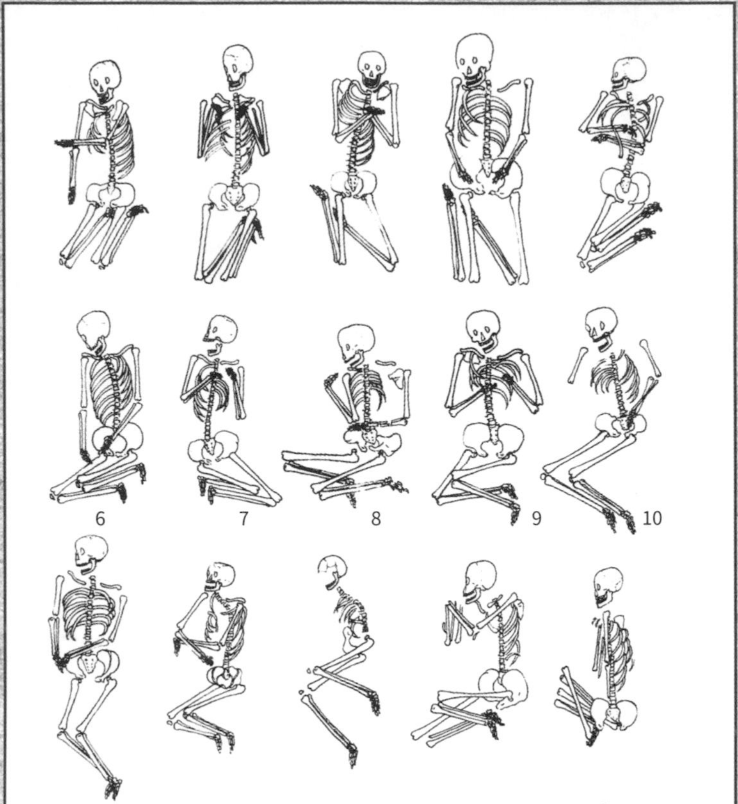

◀秦人屈肢葬*（繪圖：狄明）

* 引自《西安北郊秦墓》圖三一。

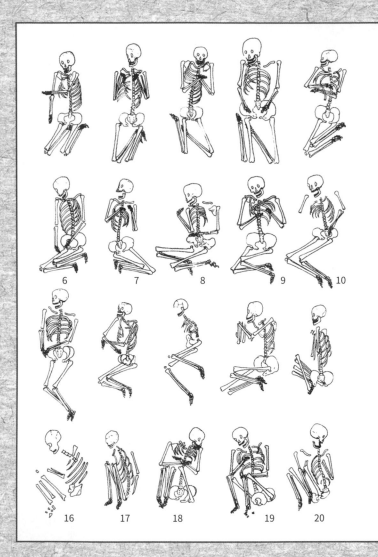

04 知其然與知其所以然

現在我們知道了秦代詔版的來龍去脈，所謂「道頭知尾」，知其所以然更重要，探索過程更漫長。

忙裡偷閒的時候，隊友們一起看影視劇。有一部美女明星長澤雅美出演的日劇涉及一點考古方面的情節。長澤雅美說道：「什麼是考古的眞諦？……不斷探索的行爲才是眞正的考古樂趣。」因爲這句話，我主張給這部劇評九分。

爲何在偏僻的甘肅隴東能發現秦詔版？必須把它放到歷史環境中去考量。鎮原所在的甘肅慶陽地區，文獻稱爲「大原」，是溝通西北與華夏核心區域的重要通道，東周時期是各種勢力的角逐舞台，近幾年又有重大的考古新發現。

考古新發現的消息勾得我心癢，這下可有由頭抽身回趟家了。組親友團參觀考古發掘現

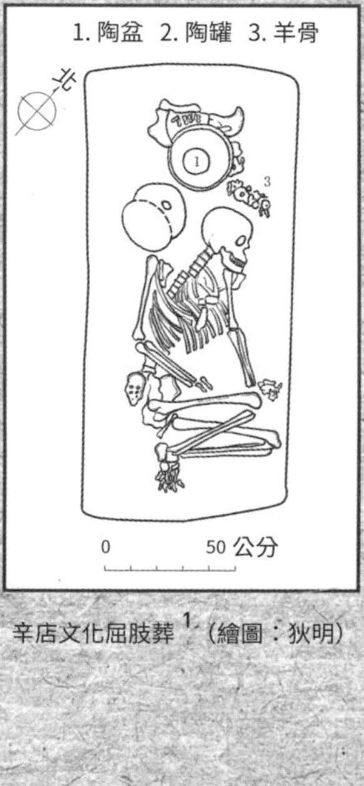

辛店文化屈肢葬[1]（繪圖：狄明）

場，石家墓地一百多座東周時期的墓葬和相關的車馬陪葬、祭祀坑，西周風格的銅鼎，草原風格的金虎……甘肅省考古所的同行們毫無保留地亮寶展示。

「這些人咋縮成了一團？」親友團中有人好奇地發問。「屈肢葬。回家我給你們講。」我爲家庭唯一能做的貢獻只有講一堂家庭考古課了。

屈肢葬相對直肢葬而言，指的是屍體所擺放的形式，在人剛死之時將下肢捲曲起來再入棺埋葬，秦國盛行此種葬式。

物以類聚人以群分，生與死採取同一種模式的人群屬於同類。在甘肅地區與早期秦人相伴、與秦文化不同的「類」有辛店文化。這個類別的人以耕田種地爲主，更偏向畜牧，使用屈肢葬，甚至有時足跟屈捲靠近臀部，達到令人匪夷所思的程度，這點與春秋時期秦國的平頭百姓非常相似[2]。

秦貴族圈的葬式卻不是這樣，他們和東方其他國家一樣選擇直肢葬，使用傳統姬姓周人的禮俗。文化特質很神奇，它具有強大的力量。秦宗室一直保留著華夏圈的基因，遷都、東歸、回家成爲執念，秦部族群體卻糅雜了多種文化來源的傳統。

石家墓地的人生前住在哪兒？二〇一八年，爲尋找其匹配的居址，在相距不足一公里的遇村再次進行考古工作，問題卻複雜化了。遇村雖然有城卻也夾雜墓葬，葬式以仰身直肢爲主，兼有仰身屈肢。

所謂陰陽兩隔，同一個時期活人居址和死人墓地各有其所。遇村「城」中的「活人」與墓葬中的「死人」不是同一個時期的人，這便是「風景今朝是，身世昔人非」了。死人中張三和李四又不是同一個族群，這麼亂的更迭，你方唱罷我登場的節奏。

秦惠文王出兵教訓過不聽話的義渠人，宣太后又使美人計墮其心志又大義滅親，昭襄王在今鎮原境內修建長城設縣把守。統一之後的第二年，秦始皇開始安排各地巡遊，首站就是這裡。「朕今天至此，特賜你們一些從咸陽帶來的禮物」，縣丞雙手接過盒子，薄銅片的詔版即在其中，「謝陛下。臣等謹遵教誨努力做好法度量一致。」我被自己的想像逗笑了。

在咸陽城，詔版集中出土於「長陵車站手工業區」窖藏。這個區域的城市功能前章已經說過——工商業區。洩個密。二〇一七年為配合基本建設，隊友「老大」在此發掘出了一「窩」形制相同、大小近似的陶器。那天他駕駛電蹦車滿載而歸，「過來卸車，挖出來一窩（堆）飯盆。」這個師傅平時不苟言笑，不怒自威，頗有江湖老大的範兒。我悄悄告訴會利和老李：「這是陶量，抽空測一下容積。」

一「窩」陶量與數件附加在度量衡器具上的詔版，初始功能是商業買賣，深層次再追，又回到了內史職能，「秦人」視之卻不珍惜，確實可惜。

1 引自《甘肅永靖張家咀與姬家川遺址的發掘》圖一七。

2 謝端琚：《甘肅永靖張家咀與姬家川遺址的發掘》，《考古學報》一九八〇年第二期。

05 聖意不難測

透過文物表相讀歷史，需要借助出土環境、歷史背景和人的情感思維，關注與各方面的關聯，這就是考古學的情境研究。研讀各種介紹情境研究的著作[1]，我突然有點小得意。原來我在各種發掘場合的腦洞，有些竟然可以提升到情境研究的高度。兵馬俑坑中削刀、動物骨骼、炭灰等等跡象的背後，需要聯繫到當時參與修陵的人員組成、秦律條文，甚至要想到人們的需求和心理活動。

帝王心，海底針，人們都說聖意難測。皇帝製作詔版出於怎樣的需要，又有怎樣的心理活動，用考古學情境研究的方法加以分析，似乎有了揣測的可能。

各個時代的詔版都是爲了一個目的——廣而告之。秦國以法家思想治國，秦法嚴苛，繁如秋荼，密如凝脂，要想發揮法律的實際效力，就得先進行普法宣傳，加強教化。詔版以及狂刷存在感的皇帝刻石，聖上之意原本是爲了申明法令，把治國方針政策傳播出去，讓普通百姓都心知肚明，遵紀守法。

這種做法並不是秦始皇的創意，稍早之前有商鞅傾情出演。徙木立信是人盡皆知的故事，經常被作爲誠信的故事來講。商鞅變法前夕在櫟陽城南門立起一根木椽，下令如若有人將木椽搬到北門有賞金，金額從十兩、二十兩一直漲到五十兩的時候，終於有一位大漢站了出來，商鞅當即兌現賞金，以示秦國官府說話算數。

商鞅的這次行爲秀，初看是想讓百姓確信變法，實質是告訴百姓有法必依。在法令頒布初期，以簡單易懂的方式，讓所有人明白法律，從而避免「不教而誅」。

早在商鞅之前，法家有關法令教化的實踐已經開始。鄭國正卿子產主持制定了一套國家法律——刑書。刑書先是寫在竹木簡上，由國家的官吏掌握施行。法律掌握在少數人手裡，子產一看這不行，於是西元前五三六年，下令把刑書鑄在鼎上，放在王宮門口，讓全國百姓都能夠看到。這是中國歷史上第一次公布成文法。

在潮流推動之下，二十多年之後晉國採取同樣的方式第二次公布成文法。大儒孔子反對說：「晉國大概因此要滅亡了，人民知道了法律，只看鼎上的條文，不看貴族臉色，顯不出貴族的尊貴。」尊卑貴賤是儒家學說的鐵律。特權階層當然認爲刑律越隱祕越好，否則人人懂法，動不動就拿起法律的武器維權「要說法」，局面將不可收拾。

有了之前這一系列鋪墊，秦始皇時期法律制度的公開透明已然成了常態，大規模複製詔文鋪天蓋地發行沒人再有異議。秦始皇與居魯士二世這兩位東西大帝誰向誰學的問題，該有結論了吧？

想了解秦始皇，陵園和兵馬俑陪葬坑是必到之處。想深度了解秦代，咸陽城遺址不可或缺。小中老師帶學生研學，又顧慮熱門景點人頭攢動影響效果，我眼前一亮，勸她試試「打卡秦帝都」，也許在這隨便一站，就能和秦始皇的腳印重合，還眞有點酷。

研學第一站在秦咸陽宮遺址博物館。這家名不見經傳的科級小館，坐落於宮殿遺址區內，展品不多，但代入感很強，免費開放又鮮有遊客，館長親自陪游講解，享受VIP待遇。推薦這條研學路線，也不是完全無所圖報，酒香也怕巷子深，多宣傳才能改變咸陽城參觀人少的窘境。

不過，這裡確實缺乏亮瞎人眼的國寶，照本宣科講完詔版，耳邊會傳來哈欠聲。趕快進入互動環節，我們一起來揣測聖意，詔版上爲何寫「黔首大安」？

秦始皇能掃六合，也能心思縝密地揣摩人性。詔版是面對大衆的普法宣傳，語言要接地氣，句句戳心、針針見血、直擊心底才能實現最好的效果，「大安」是最得當的選詞，聖意中體現的是一種向下相容是爲上者的德行。

詔版上「黔首大安」的昭告天下，竹簡《倉頡篇》上「幼子承詔，謹慎敬戒，勉力風誦，晝夜勿置」的勸學和睡虎地秦簡《爲吏之道》上「必精潔正直、愼謹堅固、審悉無私、微密纖察」的訓導，看來，秦始皇在教育行業上著實下了一番功夫。

秦皇暴政，二世凶殘，對他們似乎除了刀槍劍戟的殺氣和血腥，很難貼上讚揚的標籤。人性複雜，可人的行爲更複雜，對歷史人物和事件不要急著下結論，也許有一天考古揭示的眞相浮出水面，竟和我們以前的認知完全不同。

考古研究不能帶著預先的假定和偏向。戴上有色眼鏡，就不可能得出客觀公正的結論。反過來，如果結論眞實，即使會有人不高興或冒犯某些人的利益，也不能畏懼或妥協。

我發現自己對咸陽城、對秦始皇，潛意識裡已經開始有某種傾向。而爲了爭取更大的空間，也不得不有所妥協。不能再陷於一個時代、一個點而不能自拔。

秦咸陽城的考古故事，能接近尾聲了嗎？

1 （英）伊恩．霍德、（英）司格特．哈特森著，徐堅譯：《閱讀過去》，嶽麓書社，二〇〇五年。

第十八章

一條穿越時空的隧道

對秦都咸陽城這座帝都，可能很多人會以為「楚人一炬，可憐焦土」是真實的寫照。

有道是「音塵絕，西風殘照，漢家陵闕」，「五陵年少爭纏頭，一曲紅綃不知數」。咸陽作為一個地理概念，從秦到漢直至大唐盛世，消失的只是王朝的政治符號，這片土地一直都頑強地存在於歷史中。

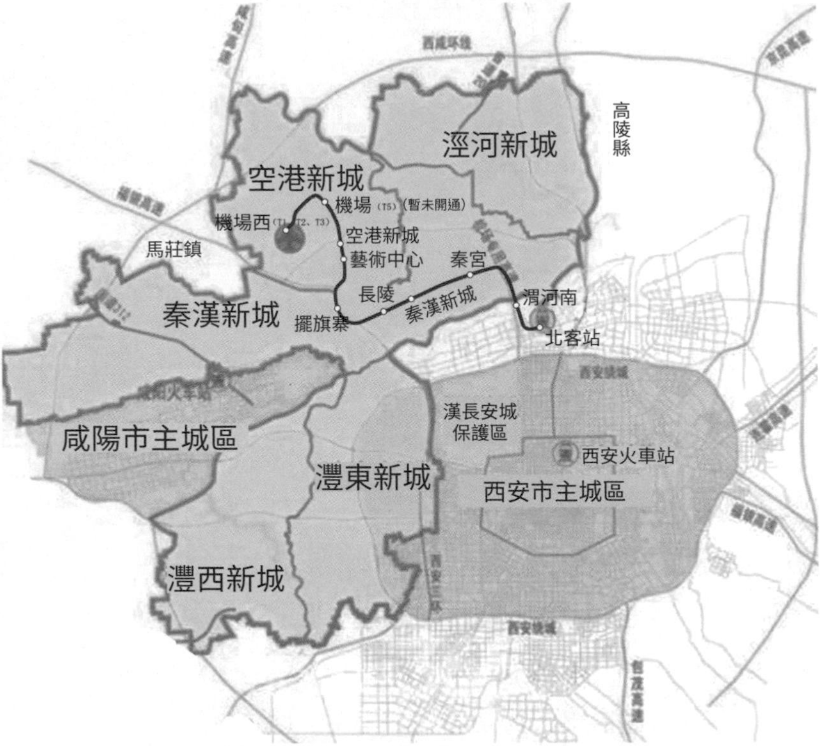

▲西安北客站至機場城際線路圖（繪圖：狄明）

01 笑話不好笑

網上流傳一個笑話：西安修地鐵最忙的竟然是文物局。據官方公布的資料，西安地鐵二號線勘探出一百七十四座中小型墓葬，四號線勘探出三十六座墓葬，五號線又發現了可能是三秦之一的雍王章邯故城和廢丘遺址。雖然這個笑話有點誇張和調侃，但也並非完全虛構。很忙。笑話對考古人是「說多了都是淚」。二〇一九年九月二十九日十二點三十分，陝西省首條城際鐵路——西安北至機場城際軌道項目開通初期運營。這是一條穿越時空的通道，從高鐵站出發過渭河，有秦宮、秦漢新城、長陵、擺旗寨、美術城五個網站。按陝西方言形容，「牙長一截」的距離，直接能看到的風景有西漢高祖劉邦、呂后和戚夫人等墳塚，有秦咸陽宮最大的一座宮殿夯土，看不見的有秦咸陽城長興村遺址和大量古墓葬。

這條線路有一個九十度的硬轉彎。華商報曾獨家報導了西安機場城際線的走向、票價等資訊，不少網友和讀者在看到機場城際線的走向後，發出來自靈魂的拷問：「規劃部門不知道兩點之間直線最短嗎？」「太繞！你們西安為什麼修這樣的一條路？」對此，有網友幽默回應：「因為你的腳下埋著王孫顯赫。」

長陵網站位於秦都咸陽城西南部，沿重點文物保護區「長陵車站手工業遺址」擦邊而過，與西漢長陵半毛錢關係都沒有。擺旗寨網站位於秦都咸陽城西部。地名諧音「白起」，傳說秦國大將軍白起曾在此擺旗點將。周邊有大量的古代墓葬，西漢元帝劉奭的渭陵、漢哀帝劉欣的義陵，還有各自的陪葬墓，至今地表仍可見墳丘。網站西北部發掘過北魏皇族後裔、北周車騎大將軍拓跋虎夫婦墓[1]。美術城網站位於秦都咸陽城西北部，屬於平民墓葬區。二〇一四年發掘墓葬六十八座，出土了陶、銅、鐵、玉、骨等質地文物二百九十三件。墓群布局規整，錯落有序，局部有成排、成列的分布，爲戰國晚期到秦代[2]。

城際鐵路線穿過咸陽原，網傳的笑話就這樣不可避免地發生了。張楊率方開祥、武新年上陣衝鋒，考古發掘與建設同步進行。顯然，這種模式非常有問題。

考古不是簡單的挖土，考古小鏟永遠攆不上施工機械。洛陽鏟是考古勘探神器，不是高清透視鏡，勘探結果不能保證零誤差。一旦有重大考古發現，就需要原址實施文物保護措施，建設將面臨進退兩難之境。

考古發掘的慢，往往不被局外人理解。「咋不使用機械啊，咋不趕快向下挖啊！」甚至有一些微詞：「眞XX磨蹭，你們挖個坑，就需要建設方掏那麼多錢，多磨蹭幾天，你們的績效工資就能多掙點。」張楊和二位師傅受的委屈還很多。

「許老師，你管不管？挖土機的人罵罵咧咧。」方師傅端著飯碗有點氣哼哼。

「你玩我啊，剛布置好的探方，你們給推了。」張楊在電話裡發飆。這是我第一次也是至今唯一的一次見他發飆。

帶著咸陽城考古報告和文物保護法，帶著方師傅從挖掘機下撿回來的瓦當，我也是氣哼哼地找到項目部。結局比預想的要好。上級文物主管部門力挺，儘管批評擅自發微博影響不好；新聞媒體發內參呼籲；省委領導現場檢查；建設方管理層明事理，加強對施工單位文物保護意識教育，落實責任。

與盜墓者「爭文物」，與建設方「搶工期」，是考古發掘最現實的難題。然而，配套制度的不完善，行業生態的不健康，社會公眾的不理解，是文物保護更深層的癥結。請走慢一點吧，不然失去了靈魂再後悔就晚了；快一點吧，挖出一些吸人眼球的寶貝吧，讓我們的腰桿再硬一些。

那段時間，我腦子裡總是有兩個針鋒相對的小人在打架。

1 李朝陽、馬先登：《咸陽市渭城區北周拓跋虎夫婦墓清理記》，《文物》一九九三年第十一期。

2 咸陽市文物考古研究所：《咸陽花楊戰國秦墓群發掘簡報》，《文博》二〇一七年第一期。

▲西魏墓葬全景（攝影：張楊力錚）

02 西魏大墓出了墓誌

「賭注」押在了勘探圖紙上標明的大墓上。這座墓位於擺旗寨站北數百公尺、線路橋墩一側，總長四十一公尺多，長長的斜坡墓道上有兩個豎井、兩個過洞，墓室距現在地表深十三．六公尺。發掘四十天之後出了墓誌。

數百字的墓誌擠乾水分，主要內容是說，墓主陸丑，字丑奴，鮮卑族步陸孤氏後裔，改姓爲陸。在孝武年間拜冠軍將軍、中散大夫，大統元年加散騎常侍，後又遷平北將軍、大中大夫，拜爵樂陵縣開國子，邑三百戶。大統四年（西元五三八年），陸丑病逝於長安，葬平陵原。他的不幸去世驚動了聖上，「天子震懷，襄賞加隆」，追贈使持節都督雍州諸軍事、車騎大將軍、儀同三司、雍州刺史、都督、樂陵縣開國子。

一口氣讀不完的名銜，猛一看自帶光環。太猛的名銜把人唬住了，又沒有標點符號，看得人眼暈。我只能求助碑林博物館王慶衛博士，按照他做出的斷句慢慢地逐行、逐句地細摳，熬了幾個晚上之後，方知我被騙慘了。這種放在墓葬裡的石刻，除了記錄死者生卒年、家世等一些乾貨之外，往往滿篇溢美之詞，都是好話。順著誌文一行一行地扒，雖然滿篇結言攀詩的比興和讚頌之辭，事實上不僅陸丑一生多任閒職，並無卓越功勳和實質性建樹，而且從他爺爺到他，祖孫三代，正如魯迅小說《風波》裡九斤老太說的一句話「一代不如一代」。祖父乞眞，使持節、散騎常侍、吏部尙書、青州刺史、河南烈公。使持節，直接代表皇帝行使地方軍政權力的官職。散騎常侍，掌規諫，不典事（《通典》）。吏部尙書主要負責低級官員的選拔，組織部的一個小組。青州刺史，地方官，專門負責巡察該區境內的吏政，檢舉不法的郡國官吏和強宗豪右，類似基層紀律委員會，掌七郡七縣（《魏書·地理志》）。父伐蓮，懷朔鎮的都督撫軍府外兵參軍，軍事長官。懷朔鎮位於今內蒙古自治區固陽縣城東北四十一公里，是北魏時期北方邊境興築的六鎮之一，南北交通的咽喉和戰略要地，在北魏與柔然的衝突中處於極爲重要的地位。

爺爺基本算是有點實權，爹也還可以。這種「可以」，相對於陸丑本人而言。

在陸丑墓的西北部，軌道交通線擺旗寨站附近，一九九〇年發掘過拓跋虎夫婦合葬墓，也出土了墓誌。拓跋虎是北魏皇室後裔，他爺爺的爺爺是北魏太武皇帝拓跋燾，「天資蓋世，雄圖宏略」。爺爺僧保看破紅塵，放棄皇族身分出家爲僧。爹仲顯，琅琊郡王，「既承匡翊之功，兼席禪河之列」，生前既操心國事，匡正輔佐，又鑽研佛學。

至於陸丑本人，履歷表面甚是光鮮。北魏太和七年（四八三年）出生，呱呱落地。首先是命好。命理上的四柱八字全合、一團和氣，命中無沖、無克、無刑。其次是品行好。長大成人是馨成之實，簡單說就是品德美好高尙，宛如香氣散布很遠的果實。鬢髮如霜年老之時，溫良恭謙，仁愛正義。就是這麼光彩照人，人見人愛。

如此而已，實際寒磣。他咋說您咋聽，聽完就完別當眞。

03 還原墓主真人

孝昌二年（五二六年），四十三歲的陸丑才「解褐」入官，職位是後員外散騎侍郎。解褐一詞常見於漢魏六朝碑刻，「釋褐」、「解褐」、「釋巾」、「解巾」、「脫巾」等意思相同，都有脫去布衣擔任官職之義。相對於巾，褐更有強調從平民到官員的詞義。

出名要趁早，四十三歲才從布衣百姓初入仕途也是眞夠可以的了。看看七百多年前的甘羅，在咸陽十二歲就當了上卿，成爲著名的少年政治家。他祖父甘茂曾擔任秦國的左丞相，將門出虎子，甘羅十二歲投奔到秦國丞相呂不韋的門下做才客，當時秦國企圖聯燕攻趙，打算派大臣張唐出使燕國，張唐婉拒不去，呂不韋無計可施。少年甘羅說：「我去勸勸張大人。」少年小嘴一叭叭，大男人張唐俯首貼耳，乖乖答應履職。甘羅後來又到趙國，小嘴又一叭叭，秦國不費一兵一卒得河間之地，甘羅被秦王拜爲上卿。（《史記・樗裡子甘茂列傳》）

軌道線的擺旗寨站周邊有很多漢陵和陪葬墓。這讓我又想起漢代的一位少年將軍，衛青。從西元前一二九年被封車騎將軍開始，衛青共有七次領兵打擊匈奴，立下了赫赫戰功。文獻上沒有明確記錄衛青做大將軍時的具體年齡，但我們根據漢武帝、衛子夫等人的一些線索大致推算不超過二十五歲。衛青就葬在咸陽。與衛青同時期的人還有霍去病，十七歲爲驃姚校尉，隨衛青擊匈奴，以八百人殲兩千人的戰功受封冠軍侯。霍去病也葬在咸陽，墓前有石刻，非常著名。

傅，著也，言著名籍，給公家徭役也。（唐人顏師古注《漢書・高帝紀》）

秦代有戶籍管理制度，傅籍。傅籍的年齡就是開始承擔國家義務的年齡，從此以後要向國家交租納稅、服兵役，是當時成年的標誌。睡虎地秦簡記錄了一位名字叫「喜」的人，出生於昭襄王四十五年（西元前二六二年）十二月。在莊襄王四年（西元前二四六年）「喜傅」開始成爲戶口本的一員，虛歲十七歲。由於計年齡方法有虛有實，實際上喜從出生到莊襄王三年（西元前二四七年）十二月才年滿十五週歲。

無論如何，陸丑四十三歲「解褐」入官，這個「大器晚成」也忒晚了點兒。是不是這個時代有些特殊？可以看看和陸丑基本同時期的地下鄰居拓跋虎。按墓誌：

禮年即有大成之志，十一封琅琊郡王，邑五百戶。十五除太子洗馬、諫議大夫。

「禮年」是指八歲[1]。拓跋虎八歲就胸懷大志、少年老成，爲十一歲封琅琊郡王打好了基礎，十五歲爲太子的侍從官。這樣一比，陸丑早年默默無聞實屬個人原因。

所謂大器晚成也可以厚積薄發，眞有才幹，直接跳級、破格提拔也不是不可以，顯然陸丑不是，初出茅廬擔任後員外散騎侍郎。這個官職於西晉武帝開始設置，主要安置閒退官員、衰老人士，孝文帝太和二十三年從四品下改爲七品上。考慮到陸丑四十三歲的年齡，這樣的字眼看起來有點尷尬。不過似乎他的狀態也還好。誌文自吹：

出入坍墀，勤禁闈榮，侍貴近禮，沐彌親至。

攀附。坍塌，政務辦公廳、皇帝金鑾殿一類的高等級場所，侍奉權貴參與國事，好歹也是官家人。孝武帝永熙二年（西元五三四年），陸丑開始參與寧夷郡事務。寧夷郡在今陝西省咸陽市西北的禮泉縣附近。但他不是一把手，只是「參與」基層事務。

從「解褐」入官到行寧夷郡事，八年間陸丑在幹什麼，誌文沒說。永熙三年（五三四年）孝武帝帶京師宗室、股肱之臣被迫西遷長安，陸丑受拜封成爲冠軍將軍、中散大夫。冠軍將軍是雜號將軍，中散大夫是閒散之官。這次封賞起因是迎奉孝武帝入關，受衆面很廣，同時受封的人中還有一位，後來任北周柱國大將軍大都督的李賢。李賢受封下邽縣公，邑一千戶，俄授左都督、安東將軍，還鎮原州。（《周書．卷二十五．列傳第十七》）

永熙三年之後陸丑也有升官封爵。食邑三百戶。大中大夫即太中大夫，初設於秦，主要工作是掌論議，漢以後各代多沿置。開國子是爵名，公、侯、伯、子、男五爵中的第四位，郡縣裡的五等爵都加「開國」，食邑在二百戶至兩千戶之間。邑三百戶比最低限二百隻高了一點點。還抵不上十一歲拓跋虎「邑五百戶」的一半。

墓誌扒到這兒，一股酸腐之氣撲面而來。惺惺作態、弄虛作假，牛皮戳破了也就讀不下去了。我腦子裡那個一直著急挖出寶貝的「小人」接連幾天沒「鬧騰」，好像在等待時機。

1 《禮記．學記》：比年入學……七年視論學取友，謂之小成；九年知類通達，強立而不反，謂之大成；《漢書．食貨志》：八歲入小學，學六甲五方書計之事……十五入大學，學先聖禮樂；《公羊傳》僖公十年注：禮，諸侯之子，八歲受之少傅，教之以小學，業小道焉，履小節焉。

▲胡人俑（攝影：趙震）

04 西安：絲路起點站

一九八三年寧夏固原發掘李賢夫婦合葬墓，出土了大量金、銀、銅、鐵、陶、玉等各種質地的隨葬品，其中有鎏金銀壺、玻璃碗等一批西方輸入的手工藝品[1]。陸丑雖然沒有李賢受封高貴，竟然也有同樣來路的一批器物：胡人俑、金幣、銀幣、玻璃器、裝飾珠。墓葬中共出土器物二百二十七件（組）。我非常喜歡胡人俑，深目高鼻絡腮鬍和披肩鬈髮的洋人形象，我以前沒有親手發掘過。尤其喜歡金銀幣。關注它們不是因爲值錢。它們來自東羅馬和波斯，堪稱「絲路瑰寶」，具有政治意義和學術研究價值——絲綢之路融匯了東西方文化交流。

兩枚金幣屬於東羅馬拜占庭帝國，叫索里得，一枚發行於阿斯塔納修斯一世時期，一枚爲仿製品。一枚銀幣屬於薩珊卑路斯一世（西元四五九—四八四年）貨幣，可惜出土時已殘碎，殘掉的碎渣只有芝麻粒大，段朝輝師傅費了九牛二虎之力也沒拼湊起來。

在陸丑墓發掘之前，咸陽原上曾經出土過金幣。地點在咸陽機場附近的底張灣村，金幣的主人是隋代涼州刺史、趙國公獨孤羅。獨孤羅，獨孤信長子，三位皇帝的大舅哥。大妹北周明敬皇后，嫁給了宇文泰的長子宇文毓，命運不濟，僅做了兩個月的皇后便死了；四妹唐元貞皇后，嫁李昞，是唐高祖李淵的生母；七妹隋文獻皇后，嫁隋開國皇帝、文帝楊堅，集

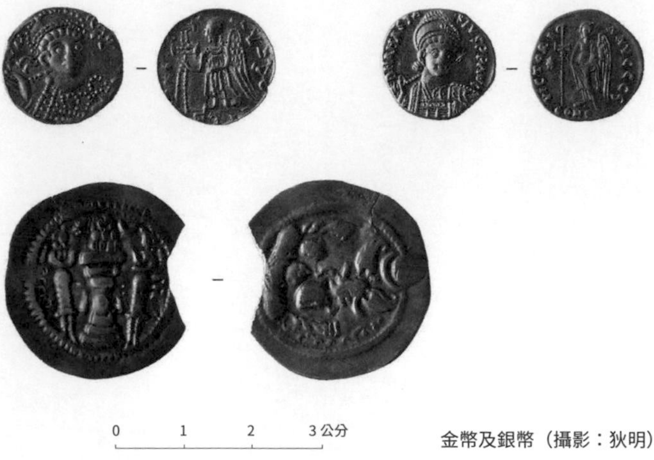

金幣及銀幣（攝影：狄明）

三千寵愛於一身，隋文帝爲她「虛嬪妾之位，不設三妃」。這個顯赫的家族二〇一九年六月上了熱搜，當年全國高考數學卷有一道題，問：收藏於陝西歷史博物館的獨孤信多面體煤精組印共有多少個面？其棱長多少？分值五分。

一九五九年著名考古學家夏鼐考證，獨孤羅墓出土一枚拜占庭皇帝查士二世、統治時間爲西元五六六—五七八年時期的金幣[2]。阿納斯塔修斯一世在位時間爲西元四九一—五一八年，在查士二世之前。兩枚金幣從拜占庭流傳中原被埋入地下，時間跨度都約二十年。

獨孤羅下葬時間比陸丑晚了六十一年，超過一個甲子。底張灣就在咸陽機場附近，擺旗寨是通往機場軌道交通線上的一個網站。因爲獨孤信和陸丑，這兩個地點實現了空間對接。

二〇一〇年六月到二〇一二年八月，西安市在長安區清理發掘了四座北周時期的張氏家族墓。四位墓主都是正四品將軍，其一張猥曾任京兆郡守，類似市長。張猥的長子張政，西元五七二年在長安鄉永貴里家中去世，隨葬一枚拜占庭金幣[3]。陸丑生前居住地和張政一早一晚屬同「社區」。因爲同一個地點，陸丑和張政實現了時間對接。跳過咸陽、陝西地域的空間，目前所知中國境內出土的金幣，最早的出土於二〇一三年洛陽發掘的一座大墓。墓總長約五十八・九公尺，墓葬形制和規模應爲帝陵級別，出土拜占庭金幣一枚。墓主可能是北魏最後一位皇帝節閔帝元恭，卒於西元五三二年[4]。比陸丑早六年。

一九七八年在河北磁縣發掘了東魏茹茹公主墓，出土兩枚拜占庭金幣。年僅十三歲的茹茹公主本爲北方草原柔然族可汗阿那瓌的孫女，卒於西元五五〇年[5]。比陸丑晚了十二年。

全國範圍內，陸丑墓出土西方貨幣的時間位居第二。在沒有飛機、高鐵的時代，四腿駱駝帶來的這些西方貨幣，原產於地中海東岸的拜占庭金幣、伊朗高原的薩珊銀幣，竟然在萬里之遙的中國內陸、昔日的秦都咸陽城轄區最先安身下來，彰顯出了大西安在絲綢之路歷史上的重要性。

獨孤信印章（陝西歷史博物館藏）

西安和洛陽兩地對絲綢之路的起點問題一直互不相讓。大家都明白世界遺產對一個城市的提升具有無法估量的價值，兩地之爭歸根結底是為了更新城市名片，爭一種歷史文化的生產力，爭城市發展的文化動力。陸丑墓出土金幣如此之早，對西安一方有利。

為何並非顯貴的陸丑能擁有兩枚金幣、一枚銀幣和一些玻璃製品？一生浮誇的陸丑無權無勢，從哪得到的這些洋貨？阿納斯塔修斯一世究竟是怎樣的一位君主？他發行的金幣如何一路輾轉來到西安？又是誰仿版了一枚金幣？東羅馬與波斯薩珊之間都發生過哪些事？

這些問題我想交給更擅長的研究者來解決。這些金幣不僅訴說著昔日拜占庭帝國的光榮，不僅展示了陝西或者咸陽的歷史底蘊，其實揭示的也是中華民族的相容並蓄。

在兵馬俑彩繪章節中，我們探索了人工合成顏料的專利問題。西元前一到西元二世紀，大量料器包含中國藍的珠子和一塊玻璃出現在日本。日本考古的發現，曾讓我聯想起成功忽悠了秦始皇東瀛求仙的徐福。

一心想傳位萬世的秦始皇在「南登琅邪」、「留三月」的海上巡遊時，接到了齊人徐福等方士的上書，說海中有蓬萊、方丈、瀛洲三座仙山，於是先後兩次派徐福「發童男女數千，入海求仙道」，結果是肉包子打狗有去無歸。徐福及他率領的衆人去了哪裡？

有人猜測是滯留在了日本，至今日本與徐福有關的遺跡有五十多處，新宮還有徐福墓及墓碑。徐福東渡之前，日本沒有文字也沒有農耕，屬於「繩紋文化」的原始社會，之後日本突然進入彌生文化時期，有了金屬冶煉、稻種農業和絲織品，而且開始有了文字。也許徐福之流的東渡求仙之舉將中國生產的料器帶到了日本半島。

從中西亞鋪天蓋地的荒漠到東亞日本半島波濤洶湧的海濱，經過秦漢兩代帝國的引入、傳播，人工合成顏料輾轉的過程告訴我們一條道理：人類文明本來就是共同體。基於這樣的共識，聯合國設立了世界文化遺產組織。

在破解秦軍的寶劍謎團時，我提到歐亞草原通道，這條通道又被稱爲前絲綢之路；在前文寫秦軍精銳部隊騎兵時，講過陝西地區的曆代寶馬良駒，漢武帝的鎏金銅馬與大宛國的戰爭、唐高宗的昭陵六駿馬名與突厥語的破譯。在不忍又不能不做的陸丑墓發掘之後，我再次觸摸到了中西方文化交流的實物。

考古工作者身分有國籍，研究無國界。此時此刻，我好想唱一首歌：我和你心連心，共住地球村。

新絲路線上的起點——西安站，且行且珍惜。

1 寧夏回族自治區博物館：《寧夏固原北周李賢墓發掘簡報》，《文物》一九八五年第十一期。
2 夏鼐：《咸陽底張灣隋墓出土東羅馬金幣》，《考古學報》一九五九年第三期。
3 《西安航太基地北周張氏家族墓發掘》，陝西省文物局吳曉叢主編，《陝西文物年鑒（二〇一二）年》，陝西人民出版社，二〇一三年。
4 《洛陽疑現北魏節閔帝元恭墓》，《光明日報》二〇一三年十月二十九日〇九版。
5 朱全升、湯池：《河北磁縣東魏茹茹公主墓發掘簡報》，《文物》一九八四年第四期。

05 留下一份歷史記憶

發掘終於結束，現場逐段交予建設方。軌道交通的全線考古發掘從二〇一六年十二月開始，直至二〇一八年七月結束，除了陸丑墓之外，有助於我們進行咸陽城考古的收穫還有以下幾則。

發現卜甲。古人以動物的骨、甲製成占卜的器具，根據骨、甲上的「兆紋」判斷事情的凶吉。卜甲實物最早出現於距今八千多年的新石器時代，盛行於夏商周三代，到秦代前後已經罕見。

張楊面對採訪鏡頭略顯局促。他說這件卜甲發現於秦人墓葬中，方形鑿孔沿襲了西周時期的基本風格，但鑿孔形狀和排列更加規整，體現了發展變化。墓葬主人可能是咸陽城內的一位巫師。

發現裝有糧食釀造酒的銅壺和完整銅劍。銅壺密封性極好，壺蓋內口纏有一圈植物編製的繩狀物，再覆一層平紋組織的麻布。壺內液體約三百毫升，乳白色，稍顯渾濁，無明顯氣味。科學檢測後發現，其中含有多種氨基酸、發酵菌絲、澱粉顆粒。

「能喝一口嘗嘗嗎？」記者朋友好奇地問。沒人敢，首先這是文物，另外估計含銅離子，我們也怕中毒。張楊面對採訪鏡頭依然很局促。他說銅壺屬於青銅禮器，又可稱爲鍾，是酒類液體的盛儲器。按照周禮制度，喪葬墓葬中出土的銅壺多與下葬過程中舉行的「獻祭」儀式有關，填埋時應該都盛有酒類，但受時間、銅壺質地等各方面因素影響，能留存下來實屬意外。它不僅僅是秦人生前好酒的習俗實證，更透射出秦帝國對周禮制度的延承。

發現民居建築。這些民居有半地穴式、地面式兩種，戶型有一居室和三居室，簡陋程度與宮殿反差明顯，時代延續從戰國晚期至西漢初。我面對採訪鏡頭，臉上寫滿不耐煩。有一些記者看著支離破碎的房址，一個勁地追問：「全國首例嗎？重大發現嗎？」我一邊敷衍他們，「這是咸陽城遺址首次發現民居」，一邊在想滻河岸邊馬騰空秦人居址。幾百年過去了，半地穴式、鋪木底板的民居形式一直未變。

還有一則發現貌似和秦都咸陽城無關。在「長陵車站手工業區」邊緣，有一處不早於宋

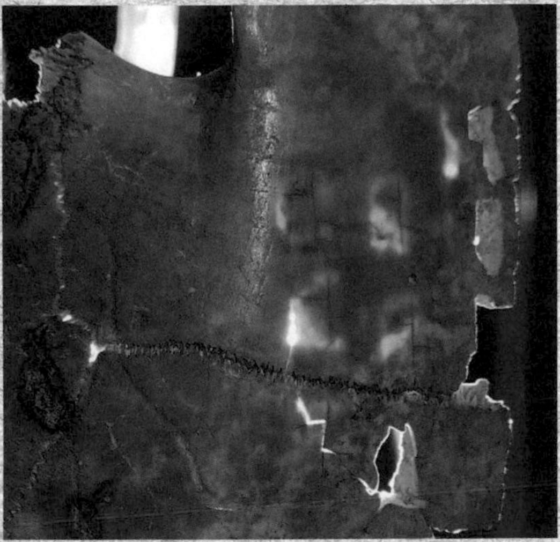

卜甲上的兆紋（攝影：趙震）

代的公共墓地。

無論對誰，死亡永遠是一種沉重的話題，擺在我們面前的這次死亡又是有關小生命的凋零。近二百座墓葬，墓主年齡普遍偏低，十歲以下的有六十餘例，其中不乏剛出生的嬰兒。甚至還有一屍兩命、胎死腹中的孕婦。「幼吾幼以及人之幼」，纖細的胎兒肢骨、肋骨像牙籤，令人不能碰，不忍碰。

這是集中死亡，尤其是弱小的兒童群體。師妹陳靚對骨骸外表進行觀察，她說死亡原因不是外力傷害。我心一顫，想到一個可怕的字：癘。

癘，具有強烈傳染性的致病邪氣。「厲大至，民善暴死」，中國古代歷史上有關傳染病瘟疫方面的記載很多。秦獻公十六年（西元前三六九年）關中地區民大疫（《史記・六國年表》）；秦始皇四年（西元前二四三年）冬十月，秦國大疫，蝗蟲從東方來，蔽天，天下疫（《史記・秦始皇本紀》）；清同治二年（一八六三年）春，咸陽疫癘……

人類是地球上最脆弱也最頑強的生物，遇到無數苦難卻從未屈服。早在兩千多年前，秦國已經有了防止傳染病的立法——封診式。「封」是指查封；「診」是指診察、勘驗、檢驗；「式」是古代法律文書的格式、程式。這是一部秦帝國辦案指南，通過實際案例介紹調查、勘驗、審訊和查封等方面的方法和程式，裡邊列舉了一樁關於「毒言」的訴訟案件。

某村以甲爲代表的二十名群衆集體起訴丙。訴書說丙這個人有「毒言」，影響我們吃飯，請求大人做主裁決。被告丙到庭答辯竟然滿腹委屈，原告一直歧視我，聚會不叫我，即使參加集體活動也保持距離，不肯和我共用飲食器具。丙「毒言」並不是有毒的話，案情焦點是「吃」，原告擔心丙具有某種能夠透過飲食器具傳播的病，可能會傷害到自己，希望政府採取措施。

銅壺、麻布及酒（攝影：狄明）

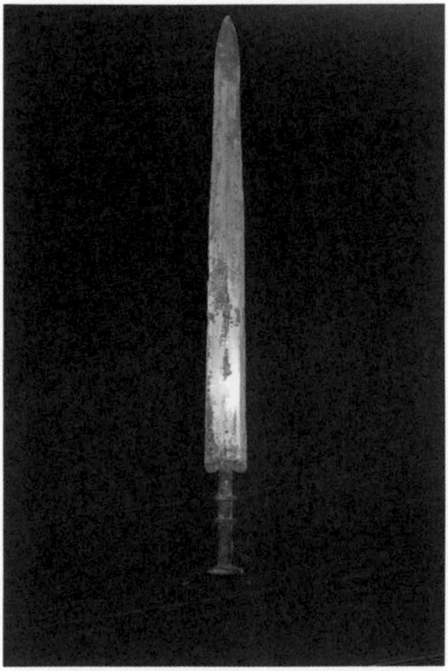

銅劍（攝影：張楊力錚）

城旦、鬼薪癘，可（何）論？當遷癘所。（睡虎地秦簡《法律答問》）
得了傳染病，秦國怎麼辦？遷，隔離，與今天的做法並無不同。
古代醫療條件有限，新生兒的存活率低。扁鵲是司馬遷《史記》中記載的第一位醫生，他掌握很多醫術偏方，創立了中醫「望、聞、切、問」的四診法，名聞天下，來咸陽為秦武王看病，聞秦人愛小兒，於是在城中設兒科門診。
因為「愛小兒」，秦國設立有未成年人保護法。不許擅自殺子，不能虐待養子，違者必究，孤兒享受政府食物補貼[1]。
咋想著想著又回到秦了呢？這些墓葬的時代遠遠晚於秦。他們和秦代沒關係嗎？僅從歷史遺存種類上說，以往我們對咸陽城遺址「長陵車站手工業作坊區」片區的理解又需要增加一層。不僅是他們，還包括西魏陸丑，所發生的事就在咸陽這個地方，中華民族的故事是一個整體，他們的故事就像拖長的秦帝國背影。
二〇一七年七月九日，站在陸丑墓旁，我發出關於此專案的最後一篇微博。
#考古隊的日子#明天撤離，不久取而代之的是飛馳的輕軌。看著飄揚了近兩百天的隊旗，竟是硝煙後戰場的悲壯。西魏陸丑，我們會好好讀懂你，不枉相逢一場。
回顧這次發掘的經歷，我對大家說「這是一場幾乎彈盡糧絕的大戰」。為了趕工期，挑燈夜戰成為一景。老李送晚餐到一線，師妹陳靚、舊搭檔小白、休年假的富平文物幹部王寶東、其他考古隊抽調的技工包括家屬，發動了一切能發動的力量。二〇一九年一月十六日，揚州市考古人員被打事件引起各界一片譁然，我向老李提出加餐「壓驚」，老李不以爲然地瞥了一眼，慢條斯理地說：「你整天胡思亂想啥嗎！」

考古研究不能胡思亂想，關於秦咸陽城的考古探索談不上是最後的結果，也許其中有對有錯，可以肯定的是，無論是修地鐵還是蓋高樓，不僅施工隊累，考古隊更累。不惜代價換來的文物保護成果更有價值和意義，同時也得到了理解和尊重。軌道線通車當日，建設方送來免費乘坐的體驗票。我問誰要去，可以休假半天，突然想起參加發掘的李靜儒師傅已經

發掘場景（攝影：趙震）

過世。

文物工作者是還原歷史的探索者。考古所提供的物質憑證，是溝通古人與現代人的「時光隧道」，能讓現代人直觀感受到古人的生產和生活場景、創造的絢爛文化，包括他們面對災難時的哀號和涅槃重生的勇氣。

物換星移，歲月在流逝，歷史在遠走。如果乘坐這條空間隧道，請望望窗外。它更是一條記載歷史的時光隧道。

1 睡虎地秦簡《法律答問》：士五（伍）甲毋（無）子，其弟子以為後，與同居，而擅自殺之，當棄市。嬰兒之毋（無）母者各半石，雖有母而與其母冗居公者，亦稟之，禾月半石。

結語

紙短情長，兩次逆行的故事暫告一段，希望此書所寫的考古故事既能記錄過往的歷史，也能體現一位普通考古人與歷史發生糾結的現世人生和內心思索。

每一項考古工作都屬於團隊的行爲，本書的寫作也同樣如此——撰寫考古故事，進行公衆考古宣傳，就應該是考古工作內容的一部分。因此，秦始皇帝陵博物院兵馬俑一號坑考古隊、陝西省考古研究院秦都咸陽城考古隊，這兩支團隊才是本書的眞正作者，感謝趙震、張楊力錚、狄明、吳紅豔、肖衛國、張天柱、申茂盛等隊友提供照片和插圖。

此外，還要感謝省內外多家文博單位和師友的鼎力協助，感謝考古志願者米芃和我女兒申珅試讀初稿並以「考古小白」角度提出的建議；尤其要感謝著名考古學家許宏先生、著名作家馬伯庸先生爲小書作序；感謝中信出版團隊精心地打磨。

這一刻，我突然覺得考古並不是小衆行業，因爲歷史很精彩，考古探索的過程很蠱惑人心。

知識叢書 1105

大秦考：破譯中國歷史的秦始皇、兵馬俑與咸陽城

作　者—許衛紅
主　編—李筱婷
企　劃—林進韋
封面設計—兒日設計

總 編 輯—胡金倫
董 事 長—趙政岷
出 版 者—時報文化出版企業股份有限公司
一〇八〇一九台北市和平西路三段二四〇號七樓
發行專線—（〇二）二三〇六—六八四二
讀者服務專線—〇八〇〇—二三一—七〇五
（〇二）二三〇四—七一〇三
讀者服務傳真—（〇二）二三〇四—六八五八
郵撥—一九三四四七二四時報文化出版公司
信箱—一〇八九九台北華江橋郵局第九九信箱
時報悅讀網—http://www.readingtimes.com.tw
時報出版愛讀者—http://www.facebook.com/readingtimes.fans
法律顧問—理律法律事務所 陳長文律師、李念祖律師
印刷—金漾印刷有限公司
初版一刷—二〇二一年十月一日
定價—新台幣五六〇元
（缺頁或破損的書，請寄回更換）

時報文化出版公司成立於一九七五年，
並於一九九九年股票上櫃公開發行，於二〇〇八年脫離中時集團非屬旺中，
以「尊重智慧與創意的文化事業」爲信念。

大秦考：破譯中國歷史的秦始皇、兵馬俑與咸陽城／許衛紅著 . --
初版 . -- 臺北市：時報文化出版企業股份有限公司，2021.10
480 面；14.8x21 公分 . –（知識叢書）
ISBN 978-957-13-9426-8（平裝）

1. 考古遺址 2. 兵馬俑 3. 大秦 4. 中國

797.8　　110014824

ISBN 978-957-13-9426-8
Printed in Taiwan